Klaus Demel
Das Handbuch für Motorradreisen

Klaus Demel

Das Handbuch für Motorradreisen

Motor
buch
Verlag

Einbandgestaltung: Dos Luis Santos

Titelbild: BMW AG

Bildnachweis: Alle Bilder Klaus Demel

ISBN 3-613-02399-7

1. Auflage 2004

Sie finden uns im Internet unter
http://www.motorbuch-verlag.de

Lektorat: Martin Gollnick
Innengestaltung: Schwabenverlag mediagmbh
Reproduktionen: Schwabenverlag mediagmbh
Gesamtherstellung: Bawa-Print
Printed in Slovakia by Neografia a. s.

Inhalt

Vorwort

Dieses Buch soll beim Lesen Spaß machen, und es ist an all diejenigen gerichtet, die Lust haben, mit Fantasie und Eigeninitiative die Welt auf ihrem Motorrad kennen zu lernen. So ist dieses Buch als Hilfe gedacht, eigene Lösungen auf Fragen zu finden, die diese Art des Reisens betreffen.

Alle, die lieber zu Hause bleiben, können es ja trotzdem lesen, das Reisefieber wird auf unterschiedlichste Art und Weise übertragen. Eine der effektivsten Übertragungsmethoden ist es, sich mit dem Reisen zu beschäftigen.

So geben die nachfolgenden Seiten einen Überblick darüber, was man ruhig auf sich zukommen lassen kann und was man lieber *nicht* dem Zufall überlassen sollte. Das, was einen wirklich erwartet, kann ohnehin jeder erst beim Heimkommen erzählen.

Auf der Suche nach einem Land zum Leben, die mich um den Globus führte, reifte auch die Idee zu diesem Buch. So enthält es einen bunten Mix aus Reiseerlebnissen, technischen Tipps und Betrachtungsweisen über das Reisen selbst.

Der Autor beim Kartenstudium.

Mit dem Motorrad unterwegs: Reiseziele

In Europa

Trotz aller Fernreisen: Europa ist immer noch einer der attraktivsten Kontinente. Hier hat jeder die Möglichkeit, innerhalb relativ kurzer Distanzen die unterschiedlichsten Kulturen und Landschaften kennen zu lernen.

Seit Einführung des Euro und dem Schengener Abkommen entfallen aufwändige Geldwechsel und nervige Grenzkontrollen in vielen Ländern Europas. So kann das Reisen selbst genossen werden. Die Sommer werden auch immer wärmer und stehen denen in der südlichen Hemisphäre in puncto Temperatur und Trockenheit in fast nichts nach. Zwei Bedingungen, die das Motorradfahren für mich einfach angenehmer machen.

So findet hier fast jeder das Reiseland seiner Träume. Die Liebhaber der Berge und der kleinen Straßen werden sich in den Alpen begegnen. Österreich, Italien, die Schweiz und Frankreich haben zahlreiche Straßen durch diese traumhaften Bergkulissen gebaut. Ein Eldorado für jeden Motorradfahrer. Passhöhen von über 2800 m und der Blick auf Gletscher oder den Mont Blanc mit seinen 4807 m lassen das gewisse Grinsen in unserem Gesicht entstehen, das uns sagt: »Hier fühle ich mich wohl.« Im Süden der Alpen finden wir rund um die Seen Lago Maggiore, Gardasee, Iseosee usw. eine traumhafte Landschaft, für die das Motorradfahren eigens hätte erfunden werden müssen.

Weitere Kurven mit der Kombination aus Kultur, guten Weinen und Essen finden sich in der Toskana. Und wer enge Schluchten und Canyons bevorzugt, sollte sich die Gegend um Grenoble und Gap im Süden Frankreichs einmal genauer ansehen.

Höchster anfahrbarer Punkt in den Alpen: Blick vom Mont Chaberton.

Endurofahrer, die immer auf der Suche nach dem letzten legalen Schotterweg sind, können ihn im Süden Frankreichs, an der Grenze zu Italien, finden: Die Ligurische Grenzkammstraße. Dort gibt es auch die eine oder andere Möglichkeit, Bunker aus den letzten beiden Weltkriegen zu besichtigen.

Andere setzen mit der Fähre von Genua, Livorno oder Piombino nach Sardinien über, das on- und offroad mit seinen kurvigen Straßen alle Motorradfahrer anspricht. Dort wartet das immer noch nicht gelüftete Geheimnis der Nuragen auf uns, und für Pausen stehen hier, wie überall in Italien, stilechte Cafeterias bereit.

Spanien ist ein weiteres Land, das für Schotter- und Asphaltliebhaber gleichermaßen geeignet erscheint. Sogar diejenigen, für die Kultur nicht nur aus Ölsorten besteht, kommen hier auf ihre Kosten. Barcelona, Granada oder Madrid – jede dieser Städte ist voller interessanter Bauwerke und Museen. Bekannte Pilgerwege wie der Jakobsweg durchziehen das Land genauso wie Landstraßen die großen Anbaugebiete um Zaragoza. Spanien kann sogar mit der Sierra Nevada bereits nordafrikanische Stimmung erzeugen. Wer es hügeliger mag, findet in den Pyrenäen oder rund um Granada imposante Berge und genug Kurven.

In Portugal ist nicht die Welt, aber Europa zu Ende. Der Norden mit seinen Nationalparks um Gerez lädt zu schönen Touren und Wanderungen in uriger Landschaft ein. Wer lieber das Meer mag, fährt an die Algarve und kann sich mit Portwein den Sonnenuntergang an der Steilküste versüßen.

Auf alle, denen es im Süden zu heiß ist (sei es wegen Bluthochdrucks oder weil sie den Selbstgestrickten nicht ausziehen wollen), warten die nordeuropäischen Länder mit rauer, menschenleerer Landschaft. Nur die Mücken heben die Bevölkerungsdichte hier an.

Wir können die Hochmoore Schottlands besuchen, wo Regen ein beliebter Grund ist, um in den Pub zu wechseln. Wer es noch grüner mag, auf den wartet Irland, das gerade einen enormen wirtschaftlichen Aufschwung erlebt. In den Pubs ist immer was los, und die Menschen sind sehr offen und tolerant.

Norwegen wartet auf uns mit einigen tausend Kilometern Küste, die uns an zahllosen Fjorden vorbeiführen. Das Nachbarland Schweden lädt ein, das Motorrad einmal mit einem Kanu zu tauschen, um in der Mitternachtssonne über die Seen zu paddeln. Nur Finnland kann mit noch mehr Seen aufwarten. Dafür kann sich dort keiner die Ortsnamen merken, da die meisten länger als unsere Ortstafeln sind.

Wem es hier immer noch zu warm ist, für den ist Island bestimmte eine Reise wert. Hier sind Offroad-Motorräder keine Show, sondern Notwendigkeit. Furten führen uns durch von Gletschern gespeiste Flüsse. Es gibt unberührte Landschaften, sprudelnde Geysire und

Kleiner Ort in der Sierra Nevada.

Auch Europa hat schöne Landschaften: Hier die Tarn in Südfrankreich.

heiße Quellen in vulkanischem, schwarzen Wüstensand. Das bedeutet richtiges Abenteuer.

Nach der Öffnung des Ostblocks warten auch in Lettland und Polen schöne Flusslandschaften mit Alleen auf lonesome riders. Rumänien ist bei den Stollenreitern schon lange kein Geheimtipp mehr. Aber auch Asphaltcowboys finden in den Karpaten ihren Weg.

Wer Angst vor tiefem Wasser hat, behält im ungarischen Plattensee den Boden unter den Füßen und kann im Land auch noch einige Schotterpisten entdecken. Tschechien und die Slowakei haben in den letzten Jahren ebenfalls den Tourismus wiederbelebt und bieten neben schönen Landschaften mit vielen Flüssen eine gute Infrastruktur für den Reisenden.

Auf alle, die sich gerne ins Meer stürzen oder sich am Sandstrand die Helmblässe von der Sonne bräunen lassen wollen, warten die Mittelmeeranrainerstaaten. Allerdings sind viele Küsten gar nicht mehr überall zugänglich, da in Privatbesitz. Schöne Stellen findet man in Italien auf den Inseln Sardinen und Sizilien (Anreise mit der Fähre jeweils ab Genua möglich), in der Gegend der Cinque Terre und der Toskana.

Kroatien und Serbien können ebenfalls mit schönen Buchten aufwarten, allerdings sind diese steiniger. Das Wasser ist glasklar und lädt zum Tauchen ein. Im Hinterland warten schöne Straßen und Pisten auf uns Motorradfahrer.

Griechenland hat mit seinen Inseln eine Menge schöner Strände zu bieten. Die größte der Inseln ist Kreta. Für Liebhaber alter Kulturen gibt es hier auch einiges zu sehen.

In Frankreich verläuft leider die Eisenbahn parallel zum Mittelmeer-Strand, sodass es hier sehr schwierig ist, ein Kleinod am Wasser zu finden. In Spanien ist es ähnlich touristisch und wird erst ab Almeria wieder etwas ursprünglicher. Wem kaltes Wasser nichts ausmacht, der kann in beiden Ländern den Atlantik besuchen (leider z.T. durch Tankerhavarien mit Öl belastet).

Allen, die es lieben, in übersichtlichen Landen unterwegs zu sein, und für die Kurven eine Störung der meditativen Einheit zwischen Motorrad und Fahrer darstellen, empfehle ich unsere flachen Länder wie die Niederlande oder auch die Alleen durch Nord- und Zentralfrankreich.

In den Ardennen ist dagegen bereits wieder mit schön geschwungenen Kurven zu rechnen. Danach gibt es in Belgien eine Portion Pommes und zum Nachtisch wartet die gute Nougatschokolade auf uns.

Man kann aber auch im eigenen Land bleiben. Hier gibt es immerhin von der Ostsee bis zu den Alpen und von den Brandenburger Seen bis zum Rhein auch allerhand zu sehen. Die Annahme, dass hierzulande keine Fremdsprache benötigt wird, ist etwas vorschnell. Wer in Flensburg zu Hause ist und sich in den Bayrischen Wald oder auf die schwäbische Alb verirrt, dem wird es schwer fallen zu glauben, dass er noch im eigenen Land unterwegs ist.

Nachfolgend eine Übersicht der Verkehrsvorschriften Europas (ohne Gewähr), damit die Urlaubskasse nicht gleich der ersten Verkehrskontrolle zum Opfer fällt.

Grundsätzlich gilt für alle Länder: Reisepass, Fahrzeugschein, Grüner Versicherungsschein (kontrollieren, ob für das entsprechende Reiseland gültig!), Helm auf und Licht an.

	Geschwindigkeitsbegrenzungen				
Übersicht der Verkehrsvorschriften für die europäischen Reiseländer	Innerorts	Landstraßen	Schnellstraßen	Autobahn	Promillegrenze
Belgien • Promillegrenze 0,5 (hohe Geldstrafen!) • Motorradfahrer müssen auch tagsüber mit Abblendlicht fahren. • Polizeibeamte können von Ausländern an Ort und Stelle Bußgelder erheben.	50	90	120	120	0,5
Dänemark • Auch am Tag muss mit Abblendlicht gefahren werden. • An Straßeneinmündungen bedeuten weiße Dreiecke auf der Fahrbahn »Vorfahrt gewähren«. • Auf Autobahnzufahrten sind in der Regel entsprechend der Beschilderung (zwei Pfeile, die sich zu einem Pfeil vereinen) beide Seiten gleichberechtigt und müssen sich gegenseitig einfädeln lassen. Dieses Schild wird manchmal auch abseits von Autobahnen verwendet. • Achten Sie auf die Einhaltung der Parkvorschriften (hohe Bußgelder!). • Die großen Autobahnbrücken sind gebührenpflichtig.	50	80	80	110	0,5
Estland • Wie im gesamten Baltikum gilt absolutes Alkoholverbot. Wer die 0,0-Promille-Grenze missachtet, kann sofort den Führerschein verlieren. • Es gibt häufig Geschwindigkeitskontrollen per Radar mit festen und mobilen Geräten oder Pistolen. • Im Stadtzentrum häufig nur 30 km/h erlaubt.	50	90	100	110	0,5
Mazedonien • Unfälle mit Personen- oder schweren Sachschäden müssen der Polizei gemeldet werden. Die Schäden sind in einem polizeilichen Schadensprotokoll festzuhalten.	50	80	100	120	0,5
Finnland • Außerorts ist auch tagsüber das Fahren mit Abblendlicht Pflicht. • Straßenbahnen und Busse im Stadtverkehr haben immer Vorfahrt. • Beachten Sie die Wildwechsel-Warnschilder: Rentiere oder Elche überqueren häufig – und vor allem in der Dämmerung – die finnischen Straßen. Die Schilder geben die ungefähre Länge der Gefahrenzone an. Bei einem Unfall mit einem Rentier oder Elch müssen Sie unverzüglich die nächste Polizeidienststelle benachrichtigen (Notruf 112). • Strafen für Verkehrsverstöße sind verhältnismäßig hoch; die jeweilige Bußgeldhöhe wird einkommensabhängig ermittelt.	50	80 bis 100	80 bis 100	120	0,5

Übersicht der Verkehrsvorschriften für die europäischen Reiseländer	Geschwindigkeits-begrenzungen				
	Innerorts	Landstraßen	Schnellstraßen	Autobahn	Promillegrenze
Frankreich • Vorfahrtstraßen enden an den Ortsschildern. • Straßenbahn hat Vorfahrt. • Gelbe Fahrbahnmarkierungen bedeuten Parkverbot. • Hohe Geldstraßen bei Geschwindigkeitsverstößen.	50	90	110	130	0,5
Griechenland • Auf Vorfahrtstraßen ist grundsätzlich Parken verboten. • Mitführen und Auffüllen von Reservekanistern ist verboten.	40	70	90	120	0,5
Großbritannien • Linksverkehr! • Rechts hat Vorfahrt, wenn nicht beschildert. • Asymmetrische Scheinwerfer abkleben.	48	96	112	112	0,8
Irland • Linksverkehr! • Rechts hat Vorfahrt, wenn nicht beschildert. • Asymmetrische Scheinwerfer abkleben.	48	96	112	112	0,8
Italien • Motorräder sind erst ab 150 cm^3 auf der Autobahn erlaubt.	50	90	110	130	0,5
Jugoslawien • Kolonnenspringen verboten. • Busse mit Kindern dürfen an Haltestellen nicht überholt werden. • Jeder Unfall muss der Polizei gemeldet werden. • Fahrzeuge mit Unfallschäden protokollieren lassen.	60	80	100	100	0,5
Jugoslawien • Kolonnenspringen verboten. • Busse mit Kindern dürfen an Haltestellen nicht überholt werden. • Jeder Unfall muss der Polizei gemeldet werden. • Fahrzeuge mit Unfallschäden protokollieren lassen.	60	80	100	100	0,5
Kroatien • Ein Satz Reserve-Lampen Vorschrift. • Kolonnenspringen verboten. • Busse mit Kindern dürfen an Haltestellen nicht überholt werden. • Jeder Unfall muss der Polizei gemeldet werden. • Fahrzeuge mit Unfallschäden protokollieren lassen.	50	80	100	130	0,5
Lettland • Wer Promille-Grenze missachtet, kann sofort den Führerschein verlieren. • Es gibt häufig Geschwindigkeitskontrollen per Radar mit festen und mobilen Geräten oder Pistolen.	50	90	90	110	0,5
Luxemburg • Gelbe Bordsteine signalisieren Parkverbot. • Polizei ist berechtigt, Bußgelder von Ausländern direkt einzufordern.	50	90	90	120	0,8

Übersicht der Verkehrsvorschriften für die europäischen Reiseländer	**Geschwindigkeitsbegrenzungen**				
	Innerorts	Landstraßen	Schnellstraßen	Autobahn	Promillegrenze
Niederlande • Straßenbahn hat Vorrang. • Rechts-vor-links-Regelung gilt nicht für Fahrräder und Mopeds. • Gelbe Bordsteine signalisieren Parkverbot.	50	80	100	120	0,5
Norwegen • Straßenbahn hat Vorrang. • Wildwarntafeln beachten, Wildunfälle der Polizei melden. • Hohe Bußgelder bei Verkehrsverstößen.	50	80	90	90	0,2
Österreich • Ab 80 m vor Bahnübergängen ist Überholverbot. • Vorfahrtsberechtigte verlieren durch Anhalten die Vorfahrt. • Schulbusse dürfen nicht überholt werden, wenn sie die Warnblinkanlage an haben. • Kindern muss es ermöglicht werden, die Straße zu überqueren. • Bis zu 36 Euro können von der Polizei sofort abkassiert werden.	50	100	100	130	0,5
Polen • Straßenbahn hat Vorrang. • Jeder Unfall ist der Polizei zu melden.	60	90	90	90	0,2
Portugal • Führerscheinneulinge dürfen die ersten 2 Jahre nur 90 km/h fahren.	50	90	90	120	0,5
Rumänien • Jeder Unfall ist der Polizei zu melden. • Ein und Ausfuhr von Treibstoff in Kanistern ist verboten.	50	80	80	100	0,0
Schweden • Straßenbahn hat Vorrang. • Wildwarntafeln beachten, Wildunfälle der Polizei melden. • Hohe Bußgelder bei Verkehrsverstößen. • Gelbe Linien am Straßenrand signalisieren Halteverbot. • Schild mit weißem »M« auf blauem Grund weist auf Ausweichstellen hin.	50	70 bis 90	90 bis 110	110	0,2
Schweiz • Schienenfahrzeuge haben auf gleichberechtigten Straßen Vorrang. • Bergaufverkehr hat bei Engstellen Vorrang. • Tempoverstöße werden hoch bestraft.	50	80	100	120	0,8
Slowakische Republik • Tempolimit vor Bahnübergängen 30 km/h. • Unfälle sind der Polizei zu melden, und es dürfen bis zu ihrem Eintreffen keine Veränderungen vorgenommen werden. • Beim Parken müssen 3 m von der Fahrspur frei bleiben. • 15 m vor und nach Brücken und Bahnübergängen besteht Parkverbot. • Gelbe Linien am Fahrbahnrand signalisieren Parkverbot.	60	90	90	90	0,0

Übersicht der Verkehrsvorschriften für die europäischen Reiseländer	Geschwindigkeitsbegrenzungen Innerorts	Landstraßen	Schnellstraßen	Autobahn	Promillegrenze
Slowenien • Busse mit Kindern dürfen an Haltestellen nicht überholt werden. • Kolonnenspringen ist verboten. • Unfälle mit Personen- oder größerem Sachschaden müssen der Polizei gemeldet werden. • Hohe Geldbußen bei Verkehrsverstößen.	50	80	80	80	0,5
Spanien • Ersatzlampen-Set vorgeschrieben. • Privates Abschleppen verboten. • Überholverbot 100 m vor Kuppen und bei Strecken unter 200 m Einsichtigkeit. • Hohe Geldbußen bei Verkehrsverstößen.	50	90	100	120	0,5
Tschechische Republik • Tempolimit vor Bahnübergängen 30 km/h. • Unfälle sind der Polizei zu melden, und es dürfen bis zu ihrem Eintreffen keine Veränderungen vorgenommen werden. • Beim Parken müssen 3 m von der Fahrspur frei bleiben. • 15 m vor und nach Brücken und Bahnübergängen besteht Parkverbot. • Gelbe Linien am Fahrbahnrand signalisieren Parkverbot.	50	90	90	130	0,0
Türkei • Unfälle mit hohem Schaden und Verletzten sind der Polizei zu melden. • Auf den Hauptreiserouten ist häufig mit Geschwindigkeitskontrollen zu rechnen.	50	90	90	130	0,0
Ungarn • Tempolimit vor Bahnübergängen 30 km/h bzw. außerorts 40 km/h, am Bahnübergang 5 km/h! • Überholen ist an Kuppen, vor Kurven, Kreuzungen und Bahnübergängen verboten. • Unfälle sind der Polizei zu melden. • Hohe Geldbußen bei Verkehrsverstößen.	80	90	110	120	0,0

In der Welt

Wenn auf irgendwelchen Reisetreffen nur noch von »Weihnachten in Ushuwaia« und »Ostern in Alice« sowie vom schlechten Benzin in Potosie die Rede ist, dann wird es »global«.

Es gibt viele klangvolle Namen, die jeden Reisenden in ihren Bann ziehen, wie z.B. die Sahara. Obwohl eigentlich schnell mit der Fähre von Genua aus über Tunesien zu erreichen, ist sie seit der unsicheren politischen Situation für Reisende wieder in weite Ferne gerückt. So ist die Sahara momentan nur von Tunesien, Marokko oder Libyen aus (mit Führer) zu bereisen. Diese Länder bieten nicht nur Wüste, sondern führen uns kulturell in die uns völlig fremde Kultur des Islams. Männer und Frauen sind anderes gekleidet, Häuser und Kirchen – hier Moscheen genannt – unterscheiden sich stark von denen bei uns.

Gepäcktransport per Kamel in der tunesischen Wüste.

Bitte beachten, dass bei Fahrten in Wüstengebiete bereits Reiseerfahrung und Fahrkenntnis im Gelände vorhanden sein sollte. Die Grenze zwischen Urlaub und Expedition ist hier fließend.

Andere verkünden stolz: Ich fahre auf dem Landweg nach Indien. Das hat für die meisten (zumindest für mich) auch so einen Hauch von Fremde und Abenteuer. Das Fremdartige empfängt uns bereits in der Türkei, wenn für uns scheinbar mitten in der Nacht der Muezzin vom Minarett der Moschee lautstark seine Glaubensbruder zum Gebet ruft. Landschaftlich merken wir ebenfalls, dass Europa hinter uns liegt. Vorbei an märchenhaft anmutenden Tuffstein-Erosionen in Kapadokien und dem Nemrut Dagi mit den immer noch ins Tal blickenden, übermenschlich großen, steinernen Kopfskulpturen kommen wir dem Vansee und dem Ararat näher. Die Grenze zum Iran ist nun auch nicht mehr fern. Wer sich trotz ausgeprägter Warnungen westlicher Großmächte in diesen Staat hineintraut, muss mit allem rechnen. Vor allem möchte ich vor den Einwohnern warnen, die einen meist ohne Vorwarnung und aus heiterem Himmel zum Tee oder Essen einladen. Also Vorsicht! Kulturliebhaber kommen in und an antiken Städten und Stätten voll auf ihre Kosten. Apropos Kosten. Der Iran hat etwas Öl, was sich sehr angenehm auf den Benzinpreise auswirkt. So 5 bis 10 Cent kostet der Liter.

So, und nun kommen wir bereits nach Pakistan. Wenn ich Himalaja, Hindukusch und Karakorum nur höre, bekomme ich meistens gleich eine Gänsehaut. Nicht, weil es dort so kalt ist. Im Gegenteil. Sommertemperaturen um die 40 Grad und mehr sind dort durchaus normal. Weil sich dort für mich eine der fantastischsten Berglandschaften der Welt befindet, bewohnt von uralten Kulturen, die noch ein wenig vom dem Glanz der alten Zeit erahnen lassen. Strecken, die einem das Herz in die Hose rutschen lassen. Pässe, die bei 5000 m immer noch steigen. Wildwasser mit einer Breite vom Rhein. Richtiges Abenteuer.

Wer nach so viel Landschaft lieber unterschiedliche Kulturen und Menschen sehen will, ist bereits auf dem richtigen Weg. Von Lahore sind es nur noch ein paar Kilometer zur indischen Grenze. Dort warten über eine Milliarde Leute. Zwar nicht direkt auf uns, aber das Gefühl kann man schon bekommen. Es werden unzählige Sprachen gesprochen, viele Religionen ausgeübt und wir werden kaum mehr die Chance haben, alleine zu sein.

Dies wirkt sich auch auf die Verkehrsdichte aus. So ist vor Benutzung der Straßen die Regel Nr. 1 zu verinnerlichen: Der Stärkere hat Vorfahrt! Falls nicht von vornherein feststeht, wer der Stärkere ist, wird es ermittelt. Meist in völlig zerstörtem Zustand zeugt dann das Fahrzeug des Verlierers am Straßenrand vom Scheitern seines Fahrers. Als Motorradfahrer

Durch den Karakorum.

sollte man sich allerdings hüten, bei solchen Wettkämpfen mitzumachen.

Indien ist riesig und innerhalb eines regulär-limitierten Urlaubs im Wochenbereich nur sehr partiell zu bereisen. Daher überlegen, ob es einen eher in die Backwaters bei Karala, in die Berge des Himalaja oder zu den zahlreichen Sehenswürdigkeiten im Land zieht. Wer sein Motorrad direkt per Spedition nach Indien sendet, sollte nicht meinen, in einem Tag den Zoll zu schaffen. Ein Woche möchte sich die indische Bürokratie schon damit beschäftigen. Denn über eine Milliarde Leute wollen beschäftigt werden.

Für denjenigen, der sich keine chinesischen Zollbegleiter zu 100 bis 200 Euro am Tag leisten will, ist eine Weiterfahrt nach China unmöglich. Da Butan und Burma nicht wirklich an selbstfahrenden Touristen interessiert sind, hat unser Landweg spätestens in Bangladesh ein Ende gefunden.

Ein kurzer Flug kann uns nach Singapur bringen. Die gelobte Sauberstadt Asiens. Na ja, bei uns wird die Kehrwoche auch nicht schlechter beherrscht. Es ist alles reguliert und sehr restriktiv, was mich gerade nicht so anmacht. Dafür gibt es ein sehr gutes Gesundheitssystem, das vielleicht auch bald die Deutschen zum Erneuern ihres Gebisses nutzen werden. Die Schweizer sind bereits vor Ort.

Bevor wir beim Zahnarzt abhängen, fahren wir lieber weiter nach Malaysia, wo uns Teeplantagen, Dschungel und das pralle Leben auf den Märkten bis spät in die Nacht erwartet. Der Westen des Landes ist besser erschlossen und wird mit Produktionsinseln für Konsumgüter besiedelt. Die Hauptstadt Kuala Lumpur ist so ein Beispiel dafür, was man mit genügend kapitalkräftigen Investoren aus dem Boden schießen lassen kann. Auf der Autobahn gibt es sogar extra ausgewiesene Unterstellplätze für Motorradfahrer, wenn es regnet. Wenn das kein Luxus ist!

In Thailand geht es etwas gemütlicher zu, wenn der Tourismus dort auch einige negative Spuren hinterlassen hat. Auf dem Land gibt es schöne Straßen und Pisten fürs Motorrad, doch wo man gerade ist und in welche Richtung es weitergeht, ist nicht immer ganz einfach herauszubekommen. Gute Karten sind rar. Meist fehlen die Schilder, und wenn welche da sind, kann man sie nicht lesen.

Teufels Murmeln in Australien, die ersten Erhebungen nach 500 Kilometern.

Für alle, die dann genug von den vielen Menschen haben und die wieder einmal richtig alleine sein wollen, ist Westaustralien eine Reise wert. Die Einreise mit dem eigenen Motorrad ist normalerweise kein Problem. Aber es sollte porentief sauber sein. Die Jungs von der Quarantäne-Behörde suchen verborgene Samen und Pollen. Dafür warten dann endlose Entfernungen, die einen durch Zeit und Raum führen. Eine Erfahrung ganz anderer Art. Keine Reizüberflutung, sondern jede Veränderung der Landschaft wird durch die riesige Weite genau wahrgenommen. Die alles andere als vertrauten Kängurus und Kakadus scheinen einen auf die Traumpfade der Aborigines zu entführen. 1000 km Piste ohne Ortschaft sind hier genauso wenig eine Seltenheit wie 200 km zum Einkaufen zu fahren. Das ändert sich erst wieder an der Ostküste, die scheinbar eigens für die Touristen umgebaut wurde und eine für australische Verhältnisse fast schon dichte Besiedlung hat.

Wer Auseinandersetzungen mit Behörden liebt, für den ist Russland bestimmt eine Herausforderung. Ohne Visum geht hier gar nichts, und ohne Einladung gibt es kein Visum. Alles machbar, aber mit einem gewissen Aufwand verbunden. Doch in dem Land lernt man Menschen kennen, die trotz ihrer scheinbar hoffnungslosen Lage immer noch freundlich und hilfsbereit auf Reisende zugehen und gerne über die Höhen und Tiefen in ihrem Land und in ihrem Leben berichten. Wer nicht gerne bei winterlichem Wetter unterwegs ist, sollte seine Reisezeit sehr gut planen. Sibirien ist groß. Wer schon am Baikalsee ist, für den ist es zur Mongolei auch nicht mehr weit. Die Weiten der Tundra und die Ausläufer der Wüste Gobi warten auf einen. So weit, dass es mit der Benzinversorgung bereits Probleme geben kann. Aber es ist bestimmt ein besonderes Erlebnis, die Meisterschaften im Bogenschießen der Frauen oder die berühmten Pferderennen live zu sehen.

Wem das immer noch alles zu einfach erscheint, für den gibt es den afrikanischen Kontinent. Immer in Bewegung. Wer Afrika hört, denkt meist sofort an Hungersnöte, Naturkatastrophen, Kriege mit Völkermorden, Aids und Malaria. Das sind die Themen, über die uns hier in Europa berichtet wird, und diese Berichterstattung lässt viele von uns davor zurückschrecken, dort Urlaub zu machen. Aber Afrika hat auch andere Seiten:

In Äthiopien haben sich trotz eines 30 Jahre dauernden Krieges viele Kunstschätze der Koptischen Christen erhalten. Die Klöster, Kirchen und das berühmte Lalibella zeugen von großen Zeiten. Landschaftlich zählen Äthiopien und Eritrea für mich zu den faszinierendsten Ländern der Welt.

Tansania, Kenia und Südafrika haben Nationalparks von der Größe europäischer Länder, angesichts derer unsere Zoos eher an Gefängnisse erinnern. Leider ist hier das Motorrad nicht das geeignete Verkehrsmittel, denn Löwen sehen schlecht und könnten uns mit einem Gnu verwechseln. Also fürs Wildwatching lieber ins Auto wechseln.

In Zimbabwe kann wieder einmal beobachtet werden, wie ein gesunder afrikanischer Staat durch einen Diktator dem Erboden gleich gemacht wird. Also im Moment nicht gerade geeignet für eine Motorradreise. Dafür erholt sich Mosambik langsam von einem langjährigen Bürgerkrieg. Hier sollte man aber auf den Pisten bleiben, da noch viele Minen herumliegen. Malawi, am großen gleichnamigen See gelegen, ist ein Paradies mitten in Afrika. Wie lange noch, kann keiner vorhersagen. Es können hier sehr schöne Touren unternommen werden. Vielleicht ist gerade das der Reiz, den viele verspüren, wenn sie Afrika hören. Es kann sich morgen schon wieder alles verändert haben. Afrika ist einfach nicht zu begreifen. Es gibt ein völlig anderes Wertesystem als bei uns. Zeit ist wertlos. Jeder scheint unendlich viel von ihr zu besitzen.

Eine Reise nach Afrika ist keine Reise in ein anderes Land, sondern in eine andere Welt. Sie kann den Horizont von uns westlich denkenden Menschen enorm erweitern und uns auf zum Teil extreme Art und Weise zeigen, was im Leben wirklich wichtig ist.

Das Gegenteil können wir in den Golfstaaten sehen. Einige hatten das Glück, etwas Öl im Wüstensand zu finden, mit dem sie sich wirtschaftlich etwas unabhängiger vom Westen machen konnten. Aber Geld allein ist nicht alles. Für mich wirkt alles ein wenig übertrieben, zu protzig. Im Oman scheint mir der Versuch, in so kurzer Zeit die Tradition mit der Moderne zu verknüpfen, ein wenig besser gelungen. Trotz allem hat sich in diesen Ländern die orientalische Lebensart doch noch gut erhalten. Sie bieten immer noch den Hauch von Tausend und einer Nacht. Palmen geben uns Schatten, schöne Lagerplätze laden zum Lagerfeuer unter dem klaren Sternenhimmel ein.

Ein Mix aus guten Straßen, Pisten und viel Wüste spricht den Abenteurer an, der Neues entdecken will. Wem es zu viel wird, der findet in guten Hotels und Restaurants wieder Zeit zur Erholung.

Und dann wartet da noch die »neue Welt« auf uns. Nach den Vorkommnissen der letzten Zeit zieht es den einen oder anderen nicht mehr so richtig ins gelobte Land der USA. Bei der Einreise sollte man sich Scherze möglichst verkneifen (eine »Bombenstimmung« kann da sehr missverstanden werden), da die Nerven hier sehr blank liegen. Aber wer einmal drin ist, wird merken, dass die USA viel zu bieten hat. Allerdings sollte man sich sehr genau an

Der größte Markt Afrikas in Addis Abeba.

Die Iquazu-Wasserfälle.

die Bestimmungen und Gesetze halten, da diese sehr restriktiv angewendet werden. Außerdem beachten, dass die geltenden Gesetze zur Terrorbekämpfung den Behörden fast unbegrenzte Möglichkeiten geben. Bei der Einreise muss man damit rechnen, erkennungsdienstlich durch Abnahme der Fingerabdrücke behandelt zu werden.

Mittel- und Südamerika sind in dieser Hinsicht etwas chaotischer und somit auf eine gewisse Art freier. Als Deutscher benötigt man keine Visa. Schlimme Krankheiten gibt es hier zwar genauso wie in Afrika, aber es spricht fast niemand darüber. Korruption und viele uns unbekannte Bestimmungen gibt es auch, aber als Tourist hat man einige Privilegien. Wenn die Papiere vom Motorrad in Ordnung sind, kann es bereits nach ein oder zwei Tagen losgehen, die »Panamerikana« vor der Tür. Leider ist diese Straße keineswegs so gut wie ihr Ruf. Sie führt durch weite Teile Perus und Chiles, durch sehr lebensfeindliches Land, in dem neun Monate im Jahr meist auch noch der berühmte Nebel hängt. Am Bodensee steigt bei solch einem Wetter immer die Selbstmordrate an, hier hat man den hochprozentigen Pisco.

Die Höhepunkte Südamerikas sind im Norden die Anden mit versunkenen Städten alter Kulturen in meist abgeschieden Urwaldregionen (z.B. Machu Picchu). Die mächtigen Wasserfälle des Iquazu sind genauso bekannt wie die des Sambesi in Afrika – die größten Wasserfälle der Welt. Im Süden häufen sich die Niederschläge, es konnte der kalte Regenwald entstehen, wie es ihn auch einmal in Europa gegeben haben muss. Wir kommen an Vulkanen, Gletschern und Seen vorbei. Die Landschaft erinnert uns immer mehr an den Norden Europas. Hier findet jeder seine Landschaft, und eine Enduro kann hier »artgerecht gehalten« werden.

Wer sich dann weiter Richtung Norden auf den Weg macht, kann sich in Mittelamerika noch die Hinterlassenschaften der Azteken ansehen. Man kann unter tropischer Sonne wandeln und Karibik-Feeling genießen. Vielleicht hier einmal Urlaub machen? Aber da wären ja noch Madagaskar, Sri Lanka …

Da sich die Reisebestimmungen sehr schnell ändern können, ist es vor jeder Reise wichtig, die aktuellen Reiseinformationen bei den Botschaften oder dem Auswärtigen Amt einzuholen. Dies geht heutzutage per Internet sehr einfach, und auch unterwegs hat man so die Möglichkeit, immer aktuell informiert zu sein. Internationaler Führerschein, Reisepass, Fahrzeugschein, Grüne Versicherungskarte, Impfpass und Personalausweis sollte man grundsätzlich bei jeder Reise dabei haben. Nachfolgend ein kleiner Überblick (ohne Gewähr) über die Einreiseformalitäten einiger Reiseländer:

Nordafrika	Pass	Visa	Carnet	Versicherung
Marokko	x			Grüne Versicherungskarte
Mauretanien	x	x	x	
Algerien	x	x (nur mit Führer)		x
Tunesien	x			Grüne Versicherungskarte
Libyen	x	x (nur mit Führer)		
Ägypten	x	x	x	x

Naher Osten	Pass	Visa	Carnet	Versicherung
Syrien	x	x	x	x
Jordanien	x	Gibt es an der Grenze bei Einreise	x	x
Libanon	x	x	x	x
Israel	x			x
Saudi Arabien	x	x (nur Transit, sehr schwer zu bekommen)	x	x
Jemen	x	x (nur mit Führer)	x	
V.A.E.	x	Gibt es an der Grenze bei Einreise		x
Oman	x	Gibt es an der Grenze bei Einreise		x

Asien	Pass	Visa	Carnet	Versicherung
Iran	x	x (nur Transit)	x	Grüne Versicherungskarte
Pakistan	x	x	x	x
Indien	x	x	x	x
Singapur	x			x
Malaysia	x			x
Thailand	x			x

Asien	Pass	Visa	Carnet	Versicherung
Iran	x	x (nur Transit)	x	Grüne Versicherungskarte
Pakistan	x	x	x	x
Indien	x	x	x	x
Singapur	x			x
Malaysia	x			x
Thailand	x			x

Amerika	Pass	Visa	Carnet	Versicherung
Argentinien	x		kann bei Einreise per Flieger oder Schiff nötig sein	x
Chile	x			
Bolivien	x			
Ecuador	x			
Peru	x			
Brasilien	x			
USA	x	Bei Einreise	x	x

Down under	Pass	Visa	Carnet	Versicherung
Australien	x	x	x	x
Neuseeland	x	x	x	x

Das Wichtigste: Einfach losfahren

Es ist natürlich ein großer Unterschied, ob man für zwei Wochen in Urlaub fährt oder ob man eine Reise plant, die Monate dauern soll. Aber beide Reisen haben eines gemeinsam: Man muss losfahren. Denn alle Vorbereitungen und das beste Motorrad nützen wenig, wenn man den entscheidenden Schritt nicht wagt, den Traum des Reisens auch in die Tat umzusetzen. Wer kennt nicht Freunde und Bekannte, die seit Jahren davon erzählen: »Irgendwann mache ich einmal eine ganz große Reise…«, die aber niemals dazu kommen werden, da sie die Entscheidung immer von Anderen oder von besonderen Umständen abhängig machen. Hemmnisse sind meist, jemanden zu finden, der mitfährt, oder bei langen Reisen die Notwendigkeit, den Job aufzugeben. Vielleicht hat auch der Partner andere Interessen und will nicht alleine zurückbleiben.

Manche sagen deshalb, einfach loszufahren sei manchmal besser als nur zu planen. Aber ein paar grundsätzliche Dinge sollte man schon beachten. Spätestens, wenn der Geldbeutel und der Tank leer sind, merkt man, dass gewisse Vorbereitungen notwendig gewesen wären.

Bevor nun die Landkarten, Reiseführer und Zubehörkataloge zur Standardlektüre erhoben werden, sollte man vielleicht erst einmal zu ergründen suchen, wie wichtig es für einen selbst ist, eine Reise mit dem Motorrad zu unternehmen – und was man sich davon verspricht.

Kleine und große Reisen haben eines gemeinsam – wir benötigen ein Ziel, das uns die Richtung vorgibt. Mit Richtung meine ich nicht nur die geographische Annäherung an eine Stadt oder ein bestimmtes Land, sondern auch eine mehr oder weniger klare Vorstellung davon, was man eigentlich dort unternehmen möchte. Es gibt die unterschiedlichsten Beweggründe, sich ein bestimmtes Ziel auszusuchen: Fotografieren, Schmetterlinge sammeln,

Über den Wolken in Äthiopien.

Fremdsprachen auffrischen, einfach am Meer entspannen oder Wege suchen, die in der Heimat schon lange gesperrt sind. Und schließlich sollte man auch überlegen, ob man sein Vorhaben alleine oder mit anderen genießen möchte.

Wer eine längere Reise unternehmen möchte und zu dem Schluss kommt, dies sei für ihn wichtig, sollte sein Vorhaben auch in einer absehbaren Zeit in die Tat umsetzen. Sonst wird die Energie allzu schnell wieder vom Alltag aufgezehrt, und schließlich überkommt einen das Gefühl von Unzufriedenheit, da man nicht das lebt, was einem wirklich wichtig ist.

Bei meiner letzten größeren Reise erging es mir selbst so. Ich wollte eigentlich nur zwei Jahre arbeiten, um das notwendige Geld für eine längere Reise anzusparen. Durch gewisse Umstände machte ich sozusagen Karriere im Beruf, hatte aber immer den Wunsch, einmal wieder länger zu verreisen. Ich versuchte dann, den Wunsch durch »normale Urlaube« zu kompensieren. Obwohl ich immerhin schon fünf bis sechs Wochen am Stück aushandeln konnte und somit auch Fernreisen nach Äthiopien oder Pakistan zu verwirklichen waren, machten mich diese »Ersatzreisen« nicht wirklich glücklich.

Die Wende kam, als ich bei Lohnverhandlungen mit meinem Chef über die Möglichkeit eines längeren, unbezahlten Urlaubs sprach. Da ich den Zeitrahmen selbst bestimmen konnte, wurden gleich vierzehn Monate daraus. Um einer Meinungsänderung meines Chefs zuvorzukommen, plante ich die Reise dann recht schnell, so dass ich drei Monate später bereits unterwegs war.

Reisen bringt Risiken mit sich, zu Hause bleiben aber auch! Deshalb ist es wichtig, voll hinter der eigenen Entscheidung zu stehen. Dann wird man auch in schwierigen Zeiten nicht verzagen und denken: »Wäre ich doch nur zu Hause geblieben…«. Falls einem solche Gedanken während einer Reise durch den Kopf gehen, hilft es oftmals, sich vorzustellen, was man gerade tun würde, wenn man zu Hause wäre. Die Antwort versüßt das Unterwegssein dann meistens ungemein.

Wer allerdings eine Reise unternimmt, um alles Unerledigte und Frustrierende hinter sich zu lassen, wird schon bald feststellen, dass es sehr schwierig ist, vor sich selbst und seinen Problemen wegzulaufen. Egal, wie weit man auch fährt. In Mali gibt es dafür ein Sprichwort, das lautet: »Ein Mensch geht nicht weiter als sein Schatten.«

Zur richtigen Zeit am richtigen Ort

Die Reisezeit setzt eine der entscheidenden Rahmenbedingungen für eine Reise. Wer in Deutschland zu Hause ist, wird kaum auf die Idee kommen, im Winter ins Freibad zu gehen. Für andere Klimazonen ist es wichtig, sich erst einmal zu informieren, wann die beste Reisezeit (fürs Motorradfahren) ist. Diese kann im Zielgebiet unter Umständen nur wenige Wochen im Jahr betragen, da es vielleicht außerhalb dieser Wochen zu stark regnet, zu heiß oder zu kalt ist. Wer sich Berge anschauen will,

Der Autor unterwegs im Orient.

wird keine Freude daran haben, nur Wolken zu sehen und im Nebel herumzufahren.

Leider hat in den letzten Jahren die Wetterbeständigkeit doch merklich nachgelassen. Dies wirkt sich nicht nur in Mitteleuropa aus, sondern weltweit. Zum Beispiel verschieben sich die Regenzeiten in Asien, der El Ninjo in Südamerika fällt einmal aus, ein andermal kommt er mit unerwarteter Heftigkeit. Weltweite Wetterkarten, einsehbar im Internet (z.B. *www.wetteronline.de)*, können hier sehr wichtige Informationen geben.

So ist es grundsätzlich gut, sich einen Zeitplan zu erarbeiten, welche Länder in welcher Zeit bereist werden sollen. Denn wer nur wenig Urlaub hat, möchte seine schönsten Tage nicht bei Regen im Zelt verbringen. Bei längeren Reisen ist das Aufstellen eines solchen Zeitplans schwieriger – aber sehr wichtig, denn es kann das Gelingen der Reise davon abhängen. Wer beispielsweise die langen Winternächte kennt, kann sich auch überlegen, ob das Frühjahr – mit einigen Stunden mehr Licht – nicht vielleicht doch die bessere Reisezeit ist.

Hier eine kleine Übersicht, welche Jahreszeit an welchem Ort für Motorradfahrer angenehm ist (natürlich ohne Gewähr):

Region	**Beste Reisezeit**
Nordafrika	Im Sommer ist es extrem heiß und im Winter schon etwas ungemütlich kalt. Frühjahr und Herbst sind dagegen recht angenehm.
Ostafrika	Das Landesinnere liegt sehr hoch (über 1500 m). Somit sind die Temperaturen gar nicht so hoch. Im Norden von Kenia ist es eher kühl. Wenn die Regenzeiten zur gewohnten Zeit stattfinden, sind die Monate Dezember bis März und Juli bis Oktober eine gute Reisezeit.
Westafrika	Hier wird das Wetter durch die Monsune geprägt. Wer keinen Regen mag, muss diese meiden. Ab Mai wird es bereits unerträglich heiß. Die Wintermonate von November bis April sind am angenehmsten.
Südafrika	Die Jahreszeiten sind dort zu unseren gegenläufig. Im afrikanischen Winter muss mit Frost und Schnee in den Bergen gerechnet werden. Wer es heiß liebt, kann sich ab November auf den Weg machen. Beste Zeit für uns: Mai bis September.
Nordamerika	Da es hier keinen Klimaschutz nach Norden gibt, kann es im Winter zu starken Temperatureinbrüchen kommen, die bis ins sonnenverwöhnte Kalifornien reichen können. Die Kernreisezeit ist der Sommer. Je weiter im Norden, umso mehr kommen nur noch die Sommermonate Juni, Juli und August in Frage. In Mexiko freut man sich, wenn es ab Oktober nicht mehr so heiß ist.
Südamerika	Der Süden von Südamerika hat wieder gegenläufige Jahreszeiten zu uns und ist deshalb in unserem Winter am besten zu bereisen. Bolivien, Nord-Chile, Peru und Ecuador sind von September bis Dezember ganz angenehm.
Asien	Zwischen den einzelnen Ländern gibt es große Unterschiede, deshalb hier nur einige Anhaltspunkte. Iran, Pakistan: September bis Oktober; Thailand, Malaysia: Mai bis Oktober; Nepal: Oktober und November sowie Februar bis April; Indien: Das Klima und die Temperaturen sind monsunabhängig (Juli bis September), heiße Trockenzeit (April bis Juli), in Nordindien stärkerer jahreszeitlicher Wechsel. Die Monate November bis März bieten die angenehmste Reisezeit, aber von Mitte Oktober bis Ende November ist im Südosten Regenzeit.
Mitteleuropa	Hier sind die Sommermonate von Juni bis August die beste Reisezeit.
Südeuropa	Im Sommer kann es sehr heiß werden. Die Frage lautet deshalb: Lieber ein warmes Meer zum Baden im Herbst oder ein Blütenmeer im Frühling?
Naher Osten	Der Sommer ist hier für uns Mitteleuropäer wegen der Hitze mit Temperaturen von über 50 Grad nicht empfehlenswert. Zwischen Oktober und März dagegen sind die Temperaturen sehr angenehm.

Verpflichtungen zu Hause

Die Reisevorbereitungen sind die eine Sache, aber die Verpflichtungen zu Hause bleiben auch bestehen, wenn man unterwegs ist. Dies fängt mit dem Blumengießen an und hört mit dem Überweisen fälliger Rechnungen auf. Je nach dem, wie lange man unterwegs ist, sollten daher die persönlichen Verpflichtungen organisiert werden. Diese sind natürlich sehr unterschiedlich, weshalb die folgende Liste nur als Denkanstoß dienen kann:

- Wer ist im Notfall zu benachrichtigen?
- Wer kann Konten sperren oder Geld im Notfall überweisen?
- Wer leert den Briefkasten?
- Wer gießt die Blumen und kann alle 3–4 Tage einmal nach dem Rechten schauen?
- Wer kontrolliert die eingehende Post? (Postvollmacht für Einschreiben erteilt? Die sollten dann aber auch fristgerecht bearbeitet werden, da sie angenommen wurden!)
- Wer prüft und bezahlt Rechnungen?
- Ist die Lohnsteuererklärung gemacht und abgegeben?
- Ist die Umsatzsteuererklärung gemacht und abgegeben?
- Ist das Haus vor Frost geschützt (Heizung und Brennstoffvorrat), ist gegebenenfalls die Wasserleitung abgestellt?
- Ist die Zeitung abbestellt?
- Ist das Telefon gesichert?
- Sind die Elektrogeräte zu Hause ausgesteckt?
- Wenn die Hauptsicherung ausgeschaltet werden soll: Sind Kühlschrank und Kühltruhe leer, wird die Heizung während der Abwesenheit nicht benötigt?
- Sind alle wichtigen Termine, die in der Reisezeit liegen, abgesagt oder verschoben worden?
- Sind Geschäftspartner und Kunden informiert?
- Und ist – für den schlimmsten Fall – das Testament gemacht und ordnungsgemäß hinterlegt?

Wer auf eine ganz große Reise geht, wird vielleicht sogar seine Wohnung auflösen und einen Platz zum Einlagern seiner Sachen mieten. Dieser sollte dann sicher und, wenn's irgend geht, trocken und frostfrei sein. Eine andere Möglichkeit ist, die Wohnung für die Zeit der Reise weiterzuvermieten.

Der Autor im Wadi Rum.

Zwischen Hilton und Straßengraben: Wie teuer ist das Reisen?

Hier lassen sich natürlich keine genauen Summen angeben. Doch wer seine Gewohnheiten kennt, kann sich eine recht zuverlässige Kalkulation erstellen. Die Spannweite ist enorm. In Bolivien begegnete ich einem Spanier, der seit vier Jahren mit seinem Motorrad unterwegs war und mir versicherte, mit einhundert US-Dollar losgefahren zu sein. Seinen Lebensunterhalt bestritt er mit dem Verkauf von selbst hergestelltem Schmuck auf Märkten und kleinen Jobs. Das andere Extrem war ein Fotograf, den ich in Australien traf. Er zahlte schon 6000 US-Dollar nur für seinen Container und wohnte in Hotels, die ich nur von außen kannte.

Um eine gute Übersicht zu gewinnen, ist es am besten, die Reisekosten in verschiedene Gruppen aufzuteilen, wie sie im Folgenden angeführt sind.

Vorbereitung

Hier hängt viel vom Reiseziel, vom Zustand der Ausrüstung und des Motorrads ab. Ist alles recht neu, sind die Kosten natürlich gering. Muss alles erst noch gekauft werden, können die Tausender nur so aus der Tasche fliegen und der Bankautomat wird zum besten Freund. Unterschätzt werden oftmals die medizinischen Vorbereitungen, vor allem die Impfungen. Wenn's in ferne Länder gehen soll, dann sind schnell 250 € beisammen. Malariaprophylaxe für ein halbes Jahr belastet den Geldbeutel nochmals mit einigen hundert €. Ob das Ganze wirklich benötigt wird, kann im Voraus niemand sicher sagen. Wer die Impfungen machen lässt, hat meist das beruhigende Gefühl, dass er das Mögliche getan hat. Wenn es einen ungeimpft im Ausland umhaut, macht man sich vielleicht Vorwürfe wie »Hätt' ich bloß…«.

So ergeben sich mit Impfungen, dem Kauf von ein paar Ersatz- und Verschleißteilen für das Motorrad und einer Ergänzung bzw. Erneuerung der Ausrüstung Kosten von etwa 1500 €. Muss das Motorrad noch hergerichtet werden, oder wird die Ausrüstung noch teilweise erneuert, so kommen leicht 2500 € und mehr zusammen. Wer gerne fotografiert, darf nicht vergessen, dass 50 bis 100 Filme auch mit 200 bis 400 € zu Buche schlagen. Für Reiseführer und Landkarten zahlt man dann nochmals 50 bis 150 €.

Ganz ohne Geld geht's kaum.

Laufende Kosten zu Hause

Hier gibt es Versicherungen, Wohnung, Unterhalt und vieles mehr zu bedenken. Bei ein paar Monaten juckt das vielleicht noch nicht, summiert sich aber nach und nach zu einer größeren Summe. Wer eine längere Reise plant (ab 4 Monate), sollte alle Versicherungen überprüfen. Versicherungen, die im Ausland sowieso nicht gelten, sollte man kündigen beziehungsweise ruhen lassen. Hier auch an die Haftpflichtversicherung für das Motorrad denken, denn die ist im Ausland meist sowieso nicht gültig. Es gibt auch die Möglichkeit, nach der Rückkehr einen Antrag auf Prämienrückerstattung zu stellen. Falls der Sachbearbeiter nicht gleich darauf eingeht, nicht abwimmeln lassen. Statt dessen eine Kopie vom Carnet de Passages oder Pass mit Eintragungen des Motorrads machen und bei der Versicherung einreichen. Dann klappt es meist ohne Probleme.

Wohnung entweder auflösen oder zwischenvermieten. Die Krankenversicherung kann mit einem speziellen Ruhevertrag runtergefahren werden und lebt dann im Ernstfall, wie zum Beispiel bei einem krankheitsbedingten Rücktransport, wieder auf. Wer risikobereiter ist, schließt nur eine Auslandskrankenversicherung ab und verzichtet auf einen Heimtransport. Krankheiten müssen dann im Ausland behandelt und auskuriert werden (bei schweren Unfällen hat man dann allerdings das Nachsehen).

Fahrt (Benzin, Instandhaltung Motorrad)

Bei der Reiseplanung ist es wichtig, zu überlegen, wie viele Kilometer man zurücklegen will. Nun ist es oftmals nicht möglich, genau zu bestimmen, wie viele Kilometer es zum Ziel sind, da man das Ziel noch gar nicht kennt oder die Reiseroute noch offen ist. In einem solchen Fall ist jeder auf Schätzungen angewiesen. Wenn das Reiseziel feststeht, können verschiedene Reiserouten miteinander verglichen und so die kürzeste beziehungsweise die längste Variante ermittelt werden, um ein Gefühl für die Entfernung zu bekommen. Falls noch keine konkreten Ziele ins Auge gefasst sind und statt dessen nur die Reisedauer feststeht, kann für die Planung eine Kilometerpauschale pro Reisetag bestimmt werden. Sie wird auf Pisten durchschnittlich nicht über 200 Kilometer und auf Asphaltstraßen nicht über 400 Kilometer am Tag liegen. Ruhetage werden den Schnitt meist unter 200 km reduzieren, es sei denn, man will gar nicht mehr absteigen.

Aus den so berechneten Kilometern lassen sich dann die voraussichtlichen Benzinkosten ableiten. Weltweit kann mit ca. 0,50 € pro Liter gerechnet werden, wobei der Nahe Osten jedoch wesentlich günstiger ist. Andere Länder, wie zum Beispiel Norwegen, sind wieder teurer (notfalls sich vorher schlau machen). Die Preise können allerdings durch Schwankungen im Öl- und Devisenpreis stark variieren.

Auch in Australien gibt es genug Ersatzteile.

Zu den reinen Benzinkosten kommen dann noch die Unterhaltskosten des Motorrads. Diese setzen sich vor allem aus Reifenverschleiß, Kette, Service usw. zusammen. Um diese Ausgaben zu ermitteln, ist es am besten, sich eine Kilometerpauschale für sein Motorrad zu erstellen. Hierfür können eigene Erfahrungswerte genutzt werden. Meistens ist der Verschleiß auf Langstrecken wesentlich geringer als beim heimischen Kurvenfahren. 15.000 km mit einem Hinterradreifen sind so keine Seltenheit, aber auf der richtigen Piste, mit dem Gasgriff am Anschlag, kann an einem Tag ein Reifen vernichtet werden.

Eine gewisse Summe sollte man sich auch für unvorhergesehene Dinge zurücklegen. Es kann sich um ein gutes Angebot handeln (die Traumfarm am Fluss?) oder unangenehmere Dinge wie Krankheit oder Unfall. Zwischenfälle mit den Behörden kosten oftmals auch nicht wenig (130 km/h auf Schweizer Landstraßen beispielsweise kosten über 1000 €). Die Kalkulation kann folgendermaßen aussehen:

Teile	Haltbarkeit in Kilometern	Kosten für Ersatz	Kosten auf 100 km
Kettensatz	25.000 km	220,– €	0,88 €
Vorderreifen	15.000 km	70,– €	0,47 €
Hinterreifen	10.000 km	120,– €	1,20 €
Service	10.000 km	100,– €	1,00 €
Bremsen	20.000 km	80,– €	0,40 €
Benzin	6,5l/100 km	0,50 €	3,25 €
Motorrevision	100000 km	1700,– €	1,70 €
Stoßdämpfer	50000 km	300,– €	0,60 €
Gesamtkosten	auf 100 km		9,50 €

Je nachdem, wie perfekt man rechnen will, können weitere Kosten wie Abschreibung usw. mit aufgenommen werden. Die Angaben in der Tabelle entsprechen meinen persönlichen Erfahrungswerten mit meiner Cagiva Elefant 750 und sind nur als Beispiel gedacht. Nicht vergessen: Ein Kardanantrieb hält auch nicht ewig.

Transport (Fähren, Flüge usw.)

Fähren und Flüge sind nochmals ein großer Kostenfaktor und verschlingen locker 30 bis 50 Prozent des gesamten Reisebudgets, je nachdem, wo man überall hin will. Ein Motorradtransport mit dem Flieger kostet im Durchschnitt – für 200 kg Motorrad – rund 600 bis 1000 € pro Strecke. Der Flug für die Person nochmals zwischen 200 und 400 €. Die Fährpreise liegen durchschnittlich für eine Person mit Motorrad bei 200 bis 400 € für Hin- und Rückfahrt. Dies als sehr grobe Orientierung. Die Preisspannen sind jedoch enorm, deshalb sollte man sich vorher erkundigen. (Genauere Angaben: siehe unter Motorradtransport.)

Übernachtung

Es gibt hier die unterschiedlichsten Standards, und es bietet sich ein enormes Erlebnispotential. So könnte ich schon mehrere Kapitel nur über Sanitäreinrichtungen schreiben. Sie haben entweder gewohnten europäischen Standard oder können aus einem Loch im Boden und einem Wassereimer bzw. einer Pumpe bestehen. Dazwischen gibt es dann alle möglichen Variationen. Einfachheit hat nichts mit Schmutz und Luxus nichts mit Sauberkeit zu tun! Lieber habe ich ein einfaches Holzbett in einem frisch geweißten Raum, mit sauberem Steinfußboden, als ein Pseudo-Luxuszimmer mit verstaubten Vorhängen und einem Teppichboden, der schon lebt. Allen, die sich nun einem Überlebenskampf gegenübersehen,

Manche Übernachtungsplätze bergen wahren Luxus: Feldbett in Libyen.

kann ich versichern, dass sich die Qualität der Zimmer im mittleren Preisniveau weltweit in den letzten Jahren stetig verbessert hat.

Wer nicht gleich das erstbeste Hotel nimmt (durch Handeln und Nachfragen kann man hier einige Dollars sparen), kann für 5 bis 10 € ein sauberes Einzelzimmer mittlerer Größe, zum Teil auch mit eigener Dusche/WC, bekommen. Vorausgesetzt, in dem Land gibt es einige Reisende, seien es Touristen oder Einheimische.

In westlich orientierten Regionen wie Europa, USA, Kanada oder Australien können die Preise wesentlich höher liegen und die 20-Euro-Marke schnell durchbrechen. In Asien dagegen konnte ich mir schon für 4 € pro Nacht eine schöne Hütte am Strand unter Palmen mieten. Hängematte und gemauerte Dusche inklusive. Wer es low cost liebt, wird in Asien schon für 1 € pro Nacht ein Dach über den Kopf bekommen. Internationale Hotels hingegen haben meist auch internationale Preise. So kosten die Doppelzimmer in bekannten 5-Sterne-Hotels meist zwischen 100 und 200 € und mehr pro Nacht. Weltweit!

Um einen aktuellen Überblick zu bekommen, sind Reiseführer sehr hilfreich. Der Wechselkurs kann die Preise stark beeinflussen.

Essen

Asien und der Orient sowie Lateinamerika sind das »low-cost-Eldorado«. Ab 1 € kann man sich eine schöne Mahlzeit zusammenstellen. In Ländern wie zum Beispiel Australien und Argentinien rentiert es sich, den Supermarkt zu konsultieren und seine Steaks selbst zu grillen. So ist es möglich, auch mit 3 bis 5 € pro Mahlzeit über die Runden zu kommen. Sparkünstler können noch mit weit weniger auskommen.

Alkohol ist in den meisten Ländern sehr teuer, und wer auf sein(e) Bier(e) oder Flasche(n) Wein nicht verzichten will, sollte nochmals 5 bis 10 € pro Tag extra dazu rechnen. Um das Verhältnis zwischen Lebenshaltungskosten allgemein und den Kosten für Alkohol in den asiatischen Ländern im Besonderen auf-

Kinder verkaufen uns »lebendiges Essen« im Hochland von Äthiopien.

zuzeigen, ein Beispiel: Für den Preis von fünf Bier täglich kann man in Thailand leben. Zwei Bier entsprechen der Übernachtung, eines reicht für Frühstück und Mittagessen, eines fürs Abendessen und der Rest für ein paar Fruchtsäfte den Tag über.

Sonstiges (Eintrittsgebühren, Souvenirs usw.)

Viele Länder haben die Touristen als Devisenquelle entdeckt und kassieren heftig ab. Dies beginnt bereits mit der Visagebühr, die für einige Länder über 50 € beträgt. An der Grenze kommt dann noch der Eintrittspreis in Form von Nummerschildern, Versicherungen, Führerscheinübersetzungen hinzu sowie andere nicht unbedingt nachvollziehbare Gebühren.

Es ist verständlich, wenn die armen Länder versuchen, den Schutz von gefährdeten Tieren, Pflanzen und Kulturdenkmälern durch Touristen zu finanzieren. Manchmal hatte ich allerdings das Gefühl, mit den Eintrittsgebühren eher schon einen Teil vom Park zu erwerben. Für touristische Highlights sind inzwischen weltweit stolze Summen zu berappen, die auch einmal die 100-€-Marke überschreiten können. Ich denke, dass das Betrachten von Sehenswürdigkeiten, die weltweit bekannt sind, den Bewohnern der Welt auch ermöglicht werden und nicht vom Geldbeutel abhängig sein sollte.

Bei Kurzreisen kann man hohe Eintrittspreise vielleicht verschmerzen, da in dieser Zeit das Gehalt weiter überwiesen wird. Wer aber länger unterwegs ist, überlegt dann schon, ob er sein Monatsbudget in zwei Tagen für einen Besuch im Nationalpark ausgibt. Wer Exkursionen auf den Galapagos-Inseln, Besuche in die großen Tierparks von Tansania oder das Okowango-Delta plant, sollte die damit verbunden Eintrittsgebühren in seiner Reisekasse gleich mit berücksichtigen.

Sammler, die keinem Flohmarkt widerstehen können, können vielleicht von Glück reden, dass sie auf dem Motorrad nicht allzu viel mitnehmen können, sind aber bestimmt froh, wenn die Reisekasse für die ein oder andere Kleinigkeit noch Spielraum lässt. Bei Souvenirs ist die Spannweite ist so groß wie zu Hause. Das kann nur jeder für sich selbst kalkulieren. Hierbei aber unbedingt die Ausfuhrbestimmungen des Landes beachten, sonst kann es richtig teuer werden.

Übernachtungspreise in Hotels können stark differieren!

Bei Kurzreisen innerhalb Europas wird sich keiner die Mühe machen, lange Preisvergleiche anzustellen. Daher werden diese Reisen im Schnitt immer teurer sein. So kommen leicht 60 bis 100 € pro Tag für Übernachtung, Benzin und Essen zusammen.

Wer länger unterwegs ist, hat Zeit, günstige Gelegenheiten abzuwarten. Als wir von Südafrika heimfliegen wollten und feststellten, dass die Flüge wegen der momentanen Hochsaison 200 € teurer waren, flogen wir halt sechs Wochen später heim. Wer Zeit hat, kann so entsprechend reagieren. Unterm Strich kam ich weltweit im Mittel mit 25 € am Tag aus. Das macht im Monat 750 €. In Australien war mein Lebensstandard mit 750 € an der unteren Grenze. Es ging mir dabei gut – nur Kneipen, Restaurants und Hotels waren tabu. Dafür gab es Steaks vom Supermarkt und saubere Duschen auf den Campingplätzen. In Malaysia konnte ich mir für 400 € im Monat jeden Tag zwei warme Mahlzeiten und ein Einzelzimmer leisten.

Meistens wird der gewohnte Lebensstandard auch während der Reise unbewusst beibehalten. Wer zu Hause eher sparsam lebt, wird auf seiner Reise auch weniger brauchen. So kann anhand der normalen Ausgaben zu Hause in gewisser Weise auch auf die zu erwartenden Ausgaben unterwegs geschlossen werden.

Ohne Moos nichts los: Wie komme ich zu Geld?

Diese Frage haben mir schon einige Leute gestellt. Das hört sich dann meistens so an: Hast du im Lotto gewonnen? Ist deine Oma gestorben? Bist du von Beruf Sohn?

Dies wären natürlich alles Möglichkeiten, um eine Reise zu finanzieren. Doch treffen sie für die Meisten von uns sicher nicht zu. Und leider auch nicht für mich. So habe ich bisher immer den fantasielosen Weg der Arbeit gewählt.

Es gibt auch noch andere Möglichkeiten, die Erwähnung finden sollen. Außerdem möchte ich den Eindruck nehmen, dass man sich so etwas nie leisten könne. Wer bereit ist, etwas dafür zu tun, bei dem muss es am Geld nicht scheitern.

Arbeiten und sparen

Klingt schon schrecklich, doch für die Meisten wird diese Möglichkeit die nächstliegende sein. Wer seine Reserven für das Ziel seiner Reise monatlich auf die Seite bringen kann, hat bei monatlich 250 € und drei Jahren Ansparzeit immerhin (ohne Berechnung von Zinsen) 9000 € beisammen, die für eine längere Reise gut reichen dürften. Außerdem sind drei Jahre ein überschaubarer Zeitraum, der auch für die Planung genutzt werden kann.

Arbeit unterwegs

Es gibt Länder, in denen dies möglich ist. Allerdings ist es in den meisten Ländern sehr schwierig, eine Arbeitserlaubnis zu bekommen, um legal arbeiten zu können. In westlich orientierten Ländern wie den USA, Australien oder Kanada kann, wer ein paar Beziehungen hat, schon einmal fündig werden. Meistens sind es Jobs, die ein ordentliches Zupacken erfordern. Es kann durchaus Spaß machen, und es gibt jedem die Möglichkeit, das Land auch aus einer anderen Perspektive kennen zu lernen. Die Bezahlung ist meistens nicht ganz so gut, bessert aber die Reisekasse auf. Wer Zeit hat und wem sich eine gute Möglichkeit bietet, kann zugreifen. Wer allerdings fest mit dieser Möglichkeit rechnet oder sie einplant, für den wird es oftmals schwierig. In Australien traf ich einen Engländer, der eine Arbeit in den Mangroven fand. Er musste dort Holz sammeln, das für Kunstgegenstände verwendet wird. Neben Schlangen und Krokodilen gab es unzählige Moskitos, die ihn bei tropischen Temperaturen mächtig ärgerten. Was ich damit meine, ist, dass die Arbeitsbedingungen wohl nicht jedem zusagen dürften.

Allerdings können die meisten Jobs auch recht schnell wieder gekündigt werden. So ist es ohne großes Risiko möglich, einmal etwas auszuprobieren, und sei es Melonen ernten bei 40 °C. Bei illegalen Jobs muss in einigen Ländern wie zum Beispiel Australien mit sofortiger Ausweisung gerechnet werden, falls man erwischt wird. Deshalb ist Umsicht angebracht.

Wer Arbeiten annimmt, die gefährlich sind, sollte sich auch nach entsprechendem Versicherungsschutz erkundigen. Viele Auslandskrankenversicherungen sind bei Arbeitsunfällen nicht mehr gültig!

Eine andere Möglichkeit besteht darin, sich schon zu Hause nach Jobs im Ausland umzusehen. Hier kann man durch Stellenanzeigen oder bei weltweiten Arbeitsvermittlungen fündig werden. Auch das Arbeitsamt fragen, dort gibt es zumindest Kontaktadressen.

Sponsoring

Von Firmen die Reise finanziert zu bekommen, ist der Traum vieler. Jedoch heutzutage recht schwierig zu verwirklichen. Dies hat verschiedene Gründe.

Die Welt ist heute schon weitgehend entdeckt, und somit ist es sehr schwierig, etwas zum ersten Mal zu machen, das der Sponsor dann entsprechend vermarkten kann. Weiter kommt es auch sehr stark auf den Marktwert der Person an, die sich um einen Sponsorvertrag bewirbt. Wer drei Mal die Rallye Paris–Dakar gewonnen hat und sich für einen Welttrip nach Sponsoren umsieht, der dürfte bessere Chancen haben als ein Unbekannter, der sich noch keinen Namen gemacht hat. Allerdings ist auch hier mit Überzeugungskraft manches möglich.

Das Geld bzw. die Sachwerte, die man von einem Sponsor erhält, sind meistens mit gewissen Erwartungen, Auflagen, Vorgaben und Bedingungen verbunden. Hier sollte sich jeder genau überlegen, ob solche Bedingungen ihn auf der Reise nicht zu stark einschränken, indem sie ihm die Freiheit nehmen, das zu tun, worauf er Lust hat. Wichtig ist auch die Überlegung, mit welchen Gefahren diese Erwartungen verbunden sein könnten. Actionbilder zu machen inmitten der Wüste, tausend Kilometer vom nächsten Versorgungspunkt entfernt, muss nicht immer gut ausgehen!

Sponsoring mit Reifen oder Ausrüstung ist oftmals nur eine Entsorgung von Ladenhütern. Besser ist es, einen Helm zu kaufen, den man gut findet, als sich jeden Tag über die Unzulänglichkeiten eines gesponserten Helms zu ärgern.

In Australien habe ich einen Engländer kennen gelernt, der mit einer 80-ccm-Honda unterwegs war. Er hatte schon ganz Amerika von Alaska bis Feuerland sowie Afrika bereist. Im Gespräch mit ihm stellte sich dann heraus, dass er von Honda gesponsert wurde. Dies war aber nur möglich, weil er die Weltreise mit dem 80er-Moped unternahm. Dass es mit anderen Modellen klappt, haben viele vor ihm bewiesen, und deshalb gab der Sponsor auch kein Geld mehr dafür. Man sollte also wirklich gut überlegen, was man machen will und ob es mit einem Sponsor überhaupt noch möglich ist. Der Aufwand, Sponsoren zu finden, wird gerne unterschätzt. Hierzu sind viel Schreibarbeit und Wartezeiten über Monate nötig. Zum Schluss ergeben sich dann oftmals ganz andere Vereinbarungen, als eigentlich erwartet.

Easy-Rider-Finanzierung

Alle, die den Film kennen, sind auch über die kriminelle Finanzierung der beiden informiert. Das Ende der beiden ist ja auch nicht unbedingt nachahmenswert, so dass ich von dieser Art der Finanzierung dringend abrate. Wir wollen ja Freiheit und nicht Freiheitsentzug … Man kann die Idee auch legal anwenden. Das heißt, einen großen Geschäftsabschluss tätigen oder ein Projekt mit einem guten Gewinn zum Abschluss bringen.

Durch Glück

Hat man das Glück, viel Geld zu gewinnen, ist man alle Sorgen erst mal los. Gewinnt man nicht, kommt es darauf an, wie viel man in den Sand gesetzt hat – was einem dann vielleicht alle Reise-Hoffnungen auf Jahre nehmen kann. Das andere ist die Ungewissheit, ob überhaupt und wann es klappt. Denn normalerweise möchte man reisen, wenn man die Lust darauf verspürt. Ich denke, ein Lottoschein kostet nicht viel und birgt eine kleine Hoffnung (bei der es bei mir auch bisher blieb). Im Kasino sieht es schon anders aus. Zwar sind die Gewinnchancen hier wesentlich besser, doch kann man auf der anderen Seite auch richtig Geld loswerden. (Leider benötigt man auch noch eine Krawatte, um reinzukommen.)

Zinsen

Von Zinsen leben zu können, ist ein Traum, den viele haben, der aber nur bei wenigen klappt (siehe Lottogewinn). Hierfür wird Kapital in einer Höhe benötigt, wie es nur die wenigsten ansammeln können. Wer es allerdings geschafft hat, der kann ohne zeitliche Begrenzung reisen – der Traum vieler (zumindest meiner).

Nehmen wir einmal an, dass wir während einer Reise 1000 € monatlich (mit ein wenig Reserve) benötigen. Das ergibt 12.000 € im Jahr. Diesen Betrag erhält jeder, der 250.000 € zu 5 % (heute allerdings ein gerade zu illusorischer Wert) angelegt hat. Zugegeben, 250.000 € sind eine Menge Geld, aber nicht unmöglich zu erreichen. Zum Beispiel durch

Erbschaft oder sonstige »positive Entwicklungen«. Manche haben ja auch schon mit Aktien das große Los gezogen.

Vermarktung der Reise

Wer ein guter Geschäftsmann / eine gute Geschäftsfrau ist, wird auch seine Reiseerlebnisse mit Gewinn verkaufen können. Wer allerdings noch keine Erfahrungen als Verkäufer in der Marktwirtschaft gesammelt hat, wird je nach Begabung auch Lehrgeld bezahlen müssen. Typische Einnahmequellen sind:

- Veröffentlichung der Reiseerlebnisse in einem Magazin. Das Honorar ist stark von der Auflage der Zeitung abhängig. Der zeitliche Aufwand wird dabei oftmals unterschätzt. Gute Fotos sind für einen Reisebericht obligatorisch. Wer nicht mit einer großen Illustrierten ins Geschäft kommt und statt dessen mit einem der vielen kleinen Motorradmagazine vorlieb nehmen muss, wird froh sein, für sein Honorar einen Satz Reifen zu bekommen. Aber ein Versuch kostet ja nicht viel.
- Ein Buch zu schreiben, kann ein Volltreffer werden. Aber wenn ich mir überlege, dass Süßkind mit seinem Bestseller »Das Parfum« fast keinen Verlag gefunden hat, erscheinen die Aussichten, einen Verleger für Reiseberichte zu finden, recht gering. Immerhin gibt es heute die Möglichkeit, im Direktdruckverfahren zu arbeiten. Dies drückt die Investitionen auf unter 500 €, allerdings auch den Erlös pro verkauftem Buch. Wer das Risiko liebt, kann es im Eigenverlag versuchen. Dies bedeutet, dass der komplette Druck selbst vorfinanziert werden muss, was dann je nach Auflage schnell über 5000 € kostet. Für den Verkauf der Bücher ist man dann auch selbst verantwortlich. Da ich das Abenteuer liebe, habe ich es selbst ausprobiert. Hat eine Menge Spaß gemacht, und ich konnte immerhin in drei Jahren 2000 Bücher unter die Menschen bringen. Das ist aber wohl eher die Ausnahme. Insgesamt jedenfalls kommen auf den Herausgeber eines Buches im Eigenverlag oft unerwartet hohe Kosten zu. Wer so was vorhat, sollte sich gut beraten lassen.
- Öffentliche Diavorträge gibt es mittlerweile zu Dutzenden, und die Qualitätsansprüche sind entsprechend hoch. Um hier bestehen zu können, ist eine Planung schon vor der Reise notwendig. Gut gemachte Vorträge sind meist nach einer Art »Drehbuch« erstellt, das während der Reise zu erfüllen ist. Nur dann ist gewährleistet, dass man auch die passenden Dias für einen dynamischen Vortrag mit nach Hause bringt. An der Qualität der Kameraausrüstung sollte in diesem Fall natürlich nicht gespart werden. Denn eine Großleinwand ist unbarmherzig, was Objektivverzeichnung, Kontrast und Schärfe anbelangt. Neben den Investitionen für Filme kommen noch die für die ganze Projektionstechnik hinzu, immerhin einige tausend Euro. Was viele dann vor lauter Technik und guter Bilder vergessen, ist, dass es ein Vortrag ist. Dies setzt voraus, dass man frei sprechen kann, um das Publikum mitzureißen. Nur so wird man die Zuschauer begeistern können.

Mit der Goldwing durch die Wüste: Welches Motorrad ist das beste?

Das Thema wurde schon an allen Lagerfeuern der Welt diskutiert. So, wie sich Landrover- und Toyotafahrer nie einigen werden, welches das bessere Fahrzeug ist, wird es auch unter Motorradfahrern immer zu starken Meinungsunterschieden kommen, was ihre Motorradwahl anbelangt. Bei der Wahl meines Motorrads möchte ich mich nicht nur auf die Bewertungen aus diesen Runden verlassen.

Falls die Wahl einem Freund überlassen wird, ist oftmals zu beobachten, dass dieser seine eigenen Wünsche mehr berücksichtigt als die Wünsche und Belange des späteren Eigentümers.

Eine Sport-Enduro oder Hard-Enduro, wie sie manche nennen, mag durchaus Spaß machen. Für Reisende, die gerne gemütlich tuckernd durch die Landschaft ziehen wollen, gibt es aber bestimmt eine bessere Wahl.

Also, nicht auf andere hören, wenn es um die Entscheidung für das eigene Motorrad geht – lieber eigene Kriterien erarbeiten, denn das Motorrad sollte zum Fahrer passen! Technik ist hier zweitrangig. Was bringt die modernste Technik mit den schönsten Details, wenn man sich auf der Maschine nicht wohl fühlt? Nur Frust!

Es geht nicht darum, »in« zu sein und das neueste Spielzeug zu besitzen, sondern auf Reisen ein zuverlässiges Verkehrsmittel zu haben, mit dem man angenehm unterwegs ist. Dies bedeutet, dass das Motorrad zum Reiseziel und der Fahrweise des Fahrers passen muss. Wer viele Kurven und kleine Straßen fahren möchte, wird mehr Spaß mit einem handlichen, leichten Motorrad haben. Derjenige, der mit Sozius/Sozia viel unterwegs ist, achtet auf maximale Zuladung und gute

Bevor es in die libysche Wüste geht, tanken wir alles voll.

Bremsen und möchte genug Motorleistung. Offroad-Enthusiasten legen eher auf Federweg, Bodenfreiheit und wenig Gewicht wert. Denn keiner gräbt gerne 5 Zentner aus.

Da nur wenige sich für jeden Urlaub ein anderes Motorrad kaufen können, kommt der eine oder andere auf die Idee, sein Motorrad entsprechend umzubauen. So war es auch bei mir, als ich meine erste Reise durch Afrika plante. Ich versuchte, meine CX500 (besser als Güllepumpe bekannt) mit längeren Federwegen und größerem Tank pistentauglich zu machen. Als mich meine Mutter dann beim Modellieren des Tanks sah, meinte sie, das werde doch nichts. Die Aktion erinnere sie an ein Kleid, das man ändert und dann erst recht nicht mehr trägt. Ich ließ mir das durch den Kopf gehen und entdeckte dann eine Ténéré, die alles serienmäßig hatte, was ich zu brauchen meinte. Außerdem war sie 60 kg leichter. Bei meiner Afrikadurchquerung stellte sie sich dann als sehr gute Wahl heraus.

Je mehr man sich mit der Motorradtechnik und den gesamten Umbaumöglichkeiten beschäftigt, desto schwieriger macht man es sich. Die eigenen Ansprüche an das optimale Reisegefährt steigen ständig. Zum Schluss steht man beim Edeltuner, schiebt 20.000 € über die Ladentheke und bleibt auf der Reise dort stecken, wo die anderen mit billigen Serien-Enduros noch scheinbar problemlos durchkommen. So ist es einem Freund von mir ergangen, als wir zusammen in Libyen zum Wow en Namus fuhren. Dass sich dadurch eine gewisse Spannung bildet, die das Miteinander belastet, muss ich nicht weiter erwähnen. (Wer kann sich schon immer das Lästern verkneifen? Und es kann ja eine so schöne Genugtuung sein, dass Geld alleine nicht glücklich macht!)

Das beste Motorrad lässt sich somit weder am Preis noch an irgendwelchen technischen Features erkennen. Wie kann man es aber dann finden? Diese Frage beschäftigt jeden Reisenden immer wieder aufs Neue. Natürlich kann man zum Motorradhändler gehen, das Motorrad kaufen, das einem gefällt – und einfach losfahren. Aber so einfach machen wir es uns auch wieder nicht. Wir wollen ja das perfekte Motorrad! So ergründen wir in langen Winterabenden, welche Eigenschaften unser Traummotorrad haben sollte. Dann kommt vielleicht folgende Liste zustande:

- günstiger Kaufpreis
- geringer Kraftstoffverbrauch
- bequeme Sitze (auch noch nach acht Stunden)
- passende Ergonomie (Abstand von Sitzbank zu Fußrasten und Lenker)
- gutes Handling auch mit Gepäck
- V_{max} von bequemen 130 km/h (auch bei 1,90 m Körpergröße und Gegenwind)
- Gewicht möglichst unter 200 kg
- Federweg vorn und hinten 250 mm

Motorrad an Mandara-See in Libyen.

- Elektrostarter
- guter Geradeauslauf für konditionsschonendes Fahren auch auf Pisten
- solide und stabile Bauweise (kein Totalschaden durch bloßen Umfaller)
- Reichweite von mindestens 350 km
- geringe Vibrationen (sollten keine dicken Handgelenke bescheren)
- ausreichende Reparatur- und Wartungsfreundlichkeit

Dann stehen wir wieder beim Händler oder wälzen Kataloge und Motorradhefte und stellen fest, dass es dieses Motorrad so nicht gibt – oder noch nicht. Die einen warten dann weiter ab, die anderen fangen an, Kompromisse zu machen. Welche, das muss jeder für sich entscheiden. Nur sollte man den eigentlichen Anwendungszweck dabei nicht aus den Augen verlieren.

Wenn dann einige Modelle in der engeren Wahl sind, kann nur durch ausgiebiges Probefahren geklärt werden, welches Motorrad am besten für mich geeignet ist. Besonders vorteilhaft ist es, wenn ein Freund schon eines der betreffenden Modelle hat. Auf diese Weise ist es möglich, auf einer Ausfahrt die Motorräder durchzutauschen, um einen direkten Vergleich zu bekommen. Dann kann man sich noch über typische Fehler und Mängel informieren. Es ist bei einem Vergleichstest immer gut, auch ein Auge auf die Bereifung zu werfen, da diese das Fahrverhalten enorm beeinflusst. Der Unterschied im Fahrverhalten kann beim gleichen Modell mit unterschiedlicher Bereifung größer sein als bei zwei unterschiedlichen Motorrädern. Auch das Alter eines Motorrads macht sich erfahrungsgemäß stark bemerkbar. Der Besitzer hat sich langsam an die kleinen Unzulänglichkeiten gewöhnt, die einen Fremden erschrecken können (z.B. eine falsche Einstellung des Lenkkopflagers).

Testberichte in den bekannten Motorradheften sind eine gute Ergänzung. Hier sollte allerdings weniger auf die Endresultate geblickt werden, sondern mehr auf die Einzelpositionen. Hinterfragen, welche Disziplinen einem wichtig sind. Eine Federung, die im Test als zu hart moniert wird, kann mit Reisegepäck gerade richtig sein. Auf diese Weise sollte jeder die Testergebnisse für sich persönlich nochmals interpretieren. Sehr handliche Motorräder zum Beispiel neigen mit Gepäck auf Pisten eher zum Pendeln als Motorräder, die auf Geradeauslauf getrimmt sind und daher in Kurven ein wenig mehr Nachdruck benötigen. Also, Kritik in manchen Punkten kann unter anderen Bedingungen auch positiv sein und umgekehrt.

Wer trotz allem seinem bewährten Motorrad treu bleiben will, hat den Vorteil, dass er es kennt und Erfahrung mit ihm hat. So ist es ihm dann leichter möglich, die kleinen Schwächen seines Motorrads selbst zu beheben. Der Typ bzw. die Art des Motorrads ist bei weitem nicht so entscheidend, wie oftmals angenommen wird. Wer auf einer Reise ist, fährt kein Rennen, deshalb ist es auch nicht entscheidend, ob er zwei Tage früher oder später am Ziel ist – vorausgesetzt natürlich, er hat genug zu essen und zu trinken dabei.

Ich traf in den Anden einen Spanier, der mit einer ST1100 mit 320 Kilogramm Leergewicht plus 100 Kilogramm Gepäck auf dem Weg zum großen Salar de Uyuni (Bolivien) war – und auch durchkam (ich hätte Angst davor). Eine Japanerin in Santiago, die mit einer DR200 von Los Angeles über Alaska nach Feuerland unterwegs war, hatte ebenfalls keine größeren Probleme. Auf einer Algerienreise traf ich in den Dünen im Erg Orientale jemand, der mit Stummellenker auf seiner BMW die Dünen in Angriff nahm. Auch mit exotischen Motorrädern, mit denen sich viele nicht einmal über eine Ländergrenze trauen, kann man weit kommen. So fuhr ich mit meiner Elefant in vierzehn Monaten 70.000 Kilometer, so gut wie einmal um die Welt. Wichtig ist, dass man sich der Grenzen von Mensch und Material bewusst ist und so Schäden vermeidet. Das beste Material und die beste Ausrüstung können zerstört werden, wenn ohne Gefühl damit umgegangen wird.

Das Bewältigen einer Strecke ist die eine Sache, Spaß beim Fahren die andere. Hier gibt es wirklich eklatante Unterschiede zwischen den Motorrädern. Scheinbare Kleinigkeiten können hier eine enorme Wirkung haben. So erinnere ich mich noch daran, wie ich einmal beim Fahren auf einer Crossstrecke mein Motorrad mit dem meines Freundes tauschte, der das gleiche Modell hatte. Ich war perplex, dass

Pistenspaß im Valle de la Luna in Chile.

auf einmal das Vorderrad in den Kurven nicht mehr wegrutschte. Ich glaubte, es sei der andere Vorderreifen. Als ich wieder anhielt, stellte ich fest, dass er den exakt gleichen Reifen auf seinem Motorrad montiert hatte. Der Unterschied kam allein durch die unterschiedliche Sitzposition zustande, hervorgerufen durch seinen kürzeren Tank.

Eine ähnliche Erfahrung machte ich auch mit dem Motorrad eines anderen Freundes, der mich anrief und meinte, seine Maschine pendele mit grobstolligen Reifen ab 160 km/h. Da ich das gleiche Modell besaß, machten wir auch hier einen Vergleich. Nach einer Probefahrt konnte ich seine Bemerkung bestätigen. Der einzige Unterschied zwischen unseren beiden Motorrädern waren die unterschiedlichen Sitzbänke. So tauschten wir sie – und siehe da: Seine Maschine war auf einmal wesentlich ruhiger, nur weil er jetzt 4 cm weiter vorn saß.

Ein guter Test, bei dem jeder schnell beurteilen kann, ob ein Motorrad empfindlich auf Längsrinnen reagiert oder sich recht gutmütig verhält, kann folgendermaßen gemacht werden: Einfach eine abgelegene kleine Straße wählen, mit einem unbefestigten Randstreifen, ohne Leitpfosten. Jetzt mit so 40 bis 70 km/h einfach öfters über die Kante des Asphalts in den Randstreifen und zurück auf die Straße wechseln. Ist übrigens auch eine gute Übung für das Ausweichen bei Gegenverkehr auf einspurigen Straßen, wie sie im Ausland noch oft vorkommen. Ist das Motorrad gutmütig, wird man kaum etwas spüren, ist es eher sensibel, kann ein gewisses Zupacken am Lenker notwendig werden. Auf jeden Fall also erst mal vorsichtig mit kleinen Absätzen beginnen!

Wer dann auf der Reise offroad wochenlang auf verspurten Pisten unterwegs ist, wird sich schon über ein etwas leichter zu fahrendes Motorrad freuen. Auch hier steht wieder die Frage im Raum: Worauf lege ich Wert? Auf Asphalt und Pisten mit hartem Untergrund kommt man mit Allem durch, bei Sand, Schlamm und losem Schotter lernt man die inneren Qualitäten seines Motorrad kennen und fängt an, es zu lieben oder zu hassen.

Mit einem guten Motorrad macht das Fahren Spaß, und es wirft einen nicht allzu oft ab!

Fast hätte ich sie vergessen, die Gespanne. Es gibt die unterschiedlichsten Gründe, die jemanden auf die Idee bringen, Gespann zu fahren. Die einen haben irgendwann einmal in grauer Vorzeit einen Seitenwagen an ihr Motorrad geschraubt und sind seitdem vom Virus »Gespannfahren« befallen. Für sie steht auch völlig außer Frage, dass sie mit diesem Gefährt auf Tour gehen. Die anderen benötigen mehr Stauraum, als ihnen ein Motorrad bieten kann. Entweder es geht um die Unterbringung von zusätzlicher Ausrüstung (Bergseile, Gleitschirm usw.) oder um die Mitnahme von Kind oder Hund. Die Möglichkeiten sind vielfältig. Dass sich selbst größere Hunde in einem Beiwagen wohl fühlen, konnte ich bei Lieven und Martina, die ich in Peru traf, erleben. Sie hatten sich das Gespann gekauft, um ihren Hund auf der Fahrt durch Südamerika mitnehmen zu können.

Wer mit einem Motorrad im Gelände Angst hat und sich deshalb ein Gespann kauft, kann schnell eines Besseren belehrt werden – auch ein Gespann kann umfallen. Es fällt nur nicht von selbst um und hat deshalb den Vorteil, dass auf rutschigem Untergrund langsamer gefahren werden kann. Das Fahren selbst verlangt aber einiges an Kraft, da »richtig« (herum) gelenkt werden muss. Hinzu kommen ein höherer Kraftstoffverbrauch, der etwa dem eines Mittelklassewagens entspricht, und eine hohe mechanische Belastung des Fahrwerks. Speichenbrüche und Radlagerwechsel sind auf Gespannreisen eher etwas Normales. Wer auf den Geschmack kommt, kann auch damit viel Spaß haben, zumal einem die Aufmerksamkeit der Bevölkerung sicher ist und der Beifahrer mitturnen kann.

Es gibt viele Arten von Gespannen. Vom Renngespann bis zum reinen Crossgespann gibt es alles, was vorstellbar ist. In den letzten Jahren wurden auch immer mehr so genannte Fernreisegespanne auf den Markt gebracht. Hierbei handelt es sich um recht gewichtige Fahrzeuge, und einige sind sogar mit Seitenwagenantrieb zu haben. Dieser hat jedoch auch gewisse Eigenheiten, vor allem, wenn er mit einer Viskokupplung ausgerüstet ist. Die macht nämlich bei losem Untergrund ein Lenken fast unmöglich, aber dafür kommt man weiter – wenn auch nicht unbedingt in die gewünschte Richtung. Der Neupreis eines solchen Fernreisegespanns kann durchaus dem Preis eines Solomotorrads inklusive einer einjährigen Reise entsprechen.

Wichtiger als die Wahl des Motorrads ist der gekonnte Umgang mit dem, was man zur Verfügung hat.

Der Autor auf der Piste in Libyen.

Umbau des Motorrads: Wie viel »Verschlimmbesserung« braucht man wirklich?

Über dieses Thema haben viele schon so verzweifelt nachgedacht, dass sie ganz vergessen haben, loszufahren!

Da fällt mir eine lustige Geschichte ein. Mit ein paar Freunden tobten wir mit den Enduros am Gardasee herum (damals war dies noch legal). Als wir am Tremalzo-Pass unsere Spaghetti verschlangen, machte sich jemand über meinen Gepäckträger an der Ténéré lustig – nach dem Motto: »Der überlebt bestimmt nicht den nächsten Schotterpass«. Als mein Freund ihm dann sagte, dass ich erst vor kurzem von einer einjährigen Afrikareise zurückgekommen sei, versank er in totaler Ehrfurcht, was mich wiederum köstlich amüsierte.

Umbau einer Honda Dominator: Die Verkleidung wurde durch eine Enduromaske ersetzt.

Dann gibt es noch den Typ, der genau weiß, was du für deine Reise brauchst. Das hört sich dann vielleicht so an: »Du willst also nach Libyen. Dann kauf mal einen 63-Liter-Tank, drei Wasserkanister, vier Reserveschläuche und eine große Sandschaufel. Und lass deinen Alkohol in Wurstdosen einmachen.« Dein Einwand, keinen Alkohol zu mögen, wird schon zu einem Aufmerksamkeitsentzug seinerseits führen, weil seine Ratschläge nicht gebührend anerkannt werden.

Wenn aber keine eigenen Erfahrungen vorliegen, ist man irgendwie auf Informationen anderer angewiesen. Doch wie können diese sinnvoll genutzt werden?

Hier ist es ganz ähnlich wie bei der Ausrüstung oder dem Nachfragen nach dem richtigen Weg. Durch gezielte Rückfragen sollten sich Widersprüchlichkeiten herausfiltern lassen. Bei der Empfehlung, einen 63-Liter-Tank anzuschaffen, sollte man zum Beispiel nachfragen, wie groß die Reichweite mit so einem Tank ist und wo diese überhaupt benötigt wird. Will man dort nicht hin, reicht vielleicht auch der normale Tank. Benzinkanister gibt es ja auch noch.

Es ist einleuchtend, dass die Art der Motorradpräparierung stark von der beabsichtigten Reiseroute abhängig ist. Wenn diese schon recht genau feststeht, erleichtert das die Planung beträchtlich. Falls mit allem gerechnet werden muss, wird es etwas komplexer. Deshalb gliedere ich im Folgenden die Änderungen in verschiedene Gruppen.

Gepäcktransport

Hier gilt es, das komplette Reisegepäck und die Nahrungsmittel auf dem Motorrad unterzubringen. Die Sachen sollten gut zugänglich sein und auch im härtesten Gelände an der Maschine bleiben. Wer vorhat, im Rallyestil über die Pisten zu düsen, wird mit den üblicherweise im Handel verkauften Gepäcksystemen nicht glücklich werden. Derjenige, der gemütlich über Stock und Stein holpert, kann auch problemlos mit Plastikkoffern bis ans Ende der Welt kommen. Ich bin mit Softbags für 45 € vierzehn Monate lang unterwegs gewesen. Die Packtaschen hatte ich mit zusätzlichen Spanngurten versehen, um sie besser am Motorrad befestigen zu können. So überlebten sie zu meiner eigenen Verwunderung auch einen üblen Unfall, den ich mit 90 km/h auf einer australischen Piste hatte. Wer sich selbst einen soliden Gepäckträger schweißen möchte, sollte sich auch den Heckrahmen seines Motorrads ansehen. Es hat keinen Sinn, den Gepäckträger stabiler als den Rahmen zu machen. Lieber den Gepäckträger schweißen als den Rahmen. Rechteckrohr aus ST37-Stahl (wird nun S235JR genannt) mit einer Dimension von 20 x 10 mm reicht bei ausreichend vorhandenen Verstrebungen völlig aus. Wichtig ist hier die Entlastung des Heckrahmens durch eine Abstützung auf die Fahrer- oder Soziusfußrasten (sofern diese nicht aus Aluminiumdruckguss sind). Zusätzlich sollte hinter dem Hinterrad noch eine Querverbindung zwischen den Seitenteilen eingebaut werden. Das Ganze möglichst dicht am Motorrad anbauen, um zu verhindern, dass die Koffer das Motorrad breiter machen als notwendig. Hilfreich ist es oftmals, auf die Seitendeckel zu verzichten, vor allem, wenn sie sehr ausladend sind. Hierbei sicherstellen, dass der Luftfilter dabei nicht den Staub vom Hinterrad ansaugt! Auch darauf achten, dass das Hinterrad zum Reifenwechsel oder Flicken noch gut ausgebaut werden kann. Alukoffer sollte man nie ausschließlich an der Rückwand befestigen, sondern den stabilen umlaufenden Rand an der Bodenplatte zur Befestigung nutzen. So muss die obere Befestigung nur noch das Kippmoment ashalten und die Rückwand ist entlastet. Das ist wichtig, da diese sonst leicht Risse bekommt.

Reichweite/Tankkapazität

Große Tanks sehen schon nach Reise und Abenteuer aus. Ob sie wirklich notwendig sind, ist im Voraus oftmals schwer zu beurteilen, da Informationen über Tankstellen nicht immer zu bekommen sind bzw. die Benzinversorgung in manchen Ländern (vor allem Afrika) nicht immer gesichert ist. So ist eine Reichweite von 300 bis 400 Kilometer für Fahrten durch bewohnte Gebiete völlig ausreichend. Ich habe es mir dann allerdings angewöhnt, rechtzeitig zu tanken, da die nächste Zapfsäule manchmal 100 km weiter entfernt ist, als erwartet.

Entwurf eines pistentauglichen Gepäckträgers für Aluboxen.

Die Reichweite richtig einzuschätzen, ist gar nicht so einfach. Sie hängt sehr stark von Belastung und Fahrweise ab. Auch die Beladung, die den Luftwiderstand erhöhen kann, spielt eine große Rolle. Weit abstehende Koffer und große Tanks alleine können einen Mehrverbrauch von einem Liter oder mehr auf 100 km verursachen. Wer sich hier täuscht, für den kann es unter Umständen sehr unangenehm werden. In Libyen traf ich zwei Motorradfahrer, die mir erzählten, dass sie zwei Nächte hindurch rechneten, ob sie noch genügend Benzin hätten, um wieder aus der Wüste herauszukommen. Sie hatten mit einem Verbrauch von sieben bis acht Liter auf 100 Kilometer gerechnet, aber teilweise über zehn Liter verbraucht. Die Erleichterung, den nächsten Ort noch erreicht zu haben, konnte man ihnen deutlich ansehen.

Deshalb sollte man erst einmal kurze Pisten fahren, um ein Gefühl dafür zu bekommen, wie viel Liter Benzin das Motorrad auf 100 Kilometer durch die Vergaser jagt. Weicher Untergrund (wie z.B. Sand) kann schon zwei bis vier Liter extra auf 100 Kilometer ausmachen.

Aber man muss gar nicht so weit in die Ferne schweifen, um etwas dumm auszusehen, wenn der Sprit ausgeht. Sei es auf der heimischen Autobahn, sonntags auf der Schwäbischen Alb oder nachts in der Schweiz, wo die Tankautomaten nur Schweizer Euroscheckkarten kennen. Italien zur Siesta kann auch eine längere Zwangspause in der Eisdiele bedeuten. Da hat es das Motorrad wenigstens noch gut mit einem gemeint. Wenn das Schicksal auf offener Strecke zuschlägt und man dann sein vollbepacktes Trumm schieben muss, ist der Spaß recht schnell vorbei. (Es muss nicht erwähnt werden, dass solche Situationen nur bei Temperaturen von mindestens 35 Grad im Schatten oder bei strömendem Regen vorkommen.)

Was lernen wir also daraus? Immer rechtzeitig tanken! Nur seltsam, dass ich es selbst offensichtlich nie lerne und deshalb in jedem Urlaub neue Rollrekorde aufstelle …

Wen es in unbewohnte Gebiete zieht, der sollte daran denken, dass Benzin Mobilität bedeutet und deshalb manchmal wichtiger als Wasser ist! Mit Benzin kann ich noch einen Brunnen suchen. Mit Wasser kann ich nur warten, bis mir jemand Benzin bringt (und das kann in der Wüste lange dauern).

So ist es nie verkehrt, bereits während der Fahrt abzuschätzen, wie hoch der tatsächliche Verbrauch ist, um rechtzeitig abkürzen bzw. umdrehen zu können. Hier sind Zusatzkanister von Vorteil, da beim Nachtanken der Verbrauch besser kontrolliert werden kann.

Wer einen großen, nicht durchsichtigen Tank hat, hat erst beim Aufleuchten der Reserveleuchte einen Überblick über den Benzinverbrauch – nur kann es dann schon zu spät sein. Hier ein Tipp, um dem zu begegnen: Einfach einen Peilstab an der Innenseite des Tankdeckels befestigen und sich einmal die Zeit nehmen, beim Volltanken entsprechende Markierungen anzubringen. Bei durchsichtigen Kunststofftanks kann man einen vertikalen Streifen vom Lack befreien und dort Litermarkierungen anbringen. So kann der Benzinstand sehr komfortabel und genau abgelesen werden. Auf diese Weise lässt sich dann unterwegs besser abschätzen, wie weit das Benzin noch reicht.

Allen, die sich große Kunststofftanks kaufen möchten, empfehle ich, Tanks aus Nylon und Polyamid denen aus GFK und Kohlefaser vorzuziehen, da letztere bei einem Unfall (z.B. bei »punktueller Belastung« durch einen Stein) eher leck schlagen.

Hier war eigentlich ein Tankstopp geplant …

Wer dagegen eine Lösung zur Anbringung seiner Reservekanister sucht, dem kann ich empfehlen, die Kanister auf die Soziusfußrasten zu stellen, was sich bei mir sehr gut bewährt hat. Dies geht natürlich nur, wenn kein Sozius dabei ist. Als Halterung habe ich zwei u-förmige Wannen aus Aluminium gebogen, die ich direkt mit Schellen an der linken und an der rechten Fußraste befestigte. In die u-förmige Halterung konnte ich dann je einen der beiden 10-Liter-Kunststoffkanister quer zur Fahrtrichtung hineinstellen. Mit Spanngurten fixierte ich ihn dann an den Fußrasten und oben am Rahmen. Das hielt auch nach Umfallern, nachdem ich die Aluminiumdruckguss-Fußrastenausleger durch eine Konstruktion aus Aluminiumblech bzw. Stahlrohr ersetzte. Die Aluminiumdruckguss-Fußrastenausleger brechen leicht ab.

Der Schwerpunkt dieser Konstruktion ist sehr günstig, selbst das Fahren in Dünen macht keine Probleme. Für preisgünstige 40 € hatte ich eine zusätzliche Kapazität von 25 Litern Benzin (in jeden Zehn-Liter-Kanister passen 12,5 Liter, wenn man ihn unerlaubterweise randvoll macht). Außerdem bleibt die Sitzposition unverändert. Bei großen Tanks ist dies nicht immer der Fall. Meistens sind die Tanks länger, wodurch man weiter hinten sitzt. Im Gelände ist das dann recht unangenehm.

Hecktanks sind auch eine feine Sache, leider sind sie sehr teuer im Verhältnis zum Fassungsvermögen. So kostet die Unterbringung von 10 Litern Benzin um die 200 €. Ein weiterer Nachteil ist, dass Hecktanks die Anbringung von Koffern oder Packtaschen behindern.

Fahrwerk

Hier kommt es ganz auf die Fahrweise an und darauf, wie viele Kilogramm aufgeladen werden. Wer alleine auf seinem Motorrad sitzt, der wird hoffentlich nicht mehr Kilos an Gepäck mitnehmen, als ein Sozius wiegen würde. So kommen die Federelemente gut damit zurecht, da sie ja für zwei Personen ausgelegt sind. Wer mit Sozius und Gepäck fährt, der kommt oftmals um härtere Federn bzw. bessere Stoßdämpfer nicht herum. Wer sportliche Ambitionen oder das notwenige Geld hat, kann hier natürlich kräftig aufrüsten und wird auch entsprechende Verbesserungen spüren. Bevor allerdings 600 bis 1000 € für ein Federbein und andere Modifikationen ausgegeben werden, ist es sinnvoller, das vorhandene Fahrwerk optimal einzustellen. Wie, das möchte ich nachfolgend erklären.

Wichtig ist das Zusammenspiel von Federung und Dämpfung. Die Feder sorgt insofern für einen gewissen Komfort, als sie verhindert, dass wir bei jedem Schlagloch oder jeder Bodenwelle von der Sitzbank abheben. Die Dämpfung verhindert das Nachschwingen der Feder, wenn die Unebenheit vorbei ist, und schützt uns damit vor der Seekrankheit. Beides kann an modernen Motorrädern – mit mehr oder weniger Wirkung – eingestellt werden.

Der gesamte Federweg entspricht der Differenz in der Länge der Feder bei voll ausgefedertem und voll eingefedertem Rad. Wenn das Motorrad steht, liegt die Länge der Feder naturgemäß irgendwo zwischen diesen beiden Extremzuständen. Der Negativfederweg bezeichnet den Weg (Hub), den das Rad während der Fahrt maximal ausfedern kann, wenn zum Beispiel ein Loch überfahren wird. Der Positivfederweg bezeichnet entsprechend den Weg (Hub), den das Rad während der Fahrt maximal einfedern kann, zum Beispiel beim Überfahren eines Steins.

Unter Dämpfung versteht man die Wirkung des Stoßdämpfers, der die Feder am Nachschwingen hindert. Er arbeitet sowohl beim Zusammendrücken, also beim Einfedern, bei dem die Druckstufe des Dämpfers aktiv ist, als auch beim Auseinandergehen, also beim Ausfedern, bei dem die Zugstufe des Dämpfer aktiv ist. Je höher die Dämpfung, umso langsamer kann die Feder bei gleicher Kraft aus- und einfedern.

Die Einstellung am Hinterrad:
Hier gibt es die Möglichkeit, die Federvorspannung zu ändern. Damit ist gemeint, dass die Feder schon im unbelasteten Zustand (Motorrad ganz ausgefedert) unter Spannung steht. Diese Einstellmöglichkeit wird dazu verwendet, den Negativfederweg anzupassen. Das Verhältnis zwischen Positiv- und Negativfederweg sollte beim fahrfertig beladenen Motorrad mit Fahrer etwa zwei Drittel zu einem Drittel sein.

Verstellung der Federvorspannung am Federbein.

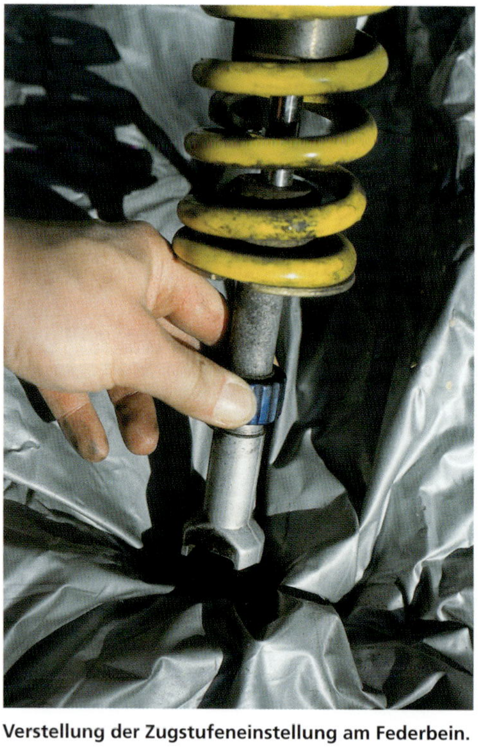

Verstellung der Zugstufeneinstellung am Federbein.

Als Beispiel: Ein Motorrad mit einem Federweg von 210 mm hinten ist dann gut eingestellt, wenn es mit Fahrer und Beladung hinten 70 mm eingefedert ist. So stehen 140 mm Positivfederweg beim Überfahren von Hindernissen zur Verfügung.

Wichtig ist, zu wissen, dass das Vorspannen die Feder nicht härter macht! Wer das Problem hat, dass seine Federung durchschlägt, obwohl sonst alles ordnungsgemäß eingestellt ist, sollte sich eine härtere Feder kaufen. Diese ist dann sogar noch komfortabler, da sie nicht so stark vorgespannt werden muss und somit besser bzw. leichter anspricht.

Die Einstellung der Vorspannung wird entweder komfortabel hydraulisch mittels Handdrehrad vorgenommen, oder aber, falls diese Möglichkeit der Sparsamkeit der Kaufmänner zum Opfer gefallen ist, es befindet sich der berühmte Hakenschlüssel im Bordwerkzeug. Damit ist die Kontermutter der Feder zu lösen. Dann kann man den Spannring der Feder herunter drehen, falls diese mehr vorgespannt werde soll (oftmals ist es einfacher, dazu das Federbein auszubauen).

Außerdem bieten viele Federbeine (darunter versteht man den Stoßdämpfer mit Feder) auch die Möglichkeit, die Zugstufe und /oder die Druckstufe am Stoßdämpfer einzustellen. Damit ist die Geschwindigkeit gemeint, mit der das Rad nach dem Einfedern wieder ausfedert bzw. einfedert. Dies kann leicht geprüft werden, indem man das Heck des Motorrads heruntergedrückt und dann schnell wieder loslässt. Kommt das Heck ganz langsam hoch (Rad federt langsam aus), so ist eine sehr hohe Zugstufe eingestellt. Kommt das Heck fast unverzögert hoch, ist eine sehr geringe Zugstufe eingestellt oder der Dämpfer ist defekt.

Einige Originaldämpfer haben wenig Reserven, die aber notwendig sind, um eine Alterung des Federbeins während der Reise ausgleichen zu können. Dann sollte über ein gutes, aber leider teures Sportfederbein nachgedacht werden.

Zu viel Dämpfung macht sich abends im Kreuz bemerkbar. Am besten mit mittlerer Zugstufendämpfung losfahren und wenn nötig so lange erhöhen, bis die Maschine Bodenwellen ohne Nachschwingen abfedert.

Teurere Stoßdämpfer bieten noch eine Einstellmöglichkeit der Druckstufe. Diese unterstützt die Feder. Bei Sprüngen oder harten Aufschlägen verzögert der Stoßdämpfer das Einfedern des Rades und verhindert ein Durchschlagen der Federung. Dazu lässt sich sagen: Je schneller man fahren will, desto höher sollte die Dämpfung der Druckstufe sein. Gleichzeitig wird es aber auch ganz schön hart für unsere Wirbelsäule! Auf Reisen ist eher mit minimaler Dämpfung der Druckstufe zu fahren. Wenn es häufiger durchschlägt oder lange Bodenwellen, zum Beispiel im Sand, durchfahren werden, kann die Dämpfung entsprechend erhöht werden.

Die Einstellung am Vorderrad:
Hier hat sich die Teleskopgabel fürs Gelände weitgehend durchgesetzt. Für die Einstellung gelten die gleichen Grundsätze wie fürs Hinterrad, nur dass es meist nicht so einfach ist, diese vorzunehmen.

So ist die Federvorspannung nicht mit einem Hakenschlüssel oder durch Drehen an einem Stellrad möglich, sondern meist nur durch Vorspannhülsen in den Standrohren. Bei Anpassungen ist somit die Gabel zu öffnen. Falls die Federn zu weich sind, kann man dies daran erkennen, dass die Gabel leicht durchschlägt, obwohl die Verteilung von Positiv- und Negativfederweg mit Hilfe der Vorspannhülsen richtig eingestellt wurde.

Beim Kauf passender Federn hat man die Wahl: linear oder progressiv? Progressive Federn ermöglichen ein feines Ansprechen der Gabel und verhindern das Durchschlagen. Allerdings federn sie unter der normalen Belastung bereits stark ein und verringern somit die Bodenfreiheit beträchtlich. Bei der Auswahl auf die Federrate achten. Sie gibt an, wie viel Kilogramm notwendig sind, um die Feder einen Zentimeter zusammenzudrücken.

Die Vorgehensweise zur Bestimmung der richtigen Federkennrate an der Gabel ist hier an einem Beispiel vorgerechnet:

1. Festlegen des Negativfederwegs:
   Bei 21 cm Gesamtfederweg sollte dieser bei etwa 7 cm liegen.
2. Ermittlung des Gewichts auf dem Vorderrad:
   Wenn wir ein Motorradgesamtgewicht von 350 kg mit Gepäck und Fahrer annehmen, ergibt dies bei einer guten Gewichtsverteilung eine Belastung des Vorderrades von ungefähr 140 kg (besser mit Waage ermitteln). Nun teilen wir die 140 kg durch die oben erwähnten 7 cm Negativfederweg und erhalten so eine Federkennrate von 20 kg/cm. Mit der errechneten Federkennrate kann nun die passende Feder gekauft werden oder man lässt sich eine entsprechende Sonderanfertigung herstellen.

Den Lenkkopfwinkel habe ich hier ignoriert. Mit Hilfe der Winkelfunktionen kann auch noch der geringe Restfehler herausgerechnet werden. Die Rechnung ist nicht auf das Hinterrad anwendbar, wenn dieses mit einer Federumlenkung ausgestattet ist. Diese hat ein eigenes Übersetzungsverhältnis, das man erst ausmessen müsste. Deshalb ist es einfacher, bei Spezialisten nachzufragen, die meist Tabellen haben, aus denen die Feder- und Dämpfungsrate berechnet werden kann, wenn die Zuladung bekannt ist.

Die Dämpfung der Gabel sollte auch entsprechend angepasst werden. Bei Sport-Enduros ist meist eine Dämpfereinstellung über Einstellräder möglich. Wenn nicht, wird diese über das Dämpferöl vorgenommen. So wird für geringe Dämpfung ein dünnere s Öl verwendet (SAE 2,5–5) und für eine höhere Dämpfung ein dickeres (SAE 7,5–12). Es gibt Gabeln (zum Beispiel Marzocchi), die in einem Gabelholm die Druckstufe dämpfen und im anderen Gabelholm die Zugstufe. Damit ist es möglich, durch unterschiedliche Öle links und rechts Zug- und Druckstufe einzeln anzupassen.

Auf meinen Reisen hat sich eine etwas höhere Dämpfung der Zugstufe vorn bewährt (SAE 10). Bei zu geringer Dämpfung verliert das Vorderrad auf welligem Untergrund den Bodenkontakt. Gute Erfahrungen habe ich außerdem mit Öl für Automatikgetriebe (Hydrauliköl) gemacht (entspricht einer etwas höheren Dämpfung). Dieses kann man unterwegs auch gut bekommen (im Gegensatz zu Gabelöl). Falls die Simmerringe ihrer Aufgabe nicht mehr gerecht werden und dauernd nachgefüllt werden muss, kann auch normales Hydraulik- oder sogar Motoröl verwendet werden.

Bereifung

Diese richtet sich auch nach unseren Anforderungen. Leider spielt die Optik hier auch immer mehr eine Rolle. So ist es für manche einfach schick, mit einem Stollenreifen auf der Straße herumzufahren. Diese haben aber den Nachteil, wesentlich weniger Grip zu haben. Wer einmal eine Vollbremsung mit so einem Reifen machen musste, wird den Unterschied bemerkt haben. Bei Nässe wird es zum Teil lebensgefährlich.

Deshalb ist es sinnvoller, auf den 10 Kilometern Schotter im Urlaub nicht optimal bereift zu sein, als die restlichen 1000 Kilometer mit unpassenden Stollen zu fahren. Solange die Wiese trocken ist oder es nur über Schotter geht, kommt man mit handelsüblichen Straßenreifen gut ans Ziel.

Anders sieht es natürlich für diejenigen aus, die planen, durch die Wüsten dieser Erde zu fahren. Wer im Sand seine Freude haben will, der wird am bewährten »Desert« von Michelin nicht vorbei kommen. Er ist immer noch die beste Wahl (falls er passt – und das Motorrad noch geradeaus läuft). Motocrossreifen sind zum Teil sehr preiswert zu bekommen, aber etwas risikoreich, da sie meist nicht auf lange Lebensdauer, hohe Tragfähigkeit und höhere Geschwindigkeit ausgelegt sind. Das sind jedoch genau die Faktoren, auf die es beim Reisen ankommt. Alternativen zum »Desert« sind der »Metzeler Karoo« und der »Pirelli T 21«, der zwar eine weiche Karkasse hat und nicht immun gegen Akazienstacheln, dafür aber auf Teer und vor allem bei Nässe gut fahrbar ist. Der »Karoo« ist allerdings von der Haltbarkeit nicht gerade der Hit. Die Hinterreifen von »Karoo« und »MT 21« verlieren bei leistungsstarken Enduros gerne ihre Stollen.

Wer überwiegend auf Straßen und Pisten mit hartem Untergrund fährt, kommt auch mit normalen Enduroreifen ganz gut zurecht. Wichtig ist es, auf den richtigen Luftdruck zu achten. Je höher der Luftdruck, desto höher ist die Tragfähigkeit des Reifens. Für Sand und Schotter muss aber die Luft raus. Ein guter Kompromiss sind hier 2 bar hinten und vorne. Wer langsam unterwegs ist, kann vorne bis auf ca. 1,5 bar herunter, wer schneller fährt und damit rechnet, vielleicht einmal einen Stein zu übersehen, der sollte mit 2,3 bis 2,5 bar hinten und vorne fahren. Wenn es sehr sandig wird und keine Steine herumliegen, kann gut auf 1,2 bar hinten und vorn abgelassen werden.

Als Schläuche sind die Crosstypen ganz gut, denn diese sind wesentlich dicker und überleben auch einmal einen Durchschlag des Reifens ohne »Schlangenbiss«. Bei schlauchlosen Reifen gibt es dieses Problem nicht, dafür aber andere Nachteile wie z.B., dass es nicht möglich ist, sie mit Hilfe einer Luftpumpe zu montieren (da viel Luft auf einmal zum Abdichten benötigt wird). Dies kommt nicht nur beim Reifenwechsel vor, sondern auch, wenn der Reifen im Sand mit geringem Luftdruck gefahren wird und deshalb vom Felgenhump springt. Wer Schlauchlosreifen hat, sollte daher dennoch einen Schlauch mitnehmen. So kann er im Erstfall seinen Reifen mit Schlauch wieder montieren.

Motor

Der sollte in erster Linie brav laufen und gut anspringen. Tuning zur Leistungssteigerung ist auf Reisen nicht angesagt. Eine sinnvolle Änderung kann die Senkung der Kompression (doppelte Zylinderfußdichtung) sein, falls die Maschine mit Normalbenzin nicht zurechtkommt. KTM bietet hierfür extra ein umschaltbares Motorsteuergerät an, das den Zündzeitpunkt zurücknimmt. Bei Motorrädern mit Einspritzung kann der Händler mit anderen Zündkurven vielleicht weiterhelfen.

Wer schon einmal 78-Oktan-Benzin getankt hat, weiß, was Motorklingeln ist. Doppelzündanlagen sind hier vorteilhaft, nur leider sehr teuer und aufwändig in der Nachrüstung. Falls der Motor thermisch nicht allzu viele Reserven hat (also schnell heiß wird), empfiehlt sich der Einsatz eines größeren Öl- oder Wasserkühlers (der auch sturz- und steinschlaggeschützt sein sollte). Manche wassergekühlten Enduros haben keinen elektrischen Lüfter. Das kann bei langsamer, kräfteraubender Fahrweise im Sand oder Gelände eine Motorüberhitzung bedeuten, weshalb ein elektrischer Lüfter nachgerüstet werden sollte (kann auch bei luftgekühlten Motoren helfen). Ein Ölthermometer gibt Auskunft über zu heißes Öl und warnt so vor einem drohenden Motorschaden. 160 °C sollten hier nicht überschritten werden. Es gibt mechanische Thermometer, die an Stelle des Ölmessstabs eingeschraubt werden. So entsteht kein zusätzlicher »Kabelsalat«.

Die Gemischeinstellung nicht zu fett wählen (Zündkerzen mit entsprechendem Wärmewert wählen, vom Händler beraten lassen). Fettbedüste Motoren neigen in den Bergen zum Überfetten, was sich durch einen hohen Leistungsverlust bemerkbar macht. Außerdem kann man sich mit der richtigen Gemischeinstellung dann auch das Düsenwechseln bei 4500 m ü. NN ersparen. Der Benzinverbrauch verringert sich auch noch. Zu mager sollte der Motor aber auch nicht eingestellt werden, er wird sonst extrem heiß und kann unter Umständen Schaden nehmen.

Navigation

Wer ein GPS-Gerät oder ein Roadbook mitnehmen will, sollte sich um eine stabile Halterung für diese Geräte bemühen. Sie sollten schwingend gelagert sein, um Beschädigungen durch Vibrationen zu vermeiden (hier empfehlen sich Schwingmetalle und harter Schaumstoff). Wer seinen Kompass am Motorrad montiert, sollte darauf achten, dass er gut kompensiert ist (siehe Kapitel Navigation), sonst zeigt er auf die Lichtmaschine statt nach Norden. Wichtig ist, dass die gesamten Anzeigen nicht zu sehr ablenken. Für mich war es schon ein totales Erlebnis, ohne Rückspiegel und Tacho in der Wüste zu fahren. Der Blick nur nach vorne …

Trotzdem möchte ich niemandem empfehlen, seine Rückspiegel zu Hause zu lassen!

Bequemlichkeit und nützliche Accessoires

Eine **Sitzbank mit Spezialschaum** kann sich sehr angenehm bemerkbar machen. Entweder selber polstern (orthopädische Werkstätten haben exzellenten Schaum) oder herausfinden, wer da Spezialist ist.

Heizbare Griffe sind ebenfalls eine sehr angenehme Sache. Sie ermöglichen es, auch bei tieferen Temperaturen mit dünnen Handschuhen zu fahren. Nach Angeboten in den Zubehörläden schauen.

Handprotektoren schützen vor Kälte und Regen und haben den Vorteil, dass Äste, die man streift, keine Vollbremsung einleiten, wenn sie am Bremshebel hängen bleiben. Die stabile Ausführung, die zusätzlich auch an den Lenkerenden verschraubt wird, hat leider den Nachteil, dass man das Lenkerende nicht mehr dazu benutzen kann, alles Mögliche daran aufzuhängen. Dafür sind die Brems- und Kupplungshebel zuverlässig geschützt.

Zusätzliche **Anzeigeinstrumente** können zur Früherkennung von Fehlern angebracht werden. Auf der anderen Seite lenken sie et-

Anregung zum Thema bequemes Sitzen.

was vom Fahren ab und verursachen zusätzlichen Kabelsalat, der wiederum ziemlich ärgerlich werden kann, falls es zu elektrischen Defekten kommt.

Wer etwas Gefühl für sein Motorrad hat, wird wahrscheinlich auch ohne Zusatzinstrumente zurechtkommen. Wer Informationsfreak ist, kann sich ja eine **Multifunktionsanzeige** anbauen (die dann bei eintönigen Etappen für etwas Unterhaltung sorgt) und sein Motorrad mit allerlei Sensoren bestücken. **Fahrradtachos** können auch gute Dienste als zusätzliche Kilometerzähler leisten und stellen ein Plus an Sicherheit dar, falls der Tachometer seinen Dienst aufgibt (was ohne GPS auf »wüsten« Trips ein großes Problem darstellen kann). Eine an der Batterie angeschlossene **Steckdose** ermöglicht das Verwenden von Zeltleuchten. Wer hier Platz und Gewicht sparen will, kann statt der großen 12-Volt-Stecker auch Cinchstecker aus dem Audio-Bereich verwenden. Bei allem, was man einsteckt, kurz überlegen, wie viel Ampere fließen. Bei zwei Ampere (entspricht etwa 24 W) ist eine 14-Ah-Batterie nach sieben Stunden leer, und schon nach etwa vier bis fünf Stunden hat sie nicht mehr genügend Leistung, um das Motorrad zu starten. Unterwegs zeigte mir einmal jemand ganz stolz seinen 12-Volt-Tauchsieder. Mit solch einer Belastung kann die Batterie schon nach 10 Minuten leer sein! Übrigens: Eine Lampe mit einer Leistung von 5 W reicht zum Lesen oder Kochen völlig aus.

Sonstige nützliche Änderungen

Ein stabiler **Motorschutz** kann viel Ärger ersparen. Das Aluminium sollte 4 bis 6 mm stark und aus einer guten Legierung sein. **Faltenbälge** sehen heute zwar etwas antiquiert aus, schützen die Gabelgleitrohre neben den **Neoprenschützern** aber immer noch am besten. Neopren kann auch bei Upside-Down-Gabeln eingesetzt werden. Die Simmerringe überleben dadurch länger. **Luftfilter** sollten bei staubiger Umgebung regelmäßig gereinigt werden. Darauf achten, dass möglichst nicht der Staub vom Hinterrad angesaugt wird. Notfalls eine Abdeckung anbringen. **Schaumstofffilter** haben den Vorteil, dass sie eine lange Lebensdauer haben, da sie sich einfach mit Benzin auswaschen lassen und, nachdem sie mit normalem Motoröl durchgeknetet wurden, wieder eingebaut werden können. **Papierluftfilter** können ausgeklopft werden. Dadurch wird zumindest der grobe Staub und Sand entfernt. Mit Druckluft vorsichtig sein, da diese den Filter verdichten kann! Leider sind die Filter meist recht unhandlich zum Mitnehmen.

Sturzbügel können je nach Sturzempfindlichkeit des Motorrads recht hilfreich sein. Jedoch sollte man sich bei der Gestaltung nicht unbedingt an einem LKW-Rammschutz orientieren wie jener Schweizer, den ich auf der Caratera Austral in Chile traf. Er hatte an seiner Transalp 25 kg Stahlrohr verbaut, die auch einen Überschlag des Motorrads locker wegstecken könnten, wie er mir versicherte. Mich erinnerte das Ganze an die Bullbars von australischen Trucks. Bei der Überlegung, welche Schutzmaßnahmen man trifft, spielt es eine große Rolle, wie heikel man im Umgang mit seinem Motorrad ist. In Malaysia traf ich einen Belgier, der alle Lack- und Kunststoffteile mindestens doppelt abgeklebt hatte und dessen Motorrad auch nach einem Jahr auf Reisen noch neuwertig aussah. Für mich ist das Motorrad ein Gebrauchsgegenstand, und ein paar Schrammen oder Kratzer im Lack finde ich persönlich nicht schlimm. Aber jeder muss seine Prioritäten hier selbst festlegen. Hoffen wir, dass mit dem Abziehen der Schutzkleber nicht auch der Lack mit abgeht (ist mir auch schon passiert)!

Was sich auch noch ganz gut bei mir bewährte, war eine **Werkzeugbox,** die ich seitlich am Motorschutz befestigte. Ich fertigte sie aus Alublech, das ich verschweißen ließ. Der Deckel ist verschraubt, um sie vor Fremdzugriff zu schützen. Meistens ergibt sich im Bereich des hinteren Radlaufs (zwischen Koffer und Heckrahmen) auch noch Platz für Ersatzteile und eine kleine Box.

Die bestausgerüsteten Motorräder sehen meistens am wenigsten von der Welt, da ihre Besitzer entweder nach dem Kauf der Ausrüstung kein Geld mehr zum Verreisen haben oder denken, dass Fernweh mit Fernreiseausrüstung behandelt werden kann.

Fern der Werkstatt: Ausbildung als Mechaniker nötig?

Hier möchte ich alle beruhigen, die meinen, nur mit einer Mechanikerausbildung aus der Garage fahren zu können. Wer mit Technik nichts am Hut hat, sollte bereit sein, die Hilfen und Werkstätten vor Ort anzunehmen, die »Profischrauber« naserümpfend ablehnen. Meist verstehen die Handwerker in anderen Ländern ihr Handwerk ganz gut und wissen sich auch in für uns hoffnungslosen Fällen zu helfen.

Wer einmal zugesehen hat, wie in Peru Kunststoffverkleidungen wieder zusammengeschweißt werden oder wie in Bolivien Batterien zerlegt und anschließend mit gereinigten Bleiplatten wieder zusammengebaut werden, der hat allerhöchste Achtung vor dieser Art von Künstlern, die bei uns schon weitgehend ausgestorben ist.

Mir ging in Peru mein Zündgeber kaputt. »Kein Problem«, sagte man mir. Mit nicht geringen Zweifeln ließ ich das Teil beim »Spulenwickler«. Dieser pulte die Spule heraus, zählte 3500 Wicklungen und besorgte einen passenden Wickeldraht (nachdem ich eine Anzahlung von umgerechnet 2 US-Dollar geleistet hatte). Anschließend wickelte er das Teil neu und vergoss es wieder mit Kunststoff. An meinem Geburtstag baute ich den Zündgeber voller Erwartung ein, und siehe da: Beide Zylinder meldeten sich zum Dienst zurück. Er funktionierte immerhin 40.000 Kilometer einwandfrei!

Wer weniger Lust auf den Kontakt mit Werkstätten hat (ich finde diese immer äußerst interessant) und sich Ärger möglichst ersparen will, der greife zu einem neuwertigen,

Motorradwerkstatt in Sana.

bewährten, und zuverlässigen Modell. Motorräder mit unscheinbarem »low tech« können sich als wirklich treue und zuverlässige Begleiter erweisen.

Dies bedeutet allerdings nicht, dass unterwegs nichts kaputtgehen kann: Nur die Wahrscheinlichkeit ist etwas geringer. Andererseits bin ich ohne Fremdhilfe mit meinem Exoten um die Welt gefahren. Und als ich mit einem japanischen Motorrad, das eigentlich für seine Zuverlässigkeit berühmt ist, in die Schweiz wollte, war ich froh über meinen Schutzbrief. So kam ich mit dem Rückholdienst abends wieder nach Hause.

Ersatzteile: Was brauche ich alles?

Bevor es losgeht, sollte das Motorrad gründlich durchgecheckt werden. Außerdem sollte feststehen, wie viele Kilometer man während der Reise zu fahren gedenkt. Danach kann entschieden werden, welche Teile noch vorsorglich gewechselt werden müssen bzw. welche als Ersatzteile mitgenommen werden sollten. Die notwendigen Informationen über Wartungsintervalle können in den Serviceunterlagen nachgelesen werden. Eigene Erfahrungen sind auch hier sehr nützlich (Nachfrage auch in der Werkstatt). Wer weiß, dass seine Kette 20.000 Kilometer hält, kann entscheiden, ob er eine mitnehmen muss.

Bitte nicht direkt nach einem Service oder Kundendienst losfahren! Erst noch ein paar hundert Kilometer fahren, um sicherzustellen, dass nichts vergessen wurde. Größere Änderungen »danach« vermeiden. Um diese ausgiebig zu testen, braucht man Zeit.

Vor einer längeren Reise empfiehlt es sich, folgende Teile zu warten bzw. zu wechseln:

- Reifen und Schläuche (je nach Vorhaben grobstollig oder Allrounder)
- Ketten mit Ritzel und Kettenrad (möglichst Originalqualität, keine Alukettenräder)
- bei Kardanantrieb die Kreuzgelenke auf Spiel prüfen, gegebenenfalls tauschen
- Luftfilter wechseln bzw. bei Schaumstofffilter auswaschen und neu einölen!
- Ölfilter wechseln
- Kraftstofffilter erneuern bzw. einbauen
- alle Öle wechseln (Motor, Getriebe, Kardan, Gabel)
- Kühlwasser (Frostschutz prüfen)
- Bremsbeläge (vorn und hinten)
- Bremsflüssigkeit (vorn und hinten)
- Bremsscheiben (auf Verschleiß und Schlag prüfen)
- alle Lager fetten und prüfen (Lenkkopf, Schwinge mit Umlenkung, Räder)
- Stoßdämpfer (prüfen und richtig einstellen, ggf. Federn wechseln)
- Zündkerzen
- Ventile einstellen
- Steuerketten bzw. Zahnriemen
- Steuerketten- bzw. Zahnriemenspanner prüfen
- Zündung abblitzen (Kontrolle der CDI-Einheit)

Auch im Ausland ist – wie hier in Griechenland – die Ersatzteilversorgung gesichert.

- Kompressionskontrolle des Motors
- Batterie (Kontrolle von Wasser, Kontakten, Kapazität und Ladespannung)
- Räder auf Rundlauf und Speichenspannung prüfen
- Schläuche von Kraftstoff- und Kühlsystem auf Beschädigung prüfen
- Kühler (Öl und Wasser) auf Dichtigkeit und Beschädigungen prüfen
- elektrische Anlage prüfen (Lampen auf Funktion, Kontakte auf Korrosion, Schalter auf Funktion)
- Alte Lampen (auch Glühbirnen genannt) vom Hauptscheinwerfer erneuern (neue Lampen sind bis zu 30 % heller als alte!)
- Schrauben mit Loctite sichern und nachziehen

Unter Umständen freut man sich auf der »Großen Tour«, wenn man im Fall der Fälle folgende Teile zur Hand hat:

- Schlauch für Vorderreifen (mit Ventil)
- Schlauch für Hinterreifen (mit Ventil)
- Kettensatz (falls die Kette reißt oder das Ritzel schon nach ein paar tausend Kilometern Zahnausfall hat)
- Zündeinheit (falls dem Motorrad der zündende Funke fehlt)
- Zündkerzen (wenn man sie auch selten braucht), vibrationsfest verpacken
- Zündkerzenstecker (falls sie doch einmal gestohlen werden)
- Speichen mit Nippel (wenn mal ein Stein in den Weg läuft)
- Bremsbeläge (nasser Sand kann den Verschleiß mächtig erhöhen)
- Kupplungszug (ohne geht's beim Anfahren etwas rau zu)
- Gaszug (ohne Gas nichts los)
- Lenkkopflager (wenn's bei der Abfahrt schon einige Kilometer drauf hat)
- Ein kleines Starthilfekabel bei Motorrädern ohne Kickstarter (hilft gegen Alpträume in den Dünen)
- Ersatzölfilter
- Flickzeug für Schläuche bzw. Set mit Druckpatronen für Schlauchlosreifen
- Ersatzsicherungen
- Auswahl verschiedener Schrauben und Muttern sowie ein paar O-Ringe und Kupferdichtringe
- Draht, Klebeband und Schlauchschellen (damit wurden auch schon wahre Wunder vollbracht)
- 2 Meter Lautsprecherkabel 2,5 mm^2
- Schraubklemmen (Lüsterklemmen) für elektrische Leitungen (4 bis 6 mm^2)
- Kaltmetall (manchmal die letzte Rettung)
- Dichtungsmasse (auf Silikonbasis bis 270 °C)
- Sekundenkleber oder Zweikomponentenkleber mit ein wenig Glasfasermatte (kann als Verstärkung für gebrochene Verkleidungsteile und Tanks dienen)

Der Autor bei einer Motorradreparatur in Malaysia.

Falls jetzt immer noch Geld in der Reisekasse vorhanden ist, kann's eigentlich losgehen.

Während der Reise oder vor einer Tour ist es wichtig, sein Motorrad regelmäßig gründlich zu kontrollieren. So ist es ganz günstig, abends oder morgens einen kurzen Check zu machen. Dabei sollten folgende Dinge geprüft werden:

- Reifen auf Luftdruck (im kalten Zustand messen) und Beschädigungen
- Motor auf Ölverlust (trocken oder ein Auslaufmodell?)
- Bremsen (Scheiben, Beläge und Bremsflüssigkeit)
- Schrauben (sind noch alle da?)
- Ölstand
- Batteriewasser (wird oft vergessen!)
- Kette auf Spannung und Verschleiß (Ritzel und Kettenrad), wenn trocken, gegebenenfalls ölen*
- Bremslicht (ganz gut, wenn's funktioniert)
- Stoßdämpfer und Gabel (dicht oder nicht?)
- Speichenspannung nach Pistenfahrten

Schlechte Erfahrungen habe ich beim »Schrauben« abseits jeglicher Infrastruktur gemacht. Auch wenn der Campingplatz oder das Hotel wie geschaffen erscheinen, einen großen Service am Motorrad vorzunehmen. Das Gefühl, das ich hatte, als ich auf dem Campingplatz an den Victoriafällen in Sambia meinen Steuerkettenspanner beim Festziehen abgedreht hatte, wünsche ich niemandem.

Ich empfehle sehr, diese Arbeiten in einer Stadt durchzuführen. Dort finden sich dann auch Schweißgeräte für gebrochene Gepäckträger oder Rahmen sowie andere vielleicht notwendige Gerätschaften, Werkzeuge und Ersatzteile.

* Anmerkung zur Kettenpflege: Am besten, die Kette mit normalem Motoröl schmieren. Bis 100 km/h ist die Haftung ausreichend, und es ermöglicht eine einfache Kettenreinigung, da Staub und Sand nicht kleben bleiben. Vor Etappen durch Sand und Staub ist es ratsam, die Kette mit einem Lappen vom Öl zu befreien bzw. trockenzufahren. So bleibt kein Sand kleben, der dann schmirgelt. Wer sehr lange Zeit im Sand fährt (mehr als 1000 Kilometer), sollte nicht vergessen, dass die Kette ab und zu Öl braucht (nach dem Einwirken das Öl wieder abwischen). Es gibt auch automatische Öldosiergeräte. Das Prinzip ist ganz gut, jedoch sind die Geräte recht teuer, und falls sich mal ein Ast im Hinterrad verklemmt, sind sie auch schnell kaputt.

Mit etwas Gefühl können auch Rahmenschäden repariert werden – aber nur im Notfall!

Werkzeug: Ganz ohne geht's nicht

Gutes Werkzeug ist im Ausland oft schwer zu bekommen. Wer schon einmal miterlebt hat, wie mit Eisenstangen die Reifen von den Felgen »gemeißelt« werden, freut sich über seine Montiereisen. Es ist wirklich ratsam, eigenes Werkzeug dabei zu haben, selbst wenn man (anfangs) nicht perfekt damit umgehen kann.

Hier eine kleine Zusammenstellung, was unterwegs nützlich sein könnte:

- Montiereisen (mindestens 2 Stück in mittlerer Größe, ca. 25 cm)
- Luftpumpe (Ventilausdreher nicht vergessen!)
- Gabel-/Ringschlüssel für die am Motorrad vorkommenden Schrauben (meist 8/9, 10/11, 12/13, 14/15, 17, 19 mm. Sondergrößen für Ritzel, Schwinge, Radmuttern, Zündkerze usw. extra ausmessen)

- Wasserpumpenzange (von der Firma Knippex gibt es eine sehr empfehlenswerte Spezialzange in zwei Größen). Mit dieser können Sechskantschrauben ohne Beschädigung gelöst und angezogen werden.
- kleine Crimpzange (zum Abklemmen von Schläuchen vorteilhaft)
- Schraubendreher (Schlitz und Kreuzschlitz in passender Größe)
- Inbusschlüssel (gibt es im Block mit 2, 2.5, 3, 4, 5, 6, 8 mm, Sondergrößen für spezielle Schrauben extra ausmessen)
- Speichenschlüssel
- kleine Zange
- kleine Eisensäge oder Sägeblatt
- Fühlerlehren zum Ventileinstellen
- Hammer (auch zum Zeltaufstellen oder als Hauptständerersatz nützlich)
- typenspezifische Sonderwerkzeuge (z.B. Torx)
- Prüflampe oder kleines Voltmeter
- auch daran denken, dass die Mitnahme von Werkzeug für die Reparatur von Kocher, Fotoapparat und ähnlichem von Nutzen sein kann (Uhrmacherschraubendreher)
- Handwaschpaste und ein Lappen sind auch nie verkehrt

Tipps zur Fehlersuche: Nur keine Panik!

Allen, die dann doch liegen bleiben oder bei denen das Motorrad den Dienst versagt und die sich dann etwas verlassen und hilflos vorkommen, kann ich nur den Tipp geben: Erst einmal ruhig bleiben und versuchen, den Fehler zu finden. Ohne Panik aufkommen zu lassen. Je nach Fähigkeiten und Mut kann jeder entscheiden, wie weit er gehen will. Das folgende Fehlersuchschema soll dabei helfen.
Achtung: Beim Schrauben immer auf die Verletzungsgefahr achten! Die Wunden, die ein Montierhebel verursacht, der im Eifer des Gefechts den Kopf trifft, oder ein Schraubendreher, der beim Abrutschen in der Handfläche landet, sind sehr unangenehm. Deshalb versuche ich immer, möglichst ohne Zeitdruck und mit gutem Werkzeug zu arbeiten. Schmuck – wie Ringe und Ketten – beim Arbeiten ablegen, sie bergen eine enorme Verletzungsgefahr!

So ein elektrischer Kompressor ist doch was Feines.

Fehlersuche nach Symptomen:

Symptom	möglicher Defekt
Motor springt nicht mehr an, dreht aber noch durch	• Not-Aus auf Stellung »off« • Tank leer • Tankentlüftung verstopft (durch Tankrucksack) • Seitenständerschalter ist defekt • Benzinhahn verstopft • Zündkerze defekt • Zündkerzenstecker defekt • Elektronische Zündeinheit defekt • Zündgeber defekt (Pickup) • Vergaserdüsen verstopft • Zündspule defekt • falsches Ventilspiel • Ein- oder Auslassventil defekt • Zylinderkopfdichtung defekt • Ventilsitz gebrochen • Steuerkette oder Zahnriemen übergesprungen (falscher Zündzeitpunkt)

Symptom	möglicher Defekt
Anlasser hat keine Kraft mehr, den Motor durchzudrehen	• Batterie defekt • Kabelbruch im Kabelbaum • Anlasser-Schalter defekt • Relais defekt • Laderegler defekt • Oxidation der elektrischen Stecker (Kabelschuhe) • Lichtmaschine defekt • Zylinder ist voll Wasser (nach Flussdurchfahrt) • Kolben überhitzt (Kolbenfresser) • Anlasser defekt • Kolbenring gebrochen • Ölpumpe defekt
Motor stottert	• Batterieklemmen locker • kein Benzin mehr • Benzinfilter verstopft • minderwertiges Benzin • Vergaser verdreckt • Tankentlüftung verstopft • Batterie defekt • Lichtmaschine defekt • Kabelbruch • Laderegler defekt • Zündspule defekt • elektronische Zündeinheit defekt • Zündkerze defekt • Zündgeber defekt (Pickup) • Steuerkette oder Zahnriemen übergesprungen (falscher Zündzeitpunkt)
Licht flackert	• Batterie defekt • Regler defekt • Kontaktproblem der elektrischen Leitungen • Lichtmaschine bringt keine Leistung mehr
Ruckeln beim Anfahren bzw. Motor kann keine Kraft mehr an Getriebe übertragen (heult auf)	• Kupplung defekt • Getriebe defekt • Kette gerissen • Kardan defekt
Seltsam mahlende Geräusche	• Lager defekt
Schwammiges Fahrgefühl bzw. Pendeln	• Speichen gebrochen oder locker • Radlager defekt • Luftdruck der Reifen (Plattfuß) • Rahmen gebrochen • Gepäck ungünstig geladen • Federelemente defekt • Stoßdämpfer defekt • Schwingenlager defekt • Schwingenachse locker oder gebrochen
Lenkerschlagen	• Vorderradreifen ungleich abgefahren • Lenkkopflager defekt • Gepäck ungünstig geladen • Luftdruck der Reifen (Plattfuß) • Vorderrad hat starke Unwucht
Benzin läuft aus	• Benzinschlauch gerissen • Tank undicht • Schwimmernadelventil im Vergaser hängt • Benzinschlauch porös • Ablassschraube der Schwimmerkammer am Vergaser offen
Motor ruckelt bzw. Motor geht immer wieder aus, sobald man Gas gibt	• Tank fast leer • Tankentlüftung verstopft • Benzinhahn verstopft • Benzinfilter verstopft • Benzinfilter im Vergaser verstopft • Schwimmernadelventil im Vergaser hängt • Vergaserdüsen verstopft • Luftfilter verdreckt

Nicht immer einfach: Die Wahl der Reifen.

Symptom	möglicher Defekt
Seltsame Zündaussetzer	• elektronische Zündeinheit defekt • fehlerhafte Zündkerze (Elektrodenabstand zu klein oder zu groß) • fehlerhafter Zündkerzenstecker • fehlerhaftes Zündkabel • fehlerhafte Zündspule • Zündgeber (Pickup) defekt • Kabelbruch
Kein Zündfunke mehr	• elektronische Zündeinheit defekt (CDI) • fehlerhafte Zündkerze • fehlerhafter Zündkerzenstecker • fehlerhaftes Zündkabel • fehlerhafte Zündspule • Zündgeber (Pickup) defekt • Kabelbruch • Spule in der Lichtmaschine defekt (nur bei Magnetzündanlagen) • Batterie leer (bei Batteriezündanlagen)
Am Regler liegt keine Eingangsspannung mehr an, Batteriekontrolllampe leuchtet (wenn vorhanden)	• Lichtmaschine defekt • Kabelbruch • defekter Steckverbinder
Sporadischer Ausfall der Elektrik	• Kabelbruch
Trotz Ein- oder Ausschalten von Verbrauchern keine Änderung des Betriebszustandes	• Relais oder Schalter defekt
Motor bringt keine Leistung	• Luftfilter verdreckt • Kompression zu gering (Kolben und Zylinder verschlissen) • Ventile undicht (defekt oder falsches Ventilspiel)

Symptom	möglicher Defekt
Motor braucht mehr Benzin	• zu fett bedüst • Luftfilter dreckig • Düsenstöcke im Vergaser defekt • Zündzeitpunkt nicht korrekt • Choke schließt nicht (oder vergessen) • äußere Einflüsse wie starker Gegenwind, Gelände, das Fahren in großen Höhen
Gabelöl läuft aus, Dämpfung der Gabel lässt spürbar nach	• Dichtringe in der Gabel undicht • Standrohr beschädigt
Gabel klemmt (spricht schlecht an)	• Gabelbrücken verdreht • Tauchrohr beschädigt • kein Öl mehr drin • Führungen defekt • Standrohr verbogen (nach Unfall oder Kollision mit einem Stein)
Gabel dämpft nicht mehr gut, Vorderrad verliert auf Pisten den Bodenkontakt	• Gabelöl zu alt oder falsche Viskosität • zu wenig Gabelöl
Dämpfung vom Stoßdämpfer lässt spürbar nach	• Stoßdämpfer undicht • Stoßdämpfer intern verschlissen
Beim Bremsen knackt es in der Gabel	• Lenkkopflager zu locker • Gabel hat Spiel • Bremszange ist ausgeschlagen • Radlager am Vorderrad defekt • zu wenig Gabelöl
Motorrad fährt nicht gut geradeaus, Kurven fahren sich unangenehm, Spurrinnen im Sand sind grausam	• Lenkkopflager zu fest • falscher Luftdruck in den Reifen • Reifen ungleich abgefahren • Rahmen verbogen (nach Unfall oder Transportschaden)

Symptom	möglicher Defekt
Lenkung hat »Raststellungen«	• Lenkkopflager defekt, Lager ist eingeschlagen
Hoher Ölverbrauch (qualmt)	• Kolbenring gebrochen • Kolben verschlissen • Ventilführungen ausgeschlagen
Motor klappert belastungsunabhängig	• Ventilspiel zu groß • Ein- oder Auslassventil defekt • Ventilsitz gebrochen • Steuerketten/Ventiltrieb defekt
Motor hat keinen oder zu niedrigen Öldruck (Ölkontrollleuchte leuchtet bei niedrigen Drehzahlen auf bzw. leuchtet immer)	• Ölpumpe defekt • Dichtung im Ölkreislauf defekt • Gleitlager hat zu hohes Spiel • kein oder zu wenig Öl durch – Verbrauch – Wellendichtring der Abtriebswelle (Ritzel) – Beschädigung der Ölwanne/des Motorgehäuses
Schlechtes Fahrverhalten auf weichem Untergrund und im Gelände, schlechte Traktion	• Luftdruck in den Reifen zu hoch • zu wenig Negativfederweg • zu hohe Dämpfung der Zugstufe des Fahrwerks
Federung schlägt durch	• Federn zu schwach • Dämpfung zu gering bzw. defekt
Pendeln und Nachschwingen des Motorrads	• Dämpfung zu gering eingestellt • Stoßdämpfer defekt
Federung schluckt keine Unebenheiten der Straße	• Dämpfung zu hart eingestellt • Federn zu hoch vorgespannt • Gabel klemmt • Schwinge klemmt oder schlägt an
Kette hängt stark durch oder ist beim Einfedern voll unter Spannung	• falsche Spannung der Antriebskette

Symptom	möglicher Defekt
Kette macht ein lautes, sich veränderndes Geräusch bei konstanter Geschwindigkeit	• Antriebskette einseitig gelängt
Kette muss täglich nachgespannt werden	• Antriebskette verschlissen
Zähne der Kettenräder sind nicht mehr symmetrisch	• Ritzel bzw. Kettenrad verschlissen
Ölaustritt zu sehen	• Motorgehäusedichtungen undicht • Zylinderfußdichtung defekt • Motorgehäuse mechanisch beschädigt • Simmerring von Ritzel, Schalthebel, Kickstarter defekt • Ölfilter undicht
Luftgekühlter Motor fängt an zu blasen (zischendes Geräusch), wassergekühlte haben Öl oder Abgas im Kühlwasser	• Zylinderkopfdichtung defekt
Standgas schlecht einzustellen, Motor springt schlecht an	• falsches Ventilspiel • Ansaugstutzen zwischen Motor und Vergaser sind undicht • Motor zieht falsch Luft • Choke klemmt
Beim Bremsen mit der Vorderbremse ist ein starkes Schlagen zu spüren	• Bremsscheiben sind verzogen (Schlag) • Radlager ist defekt

Symptom	möglicher Defekt
Bei starker Beanspruchung der Bremse lässt die Verzögerung spürbar nach (Fading)	• Bremsflüssigkeit »hat Wasser gezogen« • zu wenig Bremsflüssigkeit im Behälter • Bremsbeläge verschlissen • Bremsscheiben verschlissen • falls wir vorn nur eine Trommelbremse haben (z.B. XT500), ist dies völlig normal
Motorrad rollt nicht mehr, Bremse immer aktiv	• Bremskolben sitzen fest • Hauptbremszylinder macht nicht auf • Nachlassende Bremsleistung • Hauptbremszylinder ist defekt • Bremszange defekt • Bremsscheiben sind abgenutzt • Ölfilm auf den Bremsscheiben • Bremsbeläge sind abgenutzt • Bremsbeläge sind verglast • Bremsleitungen beschädigt • Bremsleitungen gealtert (bei Gummileitungen)
Motorrad ruckelt ab einer bestimmten Gasstellung	• Kraftstoffleitung verstopft • Schwimmernadelventil verklemmt • Vergaserdüsen verstopft
Rad schlägt auch bei ebener Straße	• Felge ist verbogen • Speichen sind locker oder gebrochen Rad hat Unwucht (Wuchtgewicht verloren) • Reifen hat eine Beschädigung der Karkasse

Kurbelwellenlagerschaden: Jetzt wird's teuer ...

Shoppingmeile im Orient. Nur sehr bedingt für die Ersatzteilbeschaffung geeignet.

Wie kann ich welchen Defekt beheben?

Unterwegs kann nicht immer mit dem gewohnten Standard gearbeitet werden wie zu Hause. Wer trotzdem weiterkommen will, benötigt ein wenig Improvisationstalent für »Reparaturen«, die schon aus haftungsrechtlichen Gründen hierzulande nicht erlaubt sind. *Die Anregungen, die ich hier gebe, sind deshalb zum Teil als eine Art »letzte Hilfe« zu sehen. Jeder sollte sich bewusst sein, dass sich das Fahrverhalten und die Sicherheit durch Eingriffe dieser »speziellen Art« nicht verbessern, sondern verschlechtern können!* Allerdings ist es oftmals die letzte Möglichkeit, überhaupt weiterzukommen.

Defekt	Lösung
Elektrik	
NOT-AUS Stellung »Off«, Zündung aus	Auf Run bzw. auf ON schalten (scheint einfach, es hat aber schon mancher angefangen, sein Motorrad zu zerlegen).
Gleichrichter	Beim Elektroniker 3 dicke Dioden (min. 20 Ampere, 400 V) besorgen und in die Zuleitung zum Regler einbauen; falls dieser auch defekt ist, direkt an die Batterie anschließen. (Polung beachten!)
Regler	Falls er keine Ladespannung mehr abgibt, Leitungen vom Gleichrichter direkt an die Batterie anschließen (hohe Motordrehzahlen meiden, um Ladespannung so gering wie möglich zu halten).
Batterie	Wenn möglich, durch eine neue ersetzen. Falls keine zur Hand, folgendes ausprobieren (nicht bei wartungsfreien Typen): – komplett leeren und mit destilliertem Wasser auffüllen – komplett leeren und neu mit Säure füllen – einige Male mit Säure spülen, dann mit destillierten Wasser spülen, dann wieder mit Säure füllen. Batterie zwischen den einzelnen Schritten immer wieder neu laden.
Kabelbruch	Durch Abknicken und Bewegen der Kabelbäume die Stelle suchen, an der eine Funktionsänderung auftritt. Falls dies nicht möglich ist, mit Messgerät (Ohmmeter) die einzelnen Leitungen durchmessen (Schaltplan der Maschine hilfreich). Wenn die defekte Leitung gefunden ist, durch Verlegen einer Parallelleitung den Fehler beheben. Falls gelötet wird, erst Messinghülsen aufquetschen, um ein Abbrechen der Leitung bei Vibrationen zu vermeiden. Besser die alte mit der neuen Leitung verdrillen und mit Tape isolieren.
Zündspule defekt	Hier kommen nur Künstler ohne Ersatzteil weiter (neu wickeln oder Ersatz aus obskuren Autos oder Mopeds einbauen). Für alle andern heißt es hier: eine neue einbauen.
Elektronische Zündeinheit (CDI oder TCI) defekt	Falls Ihr hier nicht eine Infrastruktur habt, die es Euch ermöglicht, die Einheit aufschleifen und beim Elektroniker den Defekt beheben zu lassen, ist auch hier ohne Ersatzteil keine Reparatur möglich.
Zündgeber (Pickup) defekt	Hier ist eine Elektrowerkstatt für Motoren und Transformatoren gefragt. Dort kann der Pickup eventuell geöffnet, neu gewickelt und vergossen werden. (Beim Abwickeln Anzahl der Windungen zählen!)
Lichtmaschine defekt (Batteriezündung)	Auch hier ist eine Elektrowerkstatt für Motoren und Transformatoren gefragt, die es Euch ermöglicht, die Wicklung vom Stator der Lichtmaschine neu wickeln und vergießen zu lassen (bei einigen Modellen wie BMW gibt es noch Kohlen, die abgebrannt sein können). Bis dahin Batterie laden lassen und möglichst ohne Licht und sonstige Verbraucher fahren. Bergab Zündung ausschalten und Maschine rollen lassen.
Lichtmaschine defekt (Magnetzündung)	Auch hier ist eine Elektrowerkstatt für Motoren und Transformatoren gefragt, die es Euch ermöglicht, die Wicklung vom Stator der Lichtmaschine neu wickeln und vergießen zu lassen. Falls nur die Spule für die Batterie defekt ist, kann mit der Einschränkung, kein Licht mehr zu haben, ohne zeitliche Begrenzung weitergefahren werden. Falls die Wicklung für die Zündung beschädigt ist, ist ohne Reparatur kein Weiterkommen mehr möglich.

Defekt	Lösung
Elektrik	
Relais defekt	Deckel des Relais entfernen und Kontakte auf Abbrand hin untersuchen und gegebenenfalls etwas abschmirgeln. Spannung an Relaisspule anlegen und kontrollieren, ob die Kontakte schießen bzw. öffnen. Solange rumbiegen, bis die Funktion wiederhergestellt ist. Falls Relaisspule nicht anzieht, Relais durch Schalter ersetzen. Bei Defekten am Anlasserrelais kann durch kurzzeitiges Überbrücken der Kontakte mit einer großen Zange der Motor gestartet werden.
Seitenständerschalter ist defekt	Da er durch eine Sicherheitsschaltung meist die Zündung unterbricht (um Unfälle zu vermeiden!), kann er bei Defekt die Weiterfahrt unmöglich machen! Falls eine Reparatur des Schalters nicht fruchtet, kann dieser überbrückt werden. (Hochklappen des Seitenständers dann aber bitte nicht vergessen!)
Kraftstoff-System	
Benzinschlauch undicht	Falls ein Kürzen wegen zu geringer Restlänge nicht möglich ist, versuchen, mit Kaugummi (gut trocknen lassen) und Klebeband zu dichten. Andere Möglichkeit: Tankentlüftung oder Vergaserüberlaufleitung als Ersatzschlauch verwenden (Schellen nicht vergessen!). Bei 2 Benzinhähnen kann notfalls einer stillgelegt werden (kleinen Holzpfropfen für T-Stück basteln).
Benzinhahn verstopft	Falls er verschraubt ist, kann er zerlegt und gereinigt werden. Wenn er vernietet ist, müssen erst die Nieten aufgebohrt (und ersetzt!) oder mit einer Ahle entfernt werden.
Benzinfilter verstopft	Reinigen ist hier nicht sinnvoll, besser gegen einen neuen Filter austauschen. Falls keiner zur Hand ist, den alten ausbauen und überbrücken. Hierfür kann das Kunststoffanschlussstück des Filters als Verbinder benutzt werden. Am Filter abschneiden und beide Kraftstoffleitungen zur Hälfte aufschieben (mit Schellen sichern, falls vorhanden).
Schwimmernadelventil im Vergaser defekt, Düsen verstopft	Falls ein kräftiges Klopfen auf die Schwimmerkammer mit einem Gabelschlüssel nichts hilft, kommt Ihr um eine Demontage der Schwimmerkammer nicht herum. Leider ist das Entfernen der Schwimmerkammern (falls es sich nicht um eine BMW handelt) etwas aufwändig, da der Vergaser meist nicht so gut zugänglich ist. Wenn der Versuch fehlgeschlagen ist, die 4 Schrauben der Schwimmerkammer zu lösen, ist es an der Zeit, den Vergaser auszubauen. Hierzu sollten schon ein paar Stunden eingeplant werden. Erst den Vergaser und die Umgebung reinigen, so dass weder Dreck in den Vergaser noch in die Ansaugkanäle fallen kann. Dann die Schwimmerkammer(n) abbauen und saubermachen. Den Schwimmer ausbauen (Stahlstift herausziehen). Mit dem Gebilde kommt auch das Ventil heraus. Alles gut und vorsichtig säubern (nichts verbiegen). Schwimmer darf in den Kunststoffkammern kein Benzin haben, sonst ist er undicht und somit unbrauchbar (da ist dann der wahre Bastler gefragt – mit Lötkolben und viel Improvisationskunst)! Danach wieder alles zusammenbauen. Bevor der Vergaser wieder eingebaut wird, Schwimmerventil noch auf ordnungsgemäße Funktion prüfen (Schwimmer mit Finger auf obere Position halten und in die Benzinleitung des Vergasers blasen. Es darf unten keine Luft herauskommen, erst beim langsamen Absenken des Schwimmers). So, nun die Vergaser wieder einbauen. Tipp: Ist viel Schmutz im Vergaser, sind die Benzinfilter und der Tank zu reinigen (in der Zuleitung direkt am Vergaser sind zum Teil auch noch Filter versteckt!). Wenn der Vergaser schon einmal ausgebaut ist, kann ein Reinigen der Düsen auch nicht schaden. Mit Gefühl herausschrauben (unbedingt passenden Schraubendreher verwenden), dann durchblasen und im Gegenlicht auf freien Durchgang kontrollieren. Falls keine Druckluft vorhanden ist, gegebenenfalls über Nacht in Cola oder Rostlöser einlegen.

Defekt	Lösung
Kraftstoff-System	
Vergaseransaugstutzen ziehen Falschluft	Schrauben nachziehen, O-Ring zwischen Motor und Stutzen kontrollieren bzw. versuchen, mit Silikondichtungspaste und Tape abzudichten.
Luftfilter verdreckt	Papierluftfilter ausbauen und auf die Einlassseite hin ausklopfen. Falls mit Druckluft gereinigt wird, mit mindestens 10 cm Abstand von der Innenseite her in Richtung Außenseite blasen (verschmutzte Seite). Nicht direkt auf die verschmutzte Seite blasen, denn dabei wird der Staub nur noch tiefer in den Filter gedrückt, wodurch er noch mehr verstopft. Schaumstofffilter haben unterwegs den Riesenvorteil, dass man sie auswaschen kann. Am besten eine kleine Wanne mit Benzin füllen und unter Benutzung von Gummihandschuhen den Filter darin auswaschen. In der Wüste zieht man den Benzinschlauch vom Tank ab und stellt den Benzinhahn auf ein dünnes Rinnsal ein, unter dem der Filter dann ausgewaschen werden kann. Danach gut ausschlagen (saubere Seite nach innen drehen) dann trocknen lassen. Etwas Motoröl darüber gießen und einkneten, den Vorgang so lange wiederholen, bis der Schaumstoff sich gerade so voll gesogen hat, dass beim Drücken kein Öl mehr abtropft. Dichtfläche kann noch zusätzlich mit Fett abgedichtet werden. Dann den Luftfilterkasten reinigen und auf undichte Stellen kontrollieren.
Schwingenlager ausgeschlagen	Hier hilft auch nur Ersatz oder viel Fett, bis Ersatz gefunden wird. Die Schwinge ist zur Reparatur komplett auszubauen, und als Ersatzteile werden neue Lager und Büchsen benötigt.
Motor und Getriebe	
Kupplung defekt	Falls die Drehzahl des Motorrads in hohen Gängen bei starker Beschleunigung hochschnellt, ist dies ein Anzeichen für eine verschlissene Kupplung. Durch umsichtiges Fahren (eben nicht stark Gas geben) kann die Kupplung durchaus noch einige tausend Kilometer halten. Ein Vorspannen der Kupplungsfedern bringt nur wenig. Darauf achten, dass das Kupplungsspiel großzügig genug eingestellt ist. Bei Trockenkupplungen kann auch ein defekter Simmerring die Ursache sein (Kupplung verölt). Hier ist dann eine Reparatur unumgänglich.
Ein- oder Auslassventil defekt	Ohne Ersatzteil geht hier nichts. Der Zylinderkopf muss abgebaut werden. Hierfür ist meist der Motor auszubauen, also eine ziemlich große Aktion. Die neuen Ventile sind dann noch einzuschleifen und der Ventilsitz entsprechend anzupassen.
Kolbenring gebrochen	Ohne Ersatzteil geht hier nichts. Zylinderkopf und Zylinder müssen abgebaut werden. Hierfür ist meist der Motor auszubauen, also ebenfalls eine ziemlich große Aktion. Falls der Motor noch läuft: unter Beobachtung des Ölstands vorsichtig zum nächsten Versorgungspunkt fahren.
Falsches Ventilspiel	Kontrollieren und mittels Fühlerlehre einstellen. Eher zu viel als zu wenig Spiel einstellen!
Ölfilter ist verschlammt	Motor mit Diesel einige Male spülen und neues Öl und neuen Ölfilter spendieren.
Ventilsitz gebrochen	Ohne Ersatzteil geht hier nichts. Der Zylinderkopf muss abgebaut und bearbeitet werden. Hierfür ist meist der Motor auszubauen und eine Werkstatt notwendig, die sich auf Motorrevisionen spezialisiert hat, also auch das eine ziemlich große Aktion.

Defekt	Lösung
Motor und Getriebe	
Steuerkettenspanner, Steuerkette, Zahnriemen	Bei einigen Modellen kann der Steuerkettenspanner leicht entfernt werden, dies gestattet eine Beurteilung des Zustands der Steuerkette, bei anderen Modellen muss der Zylinderkopfdeckel entfernt werden. Dies bedeutet einen recht großen Aufwand mit neuen Dichtungen. 40.000 bis 80.000 km können die Steuerketten schon halten. Ein Austausch erfordert auch einige Fachkenntnis. Zahnriemen sind recht einfach zu wechseln, allerdings ist dies auch alle 20.000 km notwendig. Beim Austausch immer auf die genaue Position der Nockenwelle zur Kurbelwelle achten (Markierung beachten).
Dichtungen	
Motorgehäusedichtungen undicht	Eine Schnellabdichtung kann mit Silikondichtmasse vorgenommen werden. Fläche zuvor staub- und ölfrei machen (anschleifen), dann Dichtungsmasse auftragen und abtrocknen lassen. Eine ordnungsgemäße Abdichtung setzt die Demontage der Deckel und Reinigung der Dichtfläche voraus.
Dichtringe in der Gabel undicht ·	Die Reparatur ist etwas aufwändig, denn um die Dichtungen zu wechseln, muss erst einmal die komplette Gabel ausgebaut werden. Danach sind die Standrohre aus den Tauchrohen auszubauen. Ohne Schraubstock und etwas Spezialwerkzeug wird es schwierig. Am besten nach einer Werkstatt Ausschau halten. Vom ersten Öltropfen bis zum Totalausfall vergehen schon einige tausend Kilometer, wenn ab und zu wieder nachgefüllt wird (Automatikgetriebeöl bzw. Hydrauliköl bekommt man fast überall). Ein Reparaturversuch kann mit einer dünnen Fühlerlehre unternommen werden: Staubkappe entfernen und Blatt der Fühlerlehre sehr vorsichtig durch den Simmerring ziehen.
Stoßdämpfer undicht	Hier sind etwas Erfahrung und die richtige Ersatzdichtung (notfalls anfertigen lassen) gefragt. Aber mit etwas Geschick und Glück kann auch ein Stoßdämpfer repariert werden. Wichtig: Vor Arbeitsbeginn Gas ablassen!! Dann die Feder entfernen (Kolbenstange darf nicht in den Dämpfer gedrückt werden, da sich sonst das Volumen der Gaskammer verändert), Staubkappen abhebeln, Sicherungsring entfernen und genau aufpassen, in welcher Reihenfolge welche Teile herausfallen, wenn langsam der Kolben herausgezogen wird. Es kommt zumindest mal ein Schwung Öl mit. Das Ganze gut reinigen und neue Dichtung einbauen. Dann alles wieder in der richtigen Reihenfolge zusammenbauen. Gut, wenn man den Kolbenstand der Gaskammer kennt. Dieser sollte nämlich jetzt eingestellt werden. Falls nicht bekannt, in Ausgangsstellung belassen. Nun aufgepasst: Es darf kein Luftpolster zwischen dem inneren Kolben und dem Hydrauliköl sein, sonst kommt es zur Überhitzung und Zerstörung der Dichtung! Wer die Möglichkeit hat, kann danach den Dämpfer wieder mit Gas befüllen lassen, sonst kann man sich mit der Luftpumpe behelfen (3 bis 8 bar). Als Anhaltspunkt: Der Dämpfer sollte bei höchster eingestellter Zugstufe noch selbstständig, wenn auch langsam, komplett auseinander gehen (ohne Feder). Falls keine Reparatur möglich ist und die Dämpfung wegen des fehlenden Öls gleich null ist, empfiehlt es sich, den Federweg durch die Vorspannung der Feder mittels Spanngut zu reduzieren (Vorspannung kann auch direkt an der Schwinge zum Rahmen erfolgen). So wird die Gefahr durch ein Aufschwingen des Fahrzeughecks bei Bodenwellen drastisch reduziert. Besonders bei Motorrädern mit langen Federwegen zu empfehlen.

Defekt	Lösung
Dichtungen	
Ölkühler ist undicht	Undichte Stelle mit kleiner Zange zusammendrücken. Falls nicht dicht, Ölkühler überbrücken oder notfalls Kaltmetall oder Kaugummi verwenden.
Wasserkühler ist undicht	Undichte Stelle mit kleiner Zange zusammendrücken. Notfalls Kaltmetall verwenden oder Kühlerdichtmittel einfüllen.
Wasserschläuche sind undicht	Austauschen oder versuchen, mit Reifenflickzeug dicht zu bekommen. Andere Möglichkeit: mit Tape, Kaugummi und Schelle abdichten.
Zylinderfußdichtung defekt	Zylinderkopf und Zylinder müssen hierfür abgebaut und neue Dichtungen eingebaut werden. Dichtflächen sind penibel zu reinigen. Der Motor muss hierfür meist ausgebaut werden. Anzugsmomente beachten! Eine provisorische Abdichtung kann auch hier von außen mit Silikondichtmasse vorgenommen werden. Leichter Ölaustritt führt nicht zu Funktionsstörungen, so lange der Ölstand nicht unter Minimum sinkt.
Zylinderkopfdichtung defekt	Zylinderkopf muss abgebaut und eine neue Dichtung eingebaut werden. Dichtflächen sind penibel zu reinigen und auf Verzug hin zu kontrollieren. Der Motor ist hierfür meist auszubauen. Anzugsmomente beachten! Falls keine Originaldichtung zu bekommen ist, kann man sich auch eine anfertigen lassen. Die Qualität entspricht dann aber nicht dem Original und verlangt eine vorsichtige Fahrweise!
Räder	
Antriebskette einseitig gelängt	Kettendurchhang so einstellen, dass Kette in der kürzesten Stellung noch genügend Spiel hat. Kette möglichst bald wechseln!
Kettenrad defekt	Austauschen komplett mit Ritzel und Kettenrad; falls keine Neuteile zur Verfügung stehen, kann versucht werden, das Kettenrad zu drehen (Haifischzähne stehen dann in anderer Richtung). Muttern des Kettenrads sichern!
Antriebskette verschlissen	Austauschen komplett mit Ritzel und Kettenrad, Muttern der Kettenräder sichern!

Ein Profi beim Reifenflicken.

Defekt	**Lösung**
Räder	
Ritzel defekt	Rechtzeitig tauschen, bevor die Kette Schaden nimmt.
Plattfuß (Schlauchreifen)	Rad ausbauen. Das Ventil herausdrehen, um die Luft ganz abzulassen. Dann das Rad auf einen sauberen Untergrund legen (möglichst etwas unterlegen), den Reifen auf beiden Seiten ins Felgenbett drücken (mit dem Stiefelabsatz oder mit dem Montiereisen), um ihn dann mit dem Montiereisen auf einer Seite über die Felge zu hebeln. Nicht mit roher Gewalt arbeiten. Wenn es zu schwer geht, Reifen nochmals kontrollieren, ob er nicht wieder aufs Felgenbett gerutscht ist. Dann Schlauch entnehmen, Ventil wieder eindrehen und aufpumpen. Prüfen, an welcher Stelle Luft austritt. Notfalls mit Seifenwasser Loch suchen. Das Loch anzeichnen und mit entsprechendem Flickzeug abdichten. Stelle gut mit Schmirgelpapier anrauen und warten, bis der Kleber abgetrocknet ist. Der Pressdruck beim Aufsetzen des Flickens ist entscheidend für eine gute Verbindung. Anschließend nochmals aufpumpen, um weitere Löcher zu suchen. Wichtig: Bevor mit dem Einbau begonnen wird, Reifen innen auf Dornen, Nägel und sonstige Fremdköper absuchen. Vorsicht, wenn mit der Hand diese Fremdkörper gesucht werden! Verletzungsgefahr! Zur Reifenmontage Gleitmittel verwenden. Hier eignet sich alles, was flutscht. Ich nehme unterwegs meistens Shampoo, habe ich immer dabei, und ich kann mir danach gleich die Hände waschen. Die Flanken des Reifens damit einstreichen und ins Rad einsetzen. Schlauch einlegen, Ventil einführen, von außen leicht kontern und Schlauch unverdreht in den Reifen einlegen. Nun mit den Montiereisen in Abständen von 5 cm den Reifen über den Felgenrand hebeln. Wenn es zu schwer geht, öfters ansetzen. Ist der Reifen aufgezogen, kontrollieren, ob der Schlauch nicht eingeklemmt ist, dann solange aufpumpen, bis der Reifen auf dem Felgenhump sitzt, erkennbar am gleichmäßigen Abstand der Reifenmarkierung (meist umlaufende Linie) zur Felge. Achtung: Es gibt Schlauchtypen, auf denen kein Flickzeug richtig hält, deshalb immer Ersatzschlauch mitnehmen! Im Notfall Schlauch mit Benzin oder Lösungsmittel vorsichtig bearbeiten und gut anraspln. Notfalls passt auch ein 17"-Schlauch ins 21"-Vorderrad.
Ventil vom Reifen steht schräg (Schlauchreifen)	Es gibt eine Chance, ohne Radausbau den Reifen neu auszurichten. Erstens: Luft ablassen, dann mit Montiereisen den Reifen ins Felgenbett drücken. Fahrzeug aufbocken, damit sich das Rad frei drehen lässt. Nun einen Ast oder Hammerstiel nehmen und zwischen der Schwinge bzw. Gabel und den Speichen durchschieben. Nun Rad am Reifen gegen den Anschlag drehen, bis das Ventil wieder gerade durch die Felgenbohrung schaut. Falls sich keine Verschiebung des Reifens auf der Felge ergibt, mit etwas Seifenwasser nachhelfen. Nach dem Ausrichten wieder aufpumpen, bis der Reifen gleichmäßig auf der Felge sitzt.
Reifen defekt	Durch zu wenig Luft oder durch Überschreitung der Tragfähigkeit kann die Reifenkarkasse beschädigt werden. Dies macht sich durch Plattfüße in regelmäßigen Abständen bzw. durch unrund laufende Reifen bemerkbar. Falls kein neuer Reifen zu Verfügung steht, alten ganz demontieren. Reifen auseinander ziehen und Lauffläche von innen inspizieren. Dabei Reifen auf der Straße abrollen. Klaffen beim Abrollen Ritze in der Karkasse, ist diese beschädigt und kann mit Schlauchflicken soweit stabilisiert werden, dass der Schlauch an diesen Stellen nicht aufscheuert. Bei extremen Beschädigungen kann versucht werden, die Bereiche zu vernähen und danach mit Flickzeug zu stabilisieren. Habe auch schon von jemandem gehört, der, als gar nichts mehr ging, eine Decke in den Reifen eingebaut hat ... Diese Reparaturen sind aber nur im absoluten Notfall zulässig, um die nächste Zivilisation zu erreichen. Sie sind keine Lösung, um wieder am normalen Straßenverkehr teilzunehmen!

Defekt	Lösung
Räder	
Felge ist verbogen	Mit Presse oder zur Not mit dem Hammer wieder gerade klopfen. Bei schlechtem Zielvermögen Speichen besser vorher entfernen. Danach Speichen wieder einsetzten, nachziehen und Rad neu zentrieren.
Tank undicht	
Stahl	Hier kann mit Glasfasermatte und Harz mit Härter abgedichtet werden. Ein Verlöten oder Verschweißen ist genauso möglich (Tank mit Wasser füllen).
PE / PU	Normalerweise unverwüstlich, aber falls doch ein spitzer Stein seinen Weg ins Innere findet, kann man mit einem Lötkolben oder mit einem heißen Schraubendreher versuchen, das Loch zu verschmelzen. Falls Material fehlt, mit flüssigem Kunststoff (heiß machen oder anzünden) von Plastiktüten oder Kunststoffverpackungsschnur auffüllen (Tank mit Wasser füllen).
Aluminium	Hier kann mit Glasfasermatte und Harz mit Härter abgedichtet werden. Gibt eine sehr gute Verbindung, wenn sauber gearbeitet wird. Ein Verschweißen ist genauso möglich, falls ein entsprechendes Schweißgerät zur Verfügung steht (Tank mit Wasser füllen).
GFK	Hier ist eine Reparatur mit Glasfasermatte und Harz mit Härter optimal, da der Tank aus dem gleichen Material besteht.

Bei den Motorrädern gab es in den letzten Jahren einen technischen Umbruch. Heute sind Einspritzung, ABS und Integralbremssysteme bereits weit verbreitet. Arbeiten an diesen Systemen sind oftmals nur noch von Fachwerkstätten mit entsprechenden Sondervorrichtungen und Prüfgeräten durchführbar. Wer z.B. bei seiner BMW mit Integralbremssystem kurz die Bremsflüssigkeit wechseln will, wird schnell an seine Grenzen stoßen, denn dies ist zuverlässig nur mit speziellem Gerät möglich.

Außerdem werden Systemfehler in der Steuerung abgelegt und müssen mit einem entsprechenden Auslesegerät ausgewertet werden. Wer über ein solches Gerät nicht verfügt, weiß nicht, ob er nicht vielleicht schon seit langem im Notprogramm der Steuerung

Man muss sich nur zu helfen wissen.

Kleiner Kundendienst in Khartum.

unterwegs ist, weil einige Sensoren ihren Geist aufgegeben haben.

Wer solch ein Motorrad fährt, sollte sich deshalb bei seinem Händler genau erkundigen, welche Arbeiten für ihn tabu sind und was noch unterwegs ausgeführt werden kann. Außerdem kann erfragt werden, wie ein Reset an der Steuerung durchgeführt werden kann, falls das ABS einmal durcheinander gekommen ist.

Sehr hilfreich und daher zu empfehlen sind die im Buchhandel erhältlichen Reparaturanleitungen, die es für die meisten gängigen Motorradmodelle gibt. Wer Platz sparen will, kann sich das für ihn Notwendige und Interessante herauskopieren und dabei etwas verkleinern.

Wichtig ist, immer systematisch vorzugehen und sich nicht von anderen verrückt machen zu lassen, auch wenn diese angeblich alles besser wissen. Ich kann mich noch gut erinnern, wie ich einmal südlich von Adis Abeba in Äthiopien mit einem geliehenen 35 Jahre jungen Landcruiser liegen blieb. Als ich gerade dabei war, eine neue Zündspule einzubauen, kam ein junger Schwarzer und erklärte mir in recht gutem Englisch, dass die Batterie defekt sei. Als ich ihn fragte, wie er darauf komme, erklärte er, dass während des Startens durch den erhöhten Innenwiderstand der schlechten Batterie die Zündung nicht genügend Energie zum Starten des Motors habe und deswegen mein Reparaturversuch unlogisch sei. Da ich unter anderem auch einmal Elektriker gelernt habe, konnte ich über seine Ausführungen nur staunen, da sie fachlich einwandfrei waren. Ich baute aber dennoch meine Zündspule vollends ein, setzte mich hinters Steuer, drehte den Zündschlüssel um, und der Sechszylinder erwachte wieder zum Leben.

Wer den Defekt selbst lokalisieren kann, sollte zuerst überlegen, wo er diesen Defekt am besten beheben kann. Bei einem Rahmenbruch ist es zum Beispiel sinnvoller, eine Schlosserei zu suchen als eine Motorradwerkstatt. Denn zum Schweißen benötige ich einen Schlosser mit entsprechender Erfahrung beim Schweißen, und da hilft mir eine Motorradwerkstatt nur bedingt (hier wird man mir nur sagen, dass ich die Batterie abklemmen soll).

So ist es am besten, sich in einem Industriegebiet nach kräftigen Lichtbögen umzuschauen. Dort gibt es dann meist auch noch etwas Stahl zum Versteifen. Wer sich etwas auskennt, kann sich die herumliegenden Arbeiten anschauen. Wenn die Qualität in Ordnung ist, kann nach der Preisverhandlung die Reparatur beginnen (es ist meist auch besser, während der Reparatur anwesend zu sein, um notfalls eingreifen zu können).

Mechanische Werkstätten, die sich auf Lkw- oder Automotorenreparaturen spezialisiert haben, sind mit wesentlich besseren Maschinen ausgestattet als Motorradwerkstätten. Dort können unter Umständen auch Ersatzteile angefertigt werden. In der Regel bekommt jeder mit etwas Fragerei heraus, wo es einen Spezialisten im Ort gibt.

Ausrüstung: Wie man sich bettet, so liegt man

Über dieses Thema sind schon einige Bücher geschrieben worden. Alle bekannten Motorrad- und Trekkingmagazine lassen sich ständig darüber aus. Es soll Leute geben, die mit ihren einmal gekauften Sachen sogar zufrieden sind. Bei der Auswahl, die heute schon fast unübersehbar groß ist, tut man sich oft ganz schön schwer. Zumal man erst später weiß, was einen stört. Das Beste ist, wichtige Dinge wie Zelt, Schlafsack und Schlafunterlagen selbst zu testen. Was nützt es, wenn andere die Sachen super finden, man selbst aber nicht! So ist es gut, im Bekanntenkreis zu fragen, ob es möglich ist, sich für zwei Nächte einen Schlafsack zu leihen, um selbst zu ergründen, ob man sich im Daunen- oder im Hightech-Kunstfaserschlafsack wohler fühlt.

Bei Erfahrungsberichten sollte man die begleitenden Umstände berücksichtigen. Wer drei Wochen lang im Zelt auf besseres Wetter wartet, wird jedes Zelt zu klein finden – kann jedoch sehr verlässliche Angaben über die Wasserdichtigkeit machen. Ein anderer, der nicht im Regen unterwegs ist, aber sein Zelt jeden Tag auf- und abbaut, kann dagegen mit nützlichen Hinweisen zum Handling dienen.

Bei allen, die vom Liegekomfort aufblasbarer Isoliermatten schwärmen, sollte man nachfragen, wie lange sie wirklich dicht waren. Es ist ein Unterschied, ob man zwei Wochen oder sechs Monate unterwegs ist. Im Vorfeld kann etwas detektivische Arbeit helfen (zur Übung kann man ja mal einen Hitchcock lesen), um sich über die Vor- und Nachteile unterschiedlicher Ausstattung klar zu werden.

Das Finanzielle spielt natürlich eine nicht zu unterschätzende Rolle. Wer auf noble Marken steht und diese in exquisiten Geschäften ersteht, kann durchaus 5000 € zusätzlich auf sein Motorrad packen. Die Grenzen sind dabei recht fließend. In Westaustralien traf ich einen Motorradfahrer, der von seinen Titantöpfen schwärmte. Andere geben sich schon mit einem Titanbecher für 25 € zufrieden. Vieles ist ganz interessant, mich allerdings beruhigt es ungemein, wenn ich mein Geschirr im Gesamtwert von 10 € vor meinem Zelt stehen lassen kann, falls ich abends keine Lust mehr zum Abwaschen habe. Wenn es morgens weg ist, brauche ich wenigstens nicht abzuspülen. Bei einer noblen Titanausrüstung wäre vielleicht das Geld für einen kompletten Reisemonat weg.

Was brauche ich wirklich?

Diese Frage muss sich natürlich jeder selbst beantworten. Ein wenig Hilfestellung kann ich jedoch schon geben. Kurz gesagt: Viel weniger, als man denkt.

Wer mit dem Zelten nichts am Hut hat und in Länder fährt, in denen es genug Hotels und Gästehäuser gibt, die er sich leisten kann, braucht sich über Schlafsack und Zelt keine Gedanken zu machen (ich habe in Südamerika einen Motorradfahrer kennen gelernt, der nach vier Monaten das erste Mal seinen Schlafsack auspackte). Derjenige, der nicht kochen will (oder kann) und statt dessen in der Kneipe essen geht, braucht sich nicht zu überlegen, welcher Kocher für ihn der Beste ist. Wer tagelang fern von jeder Infrastruktur zubringen will, braucht schon etwas mehr. Die Klimazonen, die man durchreist, sind selbstverständlich auch zu beachten.

Als ich im Sommer 2000 nach Pakistan gefahren bin, habe ich außer einem T-Shirt unter meiner Motorradjacke kein Kleidungsstück gebraucht, da es nie kälter als 25 °C in den sechs Wochen wurde, dafür aber oft mehr als 40 °C hatte. In den Anden dagegen lernte ich meine Skiunterwäsche schätzen. Wer keine Fliegen im Outback mag und deshalb im australischen Winter dort unterwegs ist, muss eben den Frost in der Nacht aushalten und braucht einen warmen Schlafsack.

Selbstaufblasende Liegematten.

Mit etwas Fantasie kommt man auch mit einfachen Mitteln zurecht. Mir wurde einmal mein Überzelt entwendet, und ich war dann – nur mit Innenzelt ausgestattet – trotzdem noch sechs Monate in Afrika unterwegs. Als die Regenzeit dann jedoch über mich hereinbrach, dichtete ich es wie die einheimische Bevölkerung mit Plastikplanen ab. Wenn der letzte Generator des Benzinkochers selbst nach einer Reinigung mit Cola kein Benzin mehr durchlässt, besinnt man sich auf seine Vorfahren und stellt den Kochtopf ins offene Feuer – was dann nicht nur der Romantik dient, sondern zudem nützlich ist. Wem die Klamotten ausgehen, der kann in den Ländern der so genannten Dritten Welt meistens günstige europäische Ware bekommen. Auf die Idee hat mich eine peruanische Freundin gebracht, als ich mit ihr eine Jeans kaufen wollte. Als wir nach längerer Suche nichts fanden, machte sie mir den Vorschlag, einfach in die Zentrale zu gehen, in der die europäischen Kleiderspenden *verkauft(!)* werden. Da bekommt man Bekanntes in den richtigen Größen!

Wer jedoch für alles offen ist und seine Aktivitäten nicht an der Ausrüstung scheitern lassen will, kommt schnell auf die Standardausrüstung, die einem das Übernachten im Freien bei jedem Wetter und jeder Temperatur ermöglicht. Zumindest bei normalen, klimatischen Bedingungen. Sie setzt sich aus Schlafsack, Zelt (eventuell Biwaksack) und Isoliermatte zusammen. Für den heißen Tee oder Kaffee muss dann noch ein Kocher her. Aber schon allein bei diesen Produkten dürfte die vorhandene Auswahl jeden überfordern, der sich noch nicht intensiv mit diesem Thema beschäftigt hat. So soll die nachfolgende Beschreibung etwas Durchblick bringen.

Schlafunterlage

Die traditionelle »Isomatte« ist fast schon vollständig durch selbstaufblasende Isolierluftmatratzen verdrängt worden. Thermarest war der Pionier dieses Systems, das mittlerweile auch von vielen anderen Firmen angeboten wird.

Größenvergleich des Packmaßes von selbstaufblasenden Liegematten.

Eine konventionelle Isoliermatte in guter Qualität ist aber in der Isolierung nach wie vor ebenbürtig und sogar einiges leichter. Nur sie ist lange nicht so bequem. Wer sich so ein Luxusbett in Form einer selbstaufblasenden Matte kaufen möchte, sollte folgende Eigenschaften berücksichtigen:

- Größe, Länge und Breite
- Dicke (entscheidend für die Isolation und den Komfort)
- Innerer Aufbau (viel Schaum und somit gute Isolierung oder viele Luftkanäle und somit klein verpackbar, aber weniger Isolation)
- Material (resistent gegen Beschädigung durch Steine oder Dornen, dadurch schwer, oder leicht, aber empfindlich)
- Bezug (glatt oder rutschfest. Was bringt die beste Matte, wenn ich morgens neben ihr aufwache, weil ich nachts runtergerutscht bin)
- Zeit- und Kraftaufwand zum Luft ablassen und Verpacken (unbedingt ausprobieren)

Der Preis und das Gewicht kann bei vergleichbarer Qualität zwischen den einzelnen Herstellern stark schwanken. Wer ein Fan vom Wintercamping ist, wird beobachten, dass sich die Matten bei Minustemperaturen nicht mehr selbst mit Luft vollziehen. Selbst ein Nachhelfen mit dem Mund kann problematisch sein. Hier kann die normale Isomatte besser sein.

Qual der Wahl beim Schlafsack: Daune oder Kunstfaser?

Schlafsack

Er soll es uns ermöglichen, gut ausgeschlafen in den neuen Tag zu starten. Um dies zu erreichen, sollten wir nachts weder frieren noch schwitzen. Modelle mit durchgesteppten Nähten sind mit den dadurch entstehenden Kältebrücken nicht geeignet. Die besseren Schlafsäcke geben meist einen Komforttemperaturbereich an. Innerhalb dieses Bereichs sollte der Benutzer der Kälte trotzen können, ohne zu frieren.

Der Extrembereich dient dann nur noch zum Überleben mit gering bleibenden Schäden. Wenn man dies im Hinterkopf behält und dann gegebenenfalls auch noch berücksichtigt, dass man vielleicht etwas kälteempfindlich ist, sollte man vielleicht lieber zum dickeren Modell greifen. Aufmachen kann man ihn ja immer noch. Wer meint, nur im Sommer unterwegs zu sein, sollte auch beachten, dass er vielleicht einmal in den Norden fährt, oder dass selbst bei uns in manchen Sommern das Thermometer nachts unter 5 Grad fällt. Falls es dann auch noch feucht ist, friert man bedeutend schneller (sehr gut am »Teschtreffen« zu beobachten). So kommen dann meist nur die sogenannten 3-Jahreszeiten-Schlafsäcke, für verfrorene die 4-Jahreszeiten-Schlafsäcke in Frage. Die Füllmengen liegen bei Daune zwischen 700 und 900 Gramm, bei Kunstfaserschlafsäcken zwischen 1000 und 1500 Gramm. Dann die Frage schlechthin: Daune oder Synthetikfaser?

Die *Vorteile von Daune* sind:

- Warm
- Leicht
- Guter Schlafkomfort
- Geringes Packmaß

Damit sind eigentlich die Anforderungen an einen Schlafsack optimal erfüllt.

Die *Nachteile von Daune* sind:

- Sollten so wenig wie möglich gewaschen werden

Größenvergleich des Packmaßes von Schlafsäcken.

Wärmer muss nicht gleich größer sein.

- ◇ Isolieren nicht oder nur schlecht, wenn sie nass sind
- ◇ Teuer in der Anschaffung
- ◇ Wird der Außenstoff aufgerissen, fallen die Daunen heraus

Das schreckt dann wieder viele von Daune ab.

Die *Vorteile von Synthetik* sind:

- ◇ Pflegeleicht
- ◇ Isoliert, auch wenn es nass sind
- ◇ Günstiger in der Anschaffung

Das lässt viele zu Synthetik greifen.

Die *Nachteile von Synthetik* sind:

- ◇ Etwa 20–40 % größeres Packvolumen bei gleicher Isolationsleistung
- ◇ Schwerer
- ◇ Meist bei gleicher Temperaturangabe doch nicht so warm
- ◇ Die beim Schlafen abgegebene Feuchtigkeit wird nicht so gut aufgenommen (Plastiktüteneffekt)

Diese Nachteile können das Schlafen doch recht unangenehm machen.

Einen großen Einfluss auf die Schlafqualität hat das Innenfutter des Schlafsacks. Baumwollmischgewebe ist wegen des hohen Gewichts nur noch bei günstigen Schlafsäcken zu finden. Die Synthetikfasern müssen aber nicht schlechter sein. Es ist wichtig, dass sie atmungsaktiv und hautfreundlich sind und dass sie kein Kältegefühl vermitteln.

Wasserdichte Außenhüllen können den Schlafkomfort sehr beeinträchtigen, da sich die Feuchtigkeit im Schlafsack sammelt. Das ist nicht so angenehm. Selbst eine Membrane ist hier eine Verschlechterung. Falls es möglich ist, lieber die Kombination mit Zelt wählen.

Den Schafsack nicht zu kurz wählen. Einmal Probe liegen und sicherstellen, dass man die Kapuze über den Kopf bekommt, ohne mit den Füßen das Fußteil auszubeulen. Enge Schlafsäcke sind wärmer, aber nicht jedermanns Sache. Wer unter Platzangst leidet, sollte lieber ein breiteres Modell mit mehr Füllung, kaufen.

Bei beiden Sorten von Schlafsäcken gibt es verschiedenen Qualitäten der Füllung. Daunenschlafsäcke zeichnen sich durch eine hohe Bauschigkeit aus, und der Federanteil ist gering. Federn sind als Aufstellhilfe für die Daunen wichtig, isolieren aber schlecht. Gute Daunenschlafsäcke haben deshalb ein Daunen/Federn-Verhältnis von 90/10. Die Herkunft der Daunen spielt dann auch noch eine entscheidende Rolle. Federvieh aus der Antarktis hat da besseres zu bieten als Gänse aus China. So hilft es, den Verkäufer viel zu fragen und die Herstellerangaben genau zu lesen. Bei Synthetikfasern war die Chemieindustrie in den letzten Jahren sehr erfinderisch, und so gibt es eine Vielzahl unterschiedlichster Fasern mit verschiedenen Beschichtungen. Welche davon auch nach Jahren ihren Loof nicht verlieren, ist jedoch beim Kauf sehr schwierig zu beurteilen, da meist bei neuen Fasern noch keine Erfahrungswerte vorliegen.

So ist es immer noch das Beste, einen Schlafsack zu testen. Wenn man gut darin schläft, der Preis o.k. ist und das Packmaß kein Problem darstellt, hat man eine gute Wahl getroffen. Einige Outdoorausrüster (z.B. Därr) bieten im Winter ein Camp an, das die Möglichkeit bietet, Schlafsäcke zu testen.

Biwaksack

Alle, die ihr Gepäck aufs Minimum reduzieren wollen, werden sich diese Alternative überlegen. Eins vorweg: Billiger wird es dadurch nicht. Es kommen nur atmungsaktive Biwacksäcke in Frage, da man ansonsten im »eigenen Saft« aufwacht. Dann ist ein großer, wasserdichter Gepäcksack gut, in dem man alle Kleidungsstücke vor Regen sichern kann. Außerdem noch an eine Plane denken, die die Schlafunterlage vor Beschädigung schützt. Diese kann dann auch als Tarp verwendet werden und dient als Schutz vor der Nässe im Regen oder als Schattenspender in der Sonne.

Zelt

Hier ist die Auswahl mittlerweile riesig. Mit der richtigen Vorgehensweise kann man sie aber im Handumdrehen auf einige wenige Exemplare reduzieren. Folgende Fragen sollte man sich zunächst beantworten:

◇ *Was darf das Zelt kosten?*
Das Angebot reicht hier von 50 bis über 1000 €. Ab 250 € bekommt man eine vernünftige Qualität.

◇ *Wie schwer?*
Auf dem Motorrad sollte auf das Gewicht geachtet werden. 5 kg empfinde ich hier als die Obergrenze. Zelte mit ausreichenden Innenmaßen kann man in einem Gewichtsbereich von 2,6 bis 3,8 kg bekommen.

◇ *Wie groß muss es sein?*
Ein heikler Punkt. Personen über 180 cm haben hier ihre liebe Not. Es konnte mir leider bisher noch niemand sagen, warum die Länge der Schlafsäcke meist 220 cm bis 235 cm ist und Zelte nur ein Innenmaß von 190 cm haben (die Extra-Lang-Versionen ausgenommen). Deshalb darf man sich nicht auf Prospektangaben verlassen, sondern sollte selbst Probe liegen.
Nicht nur das Maß am Boden ist ausschlaggebend, denn wie bei Dachwohnungen nehmen auch im Zelt schräge Wände viele Platz weg. Ein Drei-Personen-Zelt, das eine Innenbreite von 150 cm hat, reicht im Normalfall gerade so für zwei Personen. 180 cm wären besser, denn wer legt die Motorradklamotten schon gerne unter die Apside? Wenn zwei Motorradfahrer ihre Jacken, Hosen, Fleecepullover und so weiter ausziehen, kommt ein schöner Berg an Kleidung zusammen. Die Innenhöhe sollte ein aufrechtes Sitzen im Zelt ermöglichen. Der Zeltboden sollte vor Steinen und Dornen durch eine Zeltunterlage geschützt werden. So bleibt er auch sauber und es gibt kein Kondenswasser unter den Isomatten.

◇ *Villa oder Schutzhütte?*
Die Frage lautet hier: Soll das Zelt auch extreme Witterungsbedingungen wie Sturm, Wind, und Regen standhalten oder hat man die Möglichkeit, bei solch unangenehmem Wetter im Hotel zu übernachten? Das Zelt, das aus der Beantwortung dieser Frage resultiert, ist entweder für jedes Wetter geeignet, dann aber niedrig und kleiner, oder es bietet viel Platz, ist aber nicht so windstabil, da es durch die Höhe eine große Angriffsfläche bietet. Natürlich kann man auch große, windstabile Zelte bauen, aber die sind dann sehr schwer und unhandlich.

◇ *Welche Form, welche Farbe?*
Es gibt die unterschiedlichsten Konstruktionen von Zelten. Für den Motorradreisenden stellt sich aber meist die Frage: Iglu oder Tunnel? Bei beiden Typen ist es vorteilhaft, wenn das Gestänge über dem Überzelt verläuft. So kann es im Regen aufgebaut werden, ohne dass das Innenzelt nass wird. Zelte ohne Innenzelt empfehle ich nicht. Sie neigen dazu, dass uns das Kondenswassers morgens auf den Kopf tropft. Sondermodelle, die diesen Nachteil konstruktiv behoben haben, sind sehr teuer und meist etwas für Extrembergsteiger. Es gibt mittlerweile auch Mischformen, die versuchen, die Vorteile beider Konstruktionen zu verbinden. Inwieweit dies gelingt, muss jeder selbst beurteilen.
Folgende Ausstattungsmerkmale sind außerdem empfehlenswert:
- Das Gestänge sollte aus eloxiertem Aluminium sein. Glasfaser ist nicht stabil genug und gibt deshalb bei Sturm sehr schnell nach.
- Zwischen Innen- und Außenzelt muss so viel Abstand sein, dass es selbst bei Wind zu keiner Berührung kommt.
- Die Befestigungen der Heringe und Abspannleinen sollten so angebracht sein,

dass das Zelt keine großen Flächen hat, die frei dem Wind ausgesetzt sind.
- Apsiden sollten so geschnitten sein, dass der Eingang des Zeltes auch bei Regen geschützt ist.
- Das Zelt sollte zwei getrennte Eingänge besitzen, die beide mit Moskitonetzen verschlossen werden können. Alle Moskitonetze im Innenzelt sollten verschließbar sein.
- Wichtig ist ein Belüftungssystem, das dafür sorgt, dass die heiße Luft nach oben abströmen kann.
- Apsiden sollten so groß sein, dass im Notfall darunter gekocht werden kann.
- Das Zelt sollte sich auch alleine gut und schnell auf- und abbauen lassen.

Die *Vorteile des Igluzeltes* sind:
- Freistehend – ohne Heringe
- Kann nach dem Aufbau versetzt werden
- Kann zum Reinigen ausgeschüttelt werden
- Steilere Seitenwände

Die *Vorteile eines Tunnelzeltes* sind:
- Sehr große Apside für Gepäck und zum Kochen
- Weniger Gewicht in Bezug auf die Größe, da weniger Stangen

Die Farbgebung ist nicht nur reine Optik, sondern hat auch funktionelle Hintergründe. Ist das Zelt dunkel, trocknet es schneller, wird aber innen bei Sonneneinstrahlung wärmer. Ist es rot, kann es in Notsituationen von Hilfsmannschaften besser gefunden werden. Hat es eher Tarnfarbe, wird es nicht so schnell von ungebetenen Gästen bemerkt. Für Leute, die sich wochenlang im Zelt aufhalten, wie zum Beispiel Bergsteiger, die auf besseres Wetter warten, wurden die Farben darauf abgestimmt, dass man keine Depressionen bekommt.

Besondere Vorsicht ist beim Umgang mit offenem Feuer angesagt. Die meisten Zelte sind leicht brennbar, zumindest hat man im Nu Löcher im Zeltgewebe. Wer also Lagerfeuerromantik liebt, sollte Funkenflug vermeiden und die Windrichtung beachten. Ähnliches gilt für den Einsatz von Benzinkochern im Zelt. Erstens kann es zu Vergiftungen kommen, wenn nicht für ausreichende Belüftung gesorgt wird (Kohlenmonoxid ist schwerer als Luft und geruchsneutral, aber unsere roten Blutkörperchen lieben es weit mehr als Sauerstoff. Resultat: Erstickungstod). Zweitens kann eine Stichflamme das Zelt in einem Sekundenbruchteil in Brand setzten.

Kocher

Kurz am Parkplatz ein frischer Kaffee oder Tee? Kein Problem, wenn man einen Kocher mit sich führt. Welche Art von Kocher, das ist nun fast schon wieder eine Lebensanschauung:

Spiritus/Alkohol:

Der berühmteste davon ist der Trangia Sturmkocher. Wenn andere vom Wind ausgehen, fängt dieser Kocher an, sich wohl zu fühlen. Es ist ein komplettes System, in dem die Töpfe schon im Set enthalten sind. Vorteile: Einfach, simpel, nahezu unzerstörbar; Nachteile: Regulierbarkeit, Brennstoff nicht überall zu bekommen, Heizleistung schlechter als bei Benzin.

Der Esbit-Tabletten-Kocher ist dagegen ein reiner Notbehelf. Diesen empfehle ich nicht als Reisekocher.

Trangia Spirituskocher.

Benzinkocher von Colman.

Benzinkocher:
Da jeder Motorradfahrer meist Benzin dabei hat, muss man sich um die Brennstoffversorgung keine Gedanken machen. Es gibt Benzinkocher in den unterschiedlichsten Formen und Konstruktionen, mit integriertem oder externem Tank, mit Starteinrichtung mittels Pumpe oder durch Vorheizen mittels Brennstoff. Ein weiteres Ausstattungsmerkmal ist die Regulierbarkeit der Leistung. Große Unterschiede gibt es auch in der Lautstärke. Vielleicht kaum zu glauben, aber mancher Kocher erinnert an die Startphase eines Düsenjets. Vorteile: Sehr hohe Heizleistung (2 kW und mehr, entspricht einer normalen Herdplatte), gute Verfügbarkeit des Brennstoffs, je nach Modell gute Regulierbarkeit; Nachteile: Benzin ist nicht ungefährlich, zum Teil aufwändige Handhabung, je nach Modell schlechte Regulierbarkeit oder Empfindlichkeit bei bleihaltigem Benzin.

Gaskartuschenkocher.

Gaskocher mit externer Kartusche.

Gas:
Mittlerweile haben auch die vom Camping bekannten blauen Kartuschenkocher Gesellschaft bekommen. So gibt es auch hier Modelle, die den Brenner von der Kartusche getrennt haben.

Vorteile: Saubere Brennstoffe, gut dosierbar, problemlos entzündbar, ohne dass mit Stichflammen zu rechnen ist wie bei Benzin; Nachteile: Je nach verwendetem Gas (Butan) bei Frost nicht verwendbar, geringere Heizleistung als Benzin, Brennstoff nicht überall verfügbar, darf nicht mit in den Flieger genommen werden.

Lagerfeuer:
Wenn der letzte Generator verbraucht ist, die Pumpe klemmt oder das Gas oder der Spiritus alle sind, dann erfolgt mitunter die Rückbesinnung auf das Lagerfeuer. Wer den Beduinen in der Wüste zugesehen hat, wie schnell mit wie wenig Brennholz ein Liter Wasser zum Kochen gebracht werden kann, wird verblüfft sein. Ruhig mal ausprobieren! Wichtig ist hierbei, dass der Topf das Feuer nicht erstickt.

Back to the roots: Wir kochen wieder auf dem offenen Feuer.

Weitere Outdoorausrüstung:
Zur weiteren Ausrüstung, die uns das Leben draußen erleichtert, gehört zuerst einmal die richtige Kleidung. Hier haben sich Microfleece und Funktionskleidung bewährt. Sie sind je nach Temperatur in unterschiedlichen Schichten übereinander kombinierbar. Ein weiterer Vorteil ist, dass sie Feuchtigkeit vom Körper ableiten und schnell trocknen.

Und dann gibt es da noch die vielen kleinen Dinge, die zwar nicht unbedingt notwendig sind, das Leben aber erleichtern können. Ein gutes Taschenmesser mit langer, arretierbarer Klinge. Ein eigenes Besteck. Eine Thermoskanne ist auch eine gute Sache. Kaltes Wasser und heißer Tee sind einfach angenehmer als warmes Wasser und kalter Tee! Ein kleiner Keramiktaschenfilter gibt jedem die Möglichkeit, zweifelhaftes Wasser in Trinkwasser umzuwandeln. Nachdem mir am Campingplatz in Kairo ein Mitcamper den Brunnen zeigte, aus dem das »Trinkwasser« entnommen wurde, benutzte ich meinen Wasserfilter dort regelmäßig.

Eine Taschenlampe in batterieschonender LED-Technik, mit der man (Stirnhalterung!) nachts auch mal einen Defekt am Motorrad beheben bzw. sein Zelt aufbauen kann, ist ebenfalls sehr zu empfehlen. Eine einfache Zeltleuchte kann sich jeder mit Hilfe von 5 m Lautsprecherleitung und einer Cinchkupplung selber bauen. Als Lampe haben sich die 5W-Stablampen für Rücklichter bei mir bewährt, die auch harte mechanische Belastungen überstehen. Das Ein- und Ausschalten kann durch das Zusammenzwirbeln der vorher unterbrochenen Zuleitung erfolgen (wegen Kurzschlüssen zum Rahmen aber bitte den Minuspol nehmen und die Plusleitung gut mit Tape isolieren!).

Hier noch eine kleine Checkliste für eine Outdoorausrüstung mit Preisspanne zwischen Standard- und High-End-Ausrüstung:

Artikel	Günstiger Preis	Gute Qualität	High End
Übernachtung:			
Schlafsack	50,–	150,–	530,–
Isomatte	10,–	60,–	180,–
Zelt	80,–	250,–	800,–
Zeltunterlage	5,–	10,–	70,–

Artikel	Günstiger Preis	Gute Qualität	High End
Essen:			
Kocher	20,–	80,–	200,–
Topf/Geschirr	20,–	40,–	160,–
Besteck/Gemüseschäler	5,–	10,–	50,–
Taschenmesser	5,–	25,–	120,–
Salz/Pfeffer-Kombination	3,–	3,–	10,–
Thermoskanne	–	20,–	220,–
Wassersack bzw. -kanister	10,–	15,–	50,–
Entkeimungstabletten/ Wasserfilter	20,–	100,–	230,–
Box für Tee, Zucker, Reis etc.	2,–	6,–	20,–
Packsysteme:			
Rucksack	25,–	50,–	150,–
Packsack	10,–	40,–	55,–
Softbags/Aluboxen	80,–	190,–	500,–
Brustbeutel für Dokumente	5,–	15,–	25,–
Gesamtpreis:	350,–	1064,–	3090,–

Bereits bei dieser kurzen Ausrüstungsliste sind die enormen Preisunterschiede ersichtlich. Wer hier beim Einkaufen clever ist, kann so manche Reise finanzieren. Günstige Angebote gibt es mitunter in Geschäften für Berufsbekleidung, in Motorradzubehörläden (Louis, Hein Gericke, Polo usw.) oder in Army-Shops. Sonderangebote und Outlet-Aktionen in den Outdoorläden und Bergsportgeschäften beachten.

Peli-Box für alles, was sicher und trocken transportiert werden soll. In diversen Größen erhältlich.

Sonstige hilfreiche Ausrüstungsgegenstände (ohne Preisangaben):

Hygieneartikel:
- Toilettenbeutel
- Handtuch aus Microfaser
- Biologisch abbaubare Waschlotion
- Sonnenschutzcreme
- Zahnpflege
- Rasierzeug (Einweg)
- Babyfeuchttücher
- Einmalwaschlappen
- Mückenschutz
- Toilettenpapier
- Kondome
- Vaseline

Kleidung:
- Funktionsunterwäsche kurz
- Funktionsunterwäsche lang (Skiunterwäsche)
- Microfleece-Pullover
- Funktions-T-Shirt
- Fleecejacke
- Trekkinghose
- Boxershorts (auch als Badehose zu verwenden)
- Sonnencape
- Wandersocken
- Schuhe/Sandalen
- Badeschlappen

Motorradausrüstung:
- Helm
- Halstuch
- Jacke
- Hose
- Rückenprotektor
- Knieprotektoren
- Protektorenhemd
- Sommerhandschuhe
- Handschuhe mit Membrane und leicht gefüttert
- Fahrradhose oder Protektorunterhose
- Nierengurt
- Stiefel (möglichst mit stabilem Knöchelschutz)

Dokumente:
- Reisepass
- Kfz-Schein
- Führerschein (Internationaler)
- Impfpass
- Krankenversicherung Adresse
- Auslandskrankenversicherung
- Adresslisten
- Notkarte im Geldbeutel mit Ansprechpartner zu Hause
- Kreditkarten
- Bargeld
- Reiseschecks
- Hausschlüssel
- Wichtige Telefonnummern für Konten-, Telefon und Kartensperrung (keine 180/190er Nummern!)

Motorrad:
- Ersatzteile je nach Tour
- Bordwerkzeug je nach Möglichkeit
- Kettenspray
- Öl
- Ersatzschlüssel
- Notrufnummern Händler, ADAC etc.

Sonstiges:
- LED-Taschenlampe
- Medikamente
- Reiseführer
- Sprachführer
- Landkarten
- Kompass
- GPS
- Reiselektüre
- Taschenrechner
- Spanngurte
- Trinksystem
- 15 m Seil
- Handy mit Ladegerät
- Fotoausrüstung mit Filmen
- Nähzeug mit Sicherheitsnadeln

Diese Liste soll nur als Grundlage dienen und ist individuell zu ergänzen.

Vom richtigen Umgang mit der Ausrüstung

Um die mitgenommene Ausrüstung richtig nutzen zu können, probiere ich sie zu Hause erst einmal aus. So kann ich das Zelt testen, ob es wirklich dicht ist und ob ich genügend Zeltnägel dabei habe, bzw. ob die mitgelieferten Nägel sich auch auf steinigem Untergrund verwenden lassen. An den Abspannleinen spare ich auch nicht mehr, seit ich einmal im patagonischen Wind mein Zelt aufgebaut habe. Dies war nur möglich, indem ich zuerst alle Zeltheringe einschlug, um dann die Stangen einzufädeln. Wer hier bestehen will, wird alle Ösen nutzen, die sich ihm bieten, und diese mit Nylonseilen bestücken.

Bei Schlafsäcken ist es wichtig, nicht unterkühlt hineinzuschlüpfen. Denn die Kälte kann sich ganz schön lange halten. Besser ist es, vorher heiß zu duschen (in Australien, dank guter Campingplätze, meist möglich). Woanders muss mit Bewegung und heißem Tee der Körper wieder auf normale Betriebstemperatur gebracht werden, die dann auch im Schlafsack für einen angenehmen Schlaf sorgt. Wenn kurz vor Sonnenaufgang die Temperatur draußen ein erneutes Frieren verursacht, ist es das Beste, sich Funktionsunterwäsche anzuziehen, die gut anliegt.

Wer gerne ohne Zelt schläft, dem kann der Wind einige Grad Kälte zusätzlich bescheren. Bei einer Libyenreise waren wir so von den Dünen und dem Sternenhimmel fasziniert, dass wir all das auch nachts sehen wollten. Diese Nacht sollte ich dann auch äußerst intensiv erleben. Es kam ein kräftiger Wind auf, und die Temperatur fiel (wie in Sandwüsten üblich)

Sig-Flasche: Der Klassiker unter den Flaschen.

stark ab. Am Morgen hatten wir dann –6 °C und Raureif auf den Schlafsäcken. Geschwitzt hat in dieser Nacht keiner.

Ein Zelt bringt in solchen Fällen eine positive Temperaturdifferenz von bis zu 10 Kelvin, ohne Wind etwa 3 bis 5 Kelvin (bei Einzelnutzung). Wer Zelt und Schlafsack teilt, der hat es noch etwas wärmer.

»Profis« bauen das Zelt so auf, dass der erste wärmende Sonnenstrahl genau auf das Zelt trifft. (Meistens allerdings geht die Sonne dann doch woanders auf – oder ein Baum bzw. Berg steht davor …)

Eine wichtige Sicherheitsregel: Das Zelt nicht direkt unter Bäumen aufbauen! Wenn bei Wind Äste herunterfallen, können diese nicht nur das Zelt beschädigen, sondern auch die Insassen! Ein weiterer Nachteil ist, dass die Vögel auf das Zelt kacken! Ja, und dann gibt es noch diese schönen, windgeschützten Wadis (ausgetrocknete Flussbetten). Sie laden förmlich zum Übernachten ein. Doch Vorsicht! Es könnte regnen – nicht direkt über dem Zelt, sondern Hunderte von Kilometern entfernt. Wer einmal Flutwellen und Überschwemmungen in der Wüste sah, wird nicht mehr auf die Idee kommen, dort sein Zelt aufzubauen! Die anderen müssen es einfach glauben, dass in der Wüste schon mehr Leute ertrunken sind als verdurstet!

Es gibt noch andere Gefahren im Zelt. So hörte ich von Reisenden, die mitbekommen haben, dass ein Autofahrer, der schon etwas angetrunken war, ein Zelt übersehen hatte. Dabei wurde der im Zelt Schlafende schwer verletzt. Ähnliche Verletzungsgefahren birgt das eigene Motorrad. Man sollte es in gebührendem Abstand vom Zelt parken. Wer einmal einen Lenker in den Bauch oder ins Brustbein bekommen hat (und es überlebte), wird sein Motorrad bestimmt sehr gewissenhaft parken.

Dank umsichtigen Aufstellens des Zeltes und Parkens des Motorrads haben wir gut geschlafen und wollen jetzt frühstücken. Aber bevor die sehr bequemen, dank Antirutschbeschichtung jetzt auch verwendbaren Isolierunterlagen mit Luftunterstützung zum Frühstück vors Zelt gezogen werden, sollte der Boden wirklich stein- und stachelfrei sein. Sonst schläft man für den Rest des Urlaubs etwas härter! Übrigens: Auch Spinnifexgras (in Australien weit verbreitet) kann schon für Löcher sorgen. Auch wenn sie so fein sind, dass man sie fast nicht findet! Normale Luftmatratzen sind wegen der möglichen Luftzirkulation im Inneren nicht als Isoliermatten geeignet, also nur in warmen Ländern einsetzbar.

Jetzt kommen wir langsam zum Kaffee- oder Teekochen. Hier ist ein Gaskocher genial, gesetzt den Fall, dass man Gas hat. Meistens hat man keines und holt den Benzinkocher raus, denn ohne Benzin geht nichts. Einen perfekten Benzinkocher hab' ich noch nicht gefunden! Hier sind Kompromisse notwendig, und in aller Regel muss man sich an gewisse Eigenheiten gewöhnen. Es gibt simple Kocher, die immer brennen, wenn es mitunter auch schwierig ist, die Höhe der Flamme zwischen dem Minimum von 0,5 cm und dem Maximum von 150 cm einzustellen. Andere können perfekt reguliert werden, benötigen aber ab und zu das gesamte Bordwerkzeug zur Inbetriebnahme. Dann gibt es noch starke Streuungen innerhalb der Serien. Manche Kocher funktionieren wunderbar, andere streiken ständig (habe deswegen schon Beziehungskrisen erlebt). Deshalb vor der Fahrt testen. Und wenn möglich immer mit bleifreiem Benzin betreiben!

So, der Kocher brennt, nun stelle man den Topf darauf. Wie gesagt, es muss kein Titantopf sein, aber Aluminium empfehle ich auch nicht. Aluminium hat einen großen Abrieb und ist alles andere als gesund! Edelstahltöpfe sind die beste Wahl. Ich verwende seit Jahren einen alten Emailtopf, den ich in meiner Küche fand. Mein Benzinkocher passt genau hinein, und das Ding hat nichts gekostet, also ruhig auch etwas Fantasie walten lassen!

Jetzt gebe man Wasser in den Topf. Bei zweifelhafter Herkunft desselben sollte es zur Sicherheit durch einen Keramikwasserfilter gepumpt oder mindestens zehn Minuten lang gekocht werden. Das Kochen bringt natürlich nur etwas, wenn das Wasser auch knappe 100 Grad heiß werden kann. Auf 4500 Metern Höhe im Himalaja oder den Anden kann man sich das Abkochen sparen, weil es wirkungslos ist.

So, unser Wasser kocht dank der 2-kW-Heizleistung unseres Kochers (der heute einmal super funktioniert) schon nach 4 Minuten. Jetzt kommt unsere Thermoskanne zum Einsatz. Sie hält das Wasser heiß, damit der Tee in Ruhe ziehen kann. Teebeutel sind zwar nicht besonders stilecht, aber sehr praktisch. Für offenen Tee eignen sich Teeeier ganz gut. Teenetze sind unterwegs etwas unpraktisch.

Für die Spiegeleier kommen nur gut regulierbare Kocher in Frage, sonst bleiben sie entweder roh oder geraten allzu knusprig.

Beim Zusammenpacken der Ausrüstung sind normale Isomatten etwas günstiger, da man sie nur aufrollen muss (das Herauspressen der Luft entfällt hierbei). Die wasserdichten Säcke mit einem Rollverschluss haben sich sehr gut bewährt, man sollte hier aber keine billigen Nachbauten kaufen, sondern gute Qualität, die dann normalerweise Jahre hält. Beim Aufspannen darauf achten, dass nichts scheuert. Das mögen sie nämlich nicht!

Nützliches für die Küche unterwegs.

Spannbänder bei Pausen gelegentlich nachziehen, denn der Inhalt verdichtet sich unter der Spannung etwas, und die Bänder lockern sich dadurch. Mit Gummispannern gibt es dieses Problem nicht, sie sind aber meist nicht stabil genug. Wenn sie reißen, kann das ganz schön ins Auge gehen.

Sehr praktisch ist auch eine Plane. Sie kann bei Regen aufgespannt werden und gestattet dann den Aufenthalt im Freien. Man kann sie auch bei steinigem Untergrund als Zeltunterlage oder beim Kochen und Essen als Sitzunterlage verwenden. Oft reicht schon eine einfache Plastikplane, wie es sie weltweit zu kaufen gibt.

Alle, die schon die Vorteile eines Schaffells auf ihrer Sitzbank erfahren haben, können diese ebenfalls als Sitzunterlage vor dem Zelt oder als zusätzliche Isomatte oder Decke benutzen. Allen anderen empfehle ich es, diese Annehmlichkeit einmal auszuprobieren. Alte Autositzfelle eignen sich da ganz gut und sind günstig zu bekommen.

Gepäckauswahl: Luftpumpe oder Nutella?

Das Geheimnis des Erfolges liegt hier in der Fähigkeit, sich auf das Wesentliche zu beschränken. Für mich ist Motorradfahren eine Möglichkeit, sich auf das Wesentliche zu beschränken, sonst wäre ich mit einem Wohnmobil mit Anhänger unterwegs.

Es ist – zugegeben – etwas Philosophie mit dabei. Aber für mich ist es nicht schlüssig, mit dem Motorrad unterwegs zu sein, aber trotzdem alles dabeihaben zu wollen, was ich zu Hause gewöhnt bin. Je mehr ich mitnehme, desto mehr muss ich mich um diese Dinge kümmern, was das tatsächliche Reiseerlebnis mindern kann. Je weniger Ballast ich mitnehme, desto freier kann ich mich fühlen und bewegen. So ergibt sich die Möglichkeit, zu erfahren, was mir wirklich wichtig ist, um das Wesentliche wieder zu erkennen.

Tenere mit vollem Gepäck vor Baobab-Baum.

Es gibt natürlich Dinge, die sogar lebensnotwendig sein können, und die deshalb auf einer Reise nicht fehlen dürfen. Wie kann ich nun abwägen, was ich in Situationen benötige, die ich noch gar nicht kenne?

Entscheidend ist die Vorgehensweise. Nehmen wir die Überschrift: »Luftpumpe oder Nutella?« Vergleicht man beide Güter, so haben sie nicht viel gemeinsam, außer der Tatsache, dass sie beide Platz benötigen und ein zusätzliches Gewicht darstellen. So können wir untersuchen, welche Vorteile und Nachteile wir haben, wenn wir sie mitnehmen bzw. welche Schwierigkeiten wir haben, wenn wir sie nicht mitnehmen.

Schokocreme

Die *Vorteile von Schokocreme* sind:

- Wir haben eine nahrhafte, kalorienreiche Nahrung dabei
- Auf dem Zeltplatz oder in der Pension werden wir, falls wir den Mut haben, sie offen auf den Tisch zu stellen, gleich ins Gespräch mit anderen (Süchtigen) kommen.

Die *Nachteile von Schokocreme* sind:

- bei Hitze schlecht verwendbar
- Glas kann kaputt gehen
- benötigt Platz
- schwer

Zu erwartende *Schwierigkeiten bei Nichtmitnahme von Schokocreme* sind:

- Hunger, falls es nichts zu kaufen gibt
- Lust auf Schokolade, die nicht gestillt werden kann

Luftpumpe

Die *Vorteile einer Luftpumpe* sind:

- kann meinen Reifen unterwegs reparieren

Alles dabei, aber nicht überladen.

- kann meinen Reifendruck an das Gelände anpassen (wenn es steinig oder sandig ist)
- kann meine Isomatte aufblasen
- kann meinen Luftfilter und Vergaserdüsen durchblasen
- habe die Möglichkeit, jemandem zu helfen, der ein Reifenproblem hat

Die *Nachteile einer Luftpumpe* sind:

- benötigt Platz

Zu erwartende *Schwierigkeiten bei Nichtmitnahme einer Luftpumpe* sind:

- bei einem Plattfuß kein Weiterkommen mehr, falls ich alleine und abseits der Hauptstraßen bin
- schlechtes Fahrverhalten wegen unangepassten Luftdrucks (oder Plattfuß)

Anhand solcher Fallbeispiele kann untersucht werden, was wichtig und was wesentlich erscheint. So kann schon eher das Risiko abgewogen werden, das sich aus der Mitnahme oder dem Nichtmitnehmen von diversen Ausrüstungsgegenständen ergibt.

Wer gut improvisieren kann und einfallsreich ist, benötigt weniger Dinge als ein anderer, der diese Fähigkeit noch nicht hat. Hobbys spielen bei der Gepäckauswahl auch eine große Rolle. Der begeisterte Bergsteiger wird es kaum fertig bringen, an schönen Bergen vorbeizufahren, und überlegt sich vielleicht doch, seine Steigeisen und sein Bergseil mitzunehmen.

Mit der zunehmenden Globalisierung sind bekannte Markenwaren immer öfter weltweit zu bekommen. Ich kann mich noch erinnern, dass ich in Sana im Jemen nicht schlecht staunte, als ich die neuesten Fotoapparate aller auch bei uns gängigen Produkte in den Auslagen sah. Mittlerweile sind im Ausland viele Dinge günstiger und besser zu bekommen als zu Hause. Sie werden ja oft in Schwellenländern hergestellt. Reifen in Brasilien, Kleidung oder Fotoapparate in Asien.

Wozu also soll ich fünf T-Shirts mitnehmen? Überall, wo Leute leben, kann ich Unterhosen und T-Shirts kaufen. Sammlernaturen empfehle ich, etwas zurückhaltend zu sein. Wer denkt: »Ach, was soll's, zur Sicherheit kann ein Teil mehr nicht schaden«, der hat im Nu zehn Kilogramm mehr dabei!

Nahrungsmittel mitzunehmen ist nur dann sinnvoll, wenn man durch Gegenden fährt, in denen man nichts kaufen kann. Wenn man aber wie in Asien an jeder Ecke eine Kneipe oder Garküche findet, wozu soll man dann Lebensmittel in der Gegend herumfahren?

Es ist schon möglich, sehr viel Gepäck auf ein Motorrad zu laden (übrigens ist es immer wieder interessant, sich die Motorräder an den Fähren nach Afrika anzusehen). Ob es allerdings viel Spaß macht, nachher mit so einem Ding unterwegs zu sein, ist eine andere Sache.

Für alle, die es lieber etwas konkreter wünschen, hier noch ein paar Tipps für die unterschiedlichen Reiseziele und Arten:

1. Tour nur mit Hotelübernachtungen und Essen in Restaurants
2. Tour mit Zeltübernachtungen, eigener Verpflegung und sommerlichen Temperaturen, kleiner Offroadanteil
3. Tour mit Zeltübernachtungen, eigener Verpflegung und unterschiedlichen klimatischen Bedingungen, großer Offroadanteil
4. Tour in die Wüste, minimales Gepäck, geringes Regenrisiko
5. Die große Tour, für »alles« gerüstet

Ausrüstung	1	2	3	4	5
Übernachtung:					
Daunenschlafsack			X	X	X*
Synthetikschlafsack		X			X
Zeltunterlage		X	X		X
Schlafunterlage		X	X	X	X
Tarp					X
Abspannleinen		X	X	X	X
Taschenlampe	X	X	X	X	X
Zeltleuchte		X	X		X
Heringe		X	X	X	X
Zelt		X	X	X	X
Kochen:					
Benzinkocher		X*	X	X	X
Gaskocher		X			
Topf		X	X	X	X
Teller		X	X		X
Besteck		X	X	X	X
Salz und Gewürze		X	X	X	X
Feuerzeug	x	X	X	X	X
Messer	x	X	X	X	X
Gemüseschäler		X	X		X
Schneidebrett		X	X	X	X
Wassersack oder – Kanister		X	X	X	X
Thermosflasche	X		X		X
Tasse		X	X	X	X
Wasserfilter			X	X	X

*hängt von der Situation oder Person ab

Ausrüstung	1	2	3	4	5
Medizin: Verbandszeug	x	X	X	X	X
Desinfektionslösung		X	X	X	X
Schmerzmittel	x	X	X	X	X
Balistol			X	X	X
Mittel gegen Durchfall				X	X
Mückenmittel	x	X	X	X	X
Sonnenbrille	x	X	X	X	X
Wasserentkeimungstabletten		X			X
Kleidung: Fahrradhose		X	X	X	X
2–3 Funktionsunterhemden	x	X	X	X	X
1 Skiunterwäsche	x	X	X	X	X
3 Funktionsunterhose	x	X	X	X	X
2 Paar Socken	x	X	X	X	X
Microfleece	x	X	X	X	X
Dicker Fleece	X*		X	X*	X
Outdoorhose lang	x	X	X	X	X
Boxershort schnelltrockend	x	X	X	X	X
Kappe	x	X	X	X	X
Badeschlappen / Sandalen	x	X	X	X	X
Schuhe	x	X	X		X
Hygieneartikel: Zahnbürste	x	X	X	X	X
Handtuch	x	x	x	x	x
Zahnseide	X	X	X	x	X
Zahncreme	X	X	X	X	X
Duschgel/Shampoo	X	X	X	X	X
Fettstift	X*	x*	X*	X*	X
Crème	X*	X*	X*		X
Sonnencreme	X	X	X	X	X
Deo	X	X	X		X
Rasierzeug	X*	X*	X*	X*	X
Pinzette	X	X	X	X	X

* hängt von der Situation oder Person ab
** Siehe hierzu auch Motorradausrüstung

Ausrüstung	1	2	3	4	5
Präservative	X*	X*	X*		X
Binden/Tampons	X*	X*	X*	X*	X
Kamm/Bürste	X	X	X	X	X
Nagelfeile, -schere	X	X	X	X	X
Toilettenpapier		X	X	X	X
Feuchte Tücher zum Waschen		X	X	X	X
Schaufel/Klappspaten					X
Motorradklammotten:*					
Helm	X	X	X	X	X
Ersatzvisier				X	X
Halstuch	X	X	X	X	X
Jacke	X	X	X	X	X
Protektoren	X	X	X	X	X
Hose	X	X	X	X	X
Stiefel	X	X	X	X	X
Regenjacke		X	X	X*	X
Regenhose		X	X	X*	X
Warme Handschuhe	X		X		X
Leichte Handschuhe	X	X	X	X	X
Regenüberschuhe	X	X	X		X
Nierengurt	X	X	X	X	X
Navigation:					
Landkarten	X	X	X	X	X
Kompass				X	X
GPS	X*	X*	X*	X	X
Geodreieck				X	X
Taschenrechner				X	X
Bleistift				X	X
Radiergummi				X	X
Reiseführer	X	X	X	X	X
Unterhaltung:					
Buch	X	X	X	X	X
Brettspiel		X*			X*
Kartenspiel		X*	X*		X

* hängt von der Situation oder Person ab

** Siehe hierzu auch Motorradausrüstung

Ausrüstung	1	2	3	4	5
Dokumentation:					
Fotoausrüstung	X	X	X	X	X
Filme	X	X	X	X	X
Tagebuch	X	X	X	X	X
Recorder für Aufnahmen		X*			X
Notizblock	X	x	x	x	x
Schreibzeug	X	X	X	X	X
Dokumente:					
Reisepass (mit Visa)	X	X	X	X	X
2. Reisepass				X	X
Personalausweis	X	X	X	X	X
Fahrzeugschein	X	X	X	X	X
Grüne Versicherungskarte	X	X	X	X	X
Krankenversicherungskarte	X	X	X	X	X
Bargeld	X	X	X	X	X
Kreditkarte	X	X	X	X	X
EC-Karte	X	X	X		X
Passbild				X	X
Carnet de Passage				X*	X
Impfpass	X	X	X	X	X
Führerschein	X	X	X	X	X
Internationaler Führerschein	X*	X*	X*	X	X
Sonstiges:					
Musikkonserven					
Palm					
Notebook					
Handy	X	X	X	X	X
Klappstuhl					X
Klapptisch					

Diese Tabelle dient natürlich nur zur Übersicht. Wer ohne Kopfkissen nicht schlafen kann, muss eben eines mitnehmen. So gibt es individuell wichtige Dinge, die jeder für sich selbst festlegen muss. Und sei es nur, um unterwegs festzustellen, dass sich die Bedürfnisse auch ändern können. (Zur Ausrüstung selbst steht mehr im vorangegangenen Kapitel.)

* hängt von der Situation oder Person ab

** Siehe hierzu auch Motorradausrüstung

Multimedia: Fotoapparat, Videokamera, Discman und Notebook

Das Reisen hat sich in den letzten Jahren stark verändert. Heute ist es kaum noch möglich, nicht am Weltgeschehen teil zu haben. Bis in die abgelegensten Winkel dieser Erde verfolgen uns (selbst verschuldet) die Informationen per Satellit, Telefon und via Internet. Auf der einen Seite wichtig und angenehm, auf der anderen Seite ist es oftmals schwierig, genügend Abstand zu gewinnen.

Deshalb frage ich mich, welche Art der Kommunikation für mich persönlich wirklich wichtig ist. Internet ist mittlerweile so verbreitet, dass ich während meiner Reise fast mehr Kontakt mit Bekannten aus der »Heimat« hatte, als von zu Hause. Wer dazu noch mit Notebook, Videokamera und Fotoapparat unterwegs ist, wird nicht mehr viel Zeit haben, sich auch noch mit Land und Leuten zu beschäftigen. Jede Technik hat positive Seiten, und die gilt es, für sich herauszufinden und zu nutzen.

Den Zeitaufwand, den die mitreisende Technik beansprucht, sollte dagegen niemand unterschätzen! Wir haben unterwegs nicht selten darüber diskutiert. Manchmal bekommen die Erlebnisse mit der Technik dann mehr Bedeutung, als die mit dem Land selbst. Die Erinnerung an solch eine Reise könnte eventuell so aussehen:

Libyen: Probleme mit der Datenübertragung vom Notebook zum GPS.

Ägypten: Irgendetwas klappt nicht mit dem Modem. Wie bekomme ich jetzt meine Mails los?

Jordanien: Betriebssystem komplett abgestürzt, Neuinstallation notwendig.

Malaysia: Bin im Paradies. Kaufe mir erst einmal neue Spiele und rüste meinen Rechner auf.

Richtiges Kino statt Multimedia vom Laptop: Handgemaltes Kinoplakat in Lahore (Pakistan).

Audio

Auf meiner letzten Reise habe ich zum ersten Mal auf ein Radio und einen Walkman verzichtet. Meine Überlegung war: Wenn ich Lust auf Musik habe, kann ich mir jederzeit unterwegs einen Walkman kaufen. Obwohl ich zu Hause sehr viel Musik höre, vermisste ich sie zu meiner eigenen Überraschung weniger, als erwartet. Als ich nach 10 Monaten dann doch Lust auf Musik bekam, besuchte ich eben ein paar Konzerte und ging in Musikkneipen.

An Geräten gibt es mittlerweile alles, was das Herz begehrt:

- Der Walkman mit Kompaktkassette ist mittlerweile schon ein Relikt aus grauer Vorzeit. Seine Vorteile wie Robustheit und die Möglichkeit, weltweit noch Kassetten zu bekommen sowie der günstige Preis, der einen etwaigen Verlust verschmerzen lässt, machen ihn durchaus immer noch attraktiv. Der Batterieverbrauch und die Musikqualität ist nicht gerade High-Tech-Standard, ist sozusagen »nicht mehr ganz zeitgemäß«.
- Der Discman für unterwegs hat bei der Musikqualität die Nase vorn, kann allerdings bezüglich Robustheit nicht ganz mithalten. Optische Systeme und Staub vertragen sich nicht besonders gut. Feuchtigkeit mögen die meisten von ihnen auch nicht gerne, und die CDs stehen mit hohen Temperaturen ein wenig auf Kriegsfuß. Um die teuren, von zu Hause mitgebrachten Stücke nicht zu gefährden, ist es ratsam, Kopien anzufertigen (mit dem PC oder speziellen CD-Recordern).
- Mit dem MD-Player hat man den Vorteil, unterwegs Tonaufnahmen in bester Qualität machen zu können. Dies kann durchaus interessant werden, wenn eine Musikgruppe eure Reiseroute kreuzt, oder – mit Blick auf das Leben nach der Reise – für Tonaufnahmen zur Untermalung eines vielleicht geplanten Diavortrags. Er ist sozusagen der qualitative und technische Hybrid unter den Audios und sehr kompakt (kleiner als CD und Kompaktkassette). Dennoch stellt er Abspielqualität – und, wenn's angezeigt ist – auch Aufnahmequalität auf CD-Niveau bereit (digital über CD-Player oder Mikrophon). Die Preise bewegen sich inzwischen schon in der Kategorie eines guten Walkmans.
- MP3-Player heißt das momentan aktuelle Spielzeug für unterwegs. Als Ausführung im USB-Stick kann dieser an der USB-Schnittstelle von jedem PC mit neuen Titeln aufgeladen werden. In dem daumengroßem Gerät ist Speicher, Stecker, Batterie und Verstärker integriert. Kompakter geht's fast nicht mehr. Sie haben den Vorteil, mit keinerlei beweglichen Teilen bestückt zu sein, sodass Sand und Staub den Hörgenuss in erstklassiger Musikqualität nicht zu trüben vermögen. In andere Ausführungen passen die von Digitalkameras bekannten Speicherkarten. Diese können dann gewechselt werden. Die Speicherkarten sind zwar entsprechend teuer, aber es passen viele Stunden Musik drauf. Mit den komfortabelsten unter den Geräten können auch Musik- oder Sprachaufnahmen gemacht werden. Sie haben einen eigenen MP3-Decoder integriert. So sind unterwegs auch Liveaufnahmen möglich.
- Ja, beinahe hätte ich es vergessen: Das gute, alte Radio. Fast schon in Vergessenheit geraten, kann es uns doch mit recht simpler Technik rund um den Globus mit aktuellen Nachrichten und Musik erfreuen. Wen es in die Ferne zieht, der sollte sich die Weltempfänger mit einem guten Kurzwellenband ansehen. Damit können weltweit deutsche und andere europäische Sender empfangen werden. Mittelwelle (AM) oder gar UKW (FM) sind dagegen örtlich nur sehr begrenzt zu empfangen.

Fotoapparat

Es ist einfach schön, ein paar Erinnerungen in Form von Fotos mit nach Hause zu bringen. Der Qualitätsanspruch, den diese erfüllen müssen, ist recht unterschiedlich. Und genauso unterschiedlich ist das Equipment. Der eine begnügt sich mit einer kleinen Sucherkamera, der andere schleppt 20 Kilogramm (das Kilo zu 500 €...) durch die Gegend. Wichtig auch hier: Es sollte Spaß machen und keinen Zwang ausüben, sprich: Man sollte sich mit einer Kamera nicht genötigt fühlen, die Welt nur noch aus der Kameraperspektive zu sehen. Bei der Auswahl ist eine etwas robustere Ausrüstung von Vorteil, da Beanspruchung und Umweltbedingungen auf einer Reise mit dem Motorrad deutlich härter sind als unter normalen Bedingungen. Optimal sind staubdichte Kameragehäuse und Objektive.

Wer Dias machen will, wird mit Sucherkameras der mittleren Preisklasse nicht besonders glücklich werden. Bilder, die im Format 9 x 13 cm noch schön sind, gefallen bei der Projektion auf großer Leinwand nicht mehr unbedingt.

Gerade bei Landschaftsaufnahmen zeigt sich der Qualitätsunterschied zwischen den einzelnen Objektiven am deutlichsten. Wer Wert darauf legt, dass eine Wiese auch auf seinen Photos aus Grashalmen besteht und ein Wald aus Bäumen mit Blättern, der wird mit der Qualität einer günstigen Sucherkamera oder eines billigen Zooms nicht zufrieden sein. Statt dessen sollte er sich eine bessere Spiegelreflexkamera anschauen. Natürlich gibt es auch sehr hochwertige Sucherkameras. Diese kosten dann aber meist mehr als vergleichbare Spiegelreflexkameras. Und letztere haben den Vorteil, dass im Sucher das zu sehen ist, was beim Auslösen auf den Film belichtet wird. So wird bei Nahaufnahmen die Blume nicht am äußersten Rand des Bildes zu sehen sein, und ein verschmutztes Objektiv fällt auch gleich auf (bzw. ein vergessener Objektivdeckel).

Sucherkameras haben allerdings auch ihre Vorteile. Da unabhängig vom verwendeten Objektiv und dessen Lichtstärke durch den Sucher geblickt wird, ist das Sucherbild immer gleich hell. So sind Aufnahmen bei schlechten Lichtverhältnissen, wie sie in Höhlen, dunklen Räumen und bei Nachtaufnahmen vorkommen, besser abzustimmen. Darüber hinaus sind die Verschlüsse von Sucherkameras leiser, weil kein Spiegel hochgeklappt werden muss (es sei denn, ein lauter Filmtransport eliminiert diesen Vorteil wieder).

Wer kreativ sein will, benötigt unterschiedliche Brennweiten. Für weite Landschaften und große Gebäude ist ein 24- oder 28-mm-Weitwinkelobjektiv erforderlich. Bei Aufnahmen von Personen und Objekten, die scharf vom Hintergrund abgetrennt werden sollen, ist ein Teleobjektiv mit 135 bis 150 mm Brennweite empfehlenswert. Für die Fotosafari ist dann ein Teleobjektiv von 300 mm optimal. Der Vogelfreund sollte unter 500 mm Brennweite erst gar nicht anfangen (außer wenn er nur Vögel über 2 m Spannweite fotografieren will). Wer sich lieber den Blumen und Insekten widmet, benötigt ein Makroobjektiv mit einem Abbildungsmaßstab von mindestens 1:2, das die Möglichkeit besitzt, sehr nah (5 bis 10 cm) an das Motiv heran zu gehen. Das Standardobjektiv mit 50 mm Brennweite deckt den Bereich dazwischen ab und ermöglicht dank guter Lichtstärke Aufnahmen auch bei schlechten Lichtverhältnissen.

Wer sich seine Ausrüstung so zusammenstellt, wird unter Verwendung hochwertiger Objektive (je nach Können) auch gute Fotos von seiner Reise mit nach Hause bringen. Allerdings nervt das Wechseln der Objektive ganz schön. Bei Schnappschüssen ist garantiert immer das verkehrte Objektiv auf dem Apparat, und beim Wechseln kommen Staub und Sand ins Gehäuse. Dies ist dann an den »Telegraphenleitungen« auf den Dias erkennbar. Hier haben die Zoomobjektive klare Vorteile. Sie decken mittlerweile Bereiche ab, die vor Jahren noch undenkbar erschienen. So gibt es 28 bis 300 mm sowie 24 bis 200 mm – und alle möglichen Abstufungen dazwischen. Allerdings: Je größer der Bereich, desto mehr Einbußen bei Schärfe, Kontrast und Verzeichnung. An gute Festbrennweiten kommen nur wenige Zoomobjektive heran. Die lichtstarken sind meistens auch nicht die Besten. Hier empfehle ich, noch eine 50-mm-Festbrennweite mit einer Lichtstärke von 1:1,7 oder 1:1,4 mitzunehmen, um bei schlechten Lichtverhältnissen auch ohne Blitz und Stativ fotografieren zu können. Eine andere Möglichkeit besteht darin, auf höher empfindliche Filme auszuweichen (200 oder 400 ASA statt 100).

Es gibt ein riesiges Angebot an Büchern und Magazinen zu diesem Thema, die vertiefenden und hilfreichen Einblick in die Geheimnisse der Fotografie ermöglichen.

Belichtete Filme sollte man nicht monatelang mit sich herum schleppen. Man kann andere Reisende unterwegs fragen, wann sie heimfliegen, und ob sie ein paar Filme mitnehmen können, um diese stellvertretend zu Hause an eine Kontaktadresse oder direkt ins Labor zu senden.

Digitalkamera

Die Digitalkamera setzt langsam zum Überholen an. Mittlerweile ist sie trotz vieler Vorurteile in manchen Bereichen konkurrenzfähig, ja sogar führend geworden.

Sie hat den Vorteil, dass Fotos sofort am Display angezeigt werden. Dies ist nicht nur für den Fotografen interessant, sondern auch für die fotografierten Menschen, die sich sofort im Display begutachten können. Dies fördert das Vertrauen, und so sind meist weitere Bilder kein Problem. Darüber hinaus können via Internet die Bilder direkt nach Hause übermittelt werden. Dies setzt aber voraus, dass ein Rechner mit Schnittstelle für die Datenübertragung bereit steht. Die Halbleiterspeicher sind zwar recht teuer, aber mit tragbaren Backup-Systemen (z.B. Hama CD-Recorder) können die Daten ohne PC auf Festplatte oder CD-ROM gespeichert werden.

Die Preise von Digitalsucherkameras mit guter Qualität (über 3 Mio. Pixel) liegen auf dem Niveau von günstigen Spiegelreflexkameras. Die Digital-Spiegelreflexkameras mit 5 Mio. Pixel und Zoomobjektiven sind ab 800 Euro zu haben und bewegen sich auch qualitativ schon in Regionen von normalen Spiegelreflexkameras. Es ist davon auszugehen, dass die Preise in nächster Zeit weiter fallen werden bzw. dass es weitere Qualitätssprünge geben wird. Bei aller Euphorie darf man aber nicht vergessen, dass Digitalkameras viel Strom benötigen. Akkus und Ladegeräte sind hier ein wichtiger Bestandteil der Ausrüstung. Gut, wenn man diese auch am 12-Volt-Bordnetz des Motorrads betreiben kann.

Die Vorführung der Bilder zu Hause erfolgt dann per Computer über den Monitor oder via DVD-Player auf dem Fernseher. Mit einem guten Farbdrucker ist auch die Herstellung von Papierabzügen möglich. Die Fotolabore bieten darüber hinaus Papierabzüge von der CD zu günstigen Preisen an. Besonders für diejenigen, die gerne noch etwas Fotonachbearbeitung machen und keine Lust auf Dunkelkammer haben, bietet dieses System Vorteile. Alle, die ihre Bilder auf Großleinwand bestaunen wollen, können dies per Beamer auch tun. Überblendungen wie beim Dia sind mit entsprechender Software ebenfalls kein Problem (so man das nötige Geld hat). Da die technische Entwicklung hier sehr schnell fortschreitet, darf man gespannt sein, was die nächsten Jahre bringen werden.

Videokamera

Die Kameras sind in den letzten Jahren immer kleiner und besser geworden. Jetzt stehen schon moderne Digital-Videokameras in der Größe einer Sucherkamera zur Verfügung. (Zubehör wie Ladegerät und Adapter benötigen aber auch Platz!) Zu beachten ist die filigrane Technik, die nichts von Sand und Schmutz hält. Die Vibrationen eines kernigen Einzylinders können Probleme bereiten, deshalb für eine gute Lagerung in dickem Schaumstoff sorgen. Der Zeitaufwand beim Filmen ist allerdings wesentlich höher als beim Fotografieren. Manch schöne Ereignisse erlebt man dann hinter dem Sucher nur indirekt live. Auf der anderen Seite können Kontakte dadurch entstehen, dass das Gefilmte gleich gezeigt werden kann. Die Digitalkameras haben die analogen Geräte weitgehend verdrängt und sind in Leistung und Kompaktheit den analogen Videokameras weit überlegen. Wer vorhat, in diesen Bereich einzusteigen, kommt um ein ausführliches Studium der aktuellen Geräte nicht herum. Ich empfehle sehr, auf das Zubehör zu achten. Was nützt die ultimative Digitalkamera, wenn das Ladegerät in der Wüste schlapp macht?

Wenn die Reise vorbei ist, dann fängt für den Videofilmer die Arbeit erst richtig an. Mit der richtigen Software geht das »Schneiden« des Films am PC sehr gut. Wer jedoch einen zweistündigen Film produzieren will, der benötigt Zeit und Durchhaltevermögen. Die Vertonung kommt dann auch noch hinzu.

Ansehen kann man sich sein Werk auf dem Fernseher oder besser noch mittels Beamer auf Großleinwand. Dann zeigt es sich, ob man die vom Fernsehen gewohnte Qualität erreicht hat.

Notebook

Wer Angst vor Langeweile hat (die meist nicht aufkommt), der kann ein Notebook mitnehmen. Die meisten Geräte reagieren empfindlich auf Vibrationen (es gibt spezielle Modelle für Offroad-Anwendungen). Bei der Auswahl sollte man auf die Temperaturlimits achten. Einige Displays sind sehr empfindlich und können bei Temperaturen unter dem Gefrierpunkt kaputtgehen. Bei hohen Temperaturen gibt es Ableseschwierigkeiten. Da meist nach zwei Stunden der Akku am Ende ist, wird der, der länger mit dem Gerät arbeiten will, sich über die Stromversorgung Gedanken machen müssen. Auch die Motorradbatterie macht irgendwann einmal schlapp. In Hotels gibt es meist keine Probleme, an Strom zu kommen. Wenn die Stecker nicht passten, kam so mancher schon auf die Idee, die Drähte *unter Lebensgefahr* direkt in die Steckdosen einzuführen.

Wer Tagebuch schreibt, sollte die Datensicherungen nicht vergessen. Hier gibt es verschiedenen Möglichkeiten:

- ◇ Ausdrucken (in Internetshops)
- ◇ per E-Mail an die eigene Homepage senden (ist somit auch vor Diebstahl sicher)
- ◇ auf Disketten sichern (auch nicht ganz sicher)
- ◇ auf CD brennen (wenn das Notebook einen Brenner hat; sonst im Internet-Shop nachfragen)

Mittlerweile gibt es die unterschiedlichsten Derivate von Notebooks und Notepads (PDAs). Letztere sind noch um einiges kleiner und bieten zum Teil die Möglichkeit, durch Touchscreen direkte Eingaben zu machen. Da sich der Markt hier sehr schnell verändert, kann ich nur jedem empfehlen, sich durch Lektüre der verschiedenen Fachmagazine selbst einen Überblick zu verschaffen.

E-Mail

Die E-Mail hat mittlerweile dem guten alten Brief mächtig Konkurrenz gemacht. Ihr größter Vorteil: der elektronische Brief ist innerhalb von Minuten beim Empfänger. Weltweit stehen öffentliche Internet-Cafes bereit, in denen man sich ins Internet einwählen kann. Abgerechnet wird entweder im Minuten- oder 15-Minutentakt. Die Preise sind sehr unterschiedlich und liegen im Bereich von 1,50 € bis 5,00 € die Stunde. Die Übertragungsgeschwindigkeit richtet sich dabei nach den technischen Gegebenheiten vor Ort. Erstaunlich gute Verbindungen zu sehr günstigen Preisen fand ich in Malaysia und Peru.

Voraussetzung für die Nutzung der elektronischen Post ist die Eröffnung eines E-Mail-Kontos bei einem Webmailservice. Diese E-Mail-Konten sind meist kostenlos, zum Teil ist die Einwahl nur übers Internet möglich. Aber genau dies benötigen wir ja unterwegs.

In einer Großstadt wie hier in Kairo findet sich immer ein Internet-Café, in dem man seine E-Mail-Post erledigen kann.

Denn wir haben ja keine DFÜ-Verbindung mit unserem Provider oder Mailserver. Bekannte Dienste sind: Hotmail.com, GMX.de, freenet.de und Dutzende andere. Alle haben Vor- und Nachteile. Wichtig ist, sich schlau zu machen, wie viel Speicherplatz man hat und wie lange die Mails gespeichert bleiben. Außerdem verfällt bei einigen das Konto, wenn es einige Wochen nicht abgefragt wird.

Wer zu Hause seine E-Mails über einen Provider bewegt, sei es T-online, 1und1 oder ein anderer, der hat zum Teil die Möglichkeit, über Webmail-Zugänge an sein E-Mail-Konto heranzukommen. Dies wird dann über das Internet aufgerufen, und mittels eines Kennworts gelangt man dann zu seinem Konto. Aber Achtung: Wer zu Hause mit einem E-Mail-Programm (Outlook oder Lotus usw.) arbeitet, hat seine Adresslisten auf dem Computer zu Hause gespeichert und somit im Ausland keinen Zugriff darauf. Also muss im Webmailprogramm erst einmal eine Adressliste eingegeben werden. Je nach Einstellung werden auch die versendeten Mails nicht gespeichert. Also: Vor dem Urlaub erst einmal zu Hause die Funktionen ergründen und tüchtig üben!

Eine weitere Möglichkeit im Internet-Cafe ist das Senden von Nachrichten mit sofortiger Antwort über Messanger-Dienste (natürlich nur, wenn der Empfänger auch gerade am Rechner sitzt). So kann man sich per Tastatur »unterhalten«. Oder man greift gleich zum Internet-Telephon.

Wenn man schon im Internet ist, schadet es auch nicht, sich einmal die aktuellen Nachrichten anzusehen. Alle Nachrichtensender haben mittlerweile ihre eigene Homepage. Am besten zu Hause eine Liste mit Links erstellen, die man sich selbst per E-Mail sendet. So genügt dann ein Klick, um sich unterwegs schnell zu informieren.

Mobiltelefon

Trotz aller Kritik haben es die meisten doch schätzen gelernt, da es im Ernstfall Leben rettend sein kann. Die Telefonfunktion ist bei vielen dieser in Deutschland liebevoll »Handy« genannten Geräte aber fast schon zum Beiwerk verkommen. So mutierten manche dieser Geräte inzwischen zu Spielekonsolen, andere zu PDAs, wieder andere zu Fotoapparaten.

Diejenigen, die mit ihrem Handy telefonieren wollen (soll es ja noch geben), sollten sich bei Vertragsabschluss nach dem so genannten Roaming erkundigen. Hier wird ersichtlich, welcher Anbieter weltweit eine gute Erreichbarkeit bieten kann. Diese wird durch Zusammenarbeit des heimischen Mobilfunknetzbetreibers mit dem Partner im Ausland hergestellt. D1 und D2 sind hier in Deutschland führend, E-Plus hinkt etwas hinterher. Wer länger im Ausland ist, kann sich vor Ort eine Prepaid-Karte kaufen. So sind die Telefongebühren etwas günstiger.

Im Einsatz auf dem Motorrad und während der Reise ist es gut, wenn die Geräte wassergeschützt und stabil sind. Hier bewähren sich die neuesten Minis mit filigraner Klapptechnik nicht so gut. Alle haben aber eines gemeinsam: Sie funktionieren nur, solange auch eine Empfangs- und Sendestation in der Nähe ist. Weitab von bewohnten Gebieten ist eine Kommunikation sehr unsicher. Hilferufe aus der Sahara werden nicht weit kommen.

Satellitentelefon

Wer aus den letzten Winkeln der Erde noch seine Freunde erreichen will, der benötigt ein Satellitentelefon. Auch hier hat sich in letzter Zeit einiges getan. Die Zeiten, in denen die Ausrüstung einen Koffer gefüllt hat und große Antennen aufzuklappen waren, gehören der Vergangenheit an. Die Geräte sind mittlerweile nur noch unbedeutend größer (außer INMARSAT) als Standard-Handys, und auch die Telefonkosten sind durchaus im Bereich des Bezahlbaren.

Für den privaten Nutzer gibt es drei Systeme auf dem Markt. Welches das Richtige ist, richtet sich nach dem Reiseziel (nicht alle Systeme haben eine weltweite Abdeckung), nach den Kosten der Geräte und denen für die Gespräche. Für Motorradfahrer ist natürlich die Handlichkeit und Robustheit besonders wichtig.

Hier eine kleine Übersicht:

Iridium

Mit Ausnahme von Polen, Ungarn, Sri Lanka und Nord-Korea hat dieses Netz eine fast weltweite Abdeckung. Im Mai 1997 wurde mit der Installation des Systems begonnen. Hierfür mussten 66 Satelliten rund um die Erde verteil werden. Das verschlang zig Milliarden Dollar an Investitionskosten. Am 24. September 1998 konnte dann das Iridium-System in Betrieb genommen werden. Im Dezember wurden noch 20 weitere Satelliten zur Sicherheit positioniert. Dieser enorme Aufwand trieb leider die Telefonkosten drastisch in die Höhe. Das hatte zur Folge, dass sich nur wenige Kunden für das System entschieden. Im März 2000 wurde das System bereits wieder abgeschaltet, da dem Betreiber das Geld ausging. Im Jahr 2001 fanden sich neue Geldgeber, die das System nun zu günstigeren Konditionen anbieten. So sind jetzt – bei einer monatlichen Grundgebühr von rund 20 € – Gespräche ins europäische Festnetz ab 1,50 € pro Minute möglich. Ein Neugerät mit Jahresvertrag kostet etwa 2000 Euro.

Inmarsat
Außer die Polkappen und Neuseeland deckt dieses Netz alle Kontinente ab. Eigentlich die beste Wahl, da es ein bewährtes Netz mit moderaten Kosten ist. Für Motorradfahrer ist es jedoch weniger geeignet, da die Geräte etwas unhandlich sind. Es ist nur im Köfferchen zu haben, dessen Deckel gleichzeitig als Antenne dient. Schade.

Gespräche kosten zum Festnetz in Europa etwa 2,50 bis 3,00 € je Minute. Die Geräte liegen je nach Ausführung und Zubehör bei ca. 3000 € inkl. Vertrag.

Thuraya
Bietet Empfang in Europa, Nord-Afrika, Naher Osten und Mittlerer Orient. Es ist ein noch recht neues Netz und wird von den Vereinigten Arabischen Emiraten betrieben. Für alle, die nur in diesen Ländern telefonieren wollen, eine optimale Wahl. Die Telefone sind fast so kompakt wie Standard-Handys. Sie haben einen GPS-Empfänger integriert und können auch in Europa mit normalen Telefonkarten betrieben werden. Falls keine GSM-Station gefunden wird, kann dann über Satellit telefoniert werden. Dies funktioniert allerdings wie bei allen Satellitentelefonen nur im Freien. Da dieses System nur einen »geostationären« Satelliten verwendet, muss das Handy grob in Richtung Satellit ausgerichtet werden.

Gespräche nach Deutschland kosten je nach Reiseland zwischen 0,90 bis 1,50 € je Minute. Die Geräte von Motorola sind ab 2000 € zu haben (Motorola Satellite Series™ 9505 Telefon).

Wem das alles zu teuer ist, aber dennoch auf die Sicherheit nicht verzichten will, kann sich die Geräte entweder gebraucht kaufen oder mieten. Hierbei ist natürlich darauf zu achten, dass die Geräte in technisch einwandfreiem Zustand sind und die Akkus noch die volle Kapazität haben. Auch das Zubehör (Kabel, Adapter, Ladegerät usw.) gründlich prüfen. Wer etwa im Internet oder bei Outdoor-Anbietern fahndet, kann bereits für 30 Euro je Woche plus Verpackung und Sicherheitsleistung (1000 bis 2000 €) ein SATPHON mieten.

Bitte beachten, dass sich die Preise schnell ändern. Die angegebenen Preise sind daher nur zum Vergleich und der groben Orientierung gedacht.

Multifunktions-Handys

Weitere Funktionen, die uns Reisende ansprechen, sind Handys mit GPS und Kartenfunktion. Hier muss man aber genau unter die Lupe nehmen, was einem verkauft wird. Es gibt die Möglichkeit, ein Handy mit integriertem GPS-Empfänger zu kaufen oder eines, das über eine zusätzliche GPS-Maus zu den GPS-Daten kommt.

Darüber hinaus werden Streckenberechungen und Verkehrsführung geboten. Die eine Gerätegruppe hat die Karten intern abgespeichert und errechnet die Route selbst, die andere fragt diese per Datenübertragung beim Zentralrechner an – natürlich kostenpflichtig. Um bei der Telefonrechnung nicht in Ohmacht zu fallen, muss deshalb vorher das Kleingedruckte gut durchgelesen werden!

Wer diese Geräte als vollwertigen Ersatz für GPS-Geräte verwenden will, sollte sich die Art der Stromversorgung sehr genau ansehen. Da die Geräte eine relativ hohe Leistungsaufnahme haben, ist es notwenig, diese über das Bordnetz zu betreiben. Dies schließt auch die

Aktivantennen mit ein. Außerdem sollte das Display auch bei Tageslicht noch gut ablesbar und das komplette Gerät wassergeschützt sein. Außerdem müssen die Grundfunktionen eines GPS-Gerätes implementiert sein. Diese sind außer der Koordinatenangabe in verschiedenen Einheiten die Waypoint-, Routen- und Trackfunktion. Das Kartendatum und Grid müssen ebenfalls einstellbar sein. (Siehe hierzu auch Kapitel Navigation.)

Funkgeräte

Bei Reisen mit mehreren Personen in unübersichtlichem Gelände können Funkgeräte einen Sicherheitsgewinn bringen. Wenn alle dann noch über einen GPS-Empfänger verfügen und den Suchenden ihre Position durchgeben können, dann kann dies eine große Hilfe darstellen. Die aktuelle 400-MHz-Technik hat die Geräte sehr kompakt gemacht, und sie bieten ganz gute Reichweiten im Kilometerbereich. Allerdings sind sie in manchen Ländern verboten (in den Einreisebestimmungen des Landes nachlesen oder beim Konsulat nachfragen). Falls man das Pech hat, erwischt zu werden, kann es passieren, dass man als vermeintlicher Spion »enttarnt« wird …

Gegensprechanlagen

Manche haben das Bedürfnis, sich während der Fahrt mit ihrem Partner zu unterhalten. Für sie gibt es Gegensprechanlagen. Entweder per Kabel, wenn sich die Kommunikation auf ein Motorrad beschränkt, oder per Funk, wenn motorradübergreifend kommuniziert werden soll. Das ist allen von der Fahrschule her bekannt. Im Prinzip eine gute Sache, wenn die Technik mitspielt. So werden erst einmal in jedem Helm ein Mikrophon und ein Ohrhörer eingebaut. Da es nicht bei allem Helmen gleich gut funktioniert, bieten gute Firmen auch gleich den passenden Helm dazu an (ob der uns dann gefällt, steht auf einem anderen Blatt). Außerdem tragen wir einiges an Kabelsalat mit uns herum. Alternative: Ein Sender, der entweder mit Batterien versorgt sein will oder wieder ein Kabel nach sich zieht.

So ausgerüstet, ist es mit der Ruhe dann erst einmal vorbei, zumindest wenn die Rauschsperren bei höherem Tempo nicht mehr ausschalten. Am Besten ist es, wir testen vor dem Kauf. Für den, der gemütlich unterwegs ist, hat es einen unterhaltenden Aspekt. Wer gerne aktiv fährt und sich voll auf das Fahren konzertieren muss, den lenkt es eher ab. Ich selbst könnte nie mit Musikberieselung schnell Pässe fahren. Außerdem hat man sich ohne Gegensprechanlage dann abends wenigstens noch etwas zu erzählen …

Was man auch immer an Elektronik mitnimmt, ohne die passenden Batterien oder Akkus mit Ladegerät wird sie nicht allzu lang funktionieren.

Per Post Restante

Gegen so viel Hightech wirkt der gute alte Brief wie ein Relikt aus grauer Vorzeit: Weltweit ist es möglich, Briefe und kleine Päckchen postlagernd zu versenden. Man schreibt »Post Restante« und den Namen des Empfängers sowie Land und Stadt auf die Sendung. Diese wird dann im entsprechenden Empfänger-Postamt eingelagert. Unter Vorlage des Ausweises kann man Sie dann abholen.

Ein paar Kleinigkeiten sind hierbei natürlich zu beachten. Wer den Brief an Mr. Klaus Demel adressiert, kann nicht wissen, wie er abgelegt wird. Daher bitte ich höflichst auf der Post mir die Briefe zu zeigen, die unter »M« wie Mister, unter »K« wie Klaus und unter »D« wie Demel abgelegt sind. Bei kleinen Postämtern kann es auch sein, das einem alle Briefe in die Hand gedrückt werden und man sie selbst heraussuchen kann. Ist oftmals sehr spannend, und man erfährt, wer so alles unterwegs ist.

So antiquiert die Methode heute auch erscheinen mag: Per Internet übertragenes Weihnachtsgebäck und Gummibärchen sehen in 3-D vielleicht super aus, aber schmecken tun sie nicht.

Wer auf diese Weise Ersatzteile oder Reiseausrüstung ins Ausland versendet, muss an eine entsprechende Zolldeklaration denken. Möglichst eine geringe Summe angeben und keine Originalrechnungen beilegen.

Beladung: Und wo soll ich sitzen?

Jetzt liegt unser mühsam ausgewähltes Gepäck vor uns und könnte locker einen ganzen Autokofferraum füllen. Wie bekommen wir diese Last vernünftig auf unserem Motorrad unter?

Mit viel Fantasie lassen sich fast überall auf dem Motorrad Gepäckstücke verstauen:

- Schutzblech vorn
- Koffer links und rechts
- Gepäckrollen auf den Koffern links und recht
- Gepäckrollen unter den Koffern links und rechts
- Ersatzkanister hinter den Koffern links und rechts
- 2 Gepäckrollen auf der Gepäckbrücke hinten
- Tasche an der Lenkerquerstange
- Tankrucksack mit Seitentaschen
- Kartentasche
- Werkzeugfach am Motorschutz
- 2 Ersatzreifen auf den Gepäckrollen
- Seitenfächer der Verkleidung
- ganz hinten steht das Topcase heraus, und obendrauf wäre da auch noch etwas Platz …
- Jetzt noch den 50-Liter-Rucksack anziehen und schon kann es losgehen…

Grob überschlagen haben wir nun 800 Liter Kofferraum und können noch beim Umzug helfen. Ich kann mir aber nicht vorstellen, dass das Fahren so noch sicher ist und Spaß macht.

Wenn das Motorrad jetzt umfallen sollte, wird es ohne Kran schon ziemlich schwierig, es wieder aufzurichten. Falls dies aber als Konsequenz der aus irgendwelchen Gründen übermäßig in Erscheinung getretenen Gravitation dennoch notwenig werden sollte, hilft

Transportprobleme kennt man nur bei uns: Fahrradfahrer mit Palme.

nur eins: das komplette Gepäck vom Motorrad zu entfernen. Egal wohin die Reise auch gehen mag, es sollte sich jeder bewusst darüber sein, dass die Gepäckmenge und deren Verteilung das Fahrverhalten des Motorrads entscheidend beeinflussen. Dinge, die jeder macht, müssen nicht unbedingt für jeden gut sein.

Der Tankrucksack: Für den Tourer

Der Tankrucksack ist den Älteren als absolutes Muss bekannt. Nach dem Kauf meines ersten Motorrads erstand ich auch gleich einen »Elefantenboy«, wie er damals hieß. Der war bei den damaligen Motorrädern mit flachem Tank, der auf Sitzbankniveau weiterging, eine prima Sache. Heute sehen die meisten Motorräder, besonders die Enduros, ganz anders aus. Sie haben kurze, hochgezogene Tanks. Werden auf dieser Tankform schwere Tankrucksäcke montiert, ergibt sich daraus ein sehr hoher Schwerpunkt. Dies wirkt sich im Gelände oder beim Kurvenfahren negativ aus. Wer das im direkten Vergleich ausprobieren möchte, kann sein Motorrad einmal mit vollem Tankrucksack aufheben und einmal ohne. Der Unterschied ist enorm!

Andere Nachteile wie reduzierter Lenkeinschlag und zum Teil schlechte Stabilität, die zur Folge hat, dass einem das Ding zwischen den Armen hin und her schaukelt, sowie das lästige Demontieren beim Tanken kommen noch hinzu. Als Windschutz ist der Tankrucksack heute auch nicht mehr notwendig, da die meisten Motorräder Verkleidungen haben. Eine Kartentasche und Tank-Seitentaschen sind da viel sinnvoller.

Die Alukoffer: Symbol für Weite und Abenteuer

Zweifelsohne sehr praktisch. Die Vorteile: Das Gepäck kann meist diebstahlsicher und gut erreichbar von oben verstaut werden. Sie sind alterungsbeständig und lange haltbar. Wenn gut konstruiert, auch staub- und wasserdicht. Unsymmetrische Auspuffanlagen können durch den Einsatz von verschieden breiten Boxen ausgeglichen werden.

Ein paar Nachteile gibt es natürlich auch: Zum Teil sind sie sehr schwer, und meistens sind sie sehr weit hinten am Fahrzeugheck befestigt. Der Schwerpunkt verschiebt sich, und das Vorderrad wird dadurch entlastet. Außerdem stellen sie durch den festen Verbund mit dem Motorrad eine schwingende Einheit dar, die das Motorrad auf lockerem Untergrund zum Schlingern bringen kann. Wer den Fuß einmal unter so eine Box gebracht hat, wird sich weiche Softbags wünschen, die den zusätzlichen Vorteil haben, das Motorrad im Gelände (und den Geldbeutel) weniger zu belasten.

Die meisten Aluboxen sind nicht eloxiert, was dazu führt, dass sich ein Aluminiumabrieb bildet. Man bekommt nicht nur schwarze Finger, sondern es wird auch sämtliches Gepäck eingesaut. Nahrungsmittel werden ungenießbar und die Kleidung eingedreckt. Eine Abhilfe sind Innentaschen, doch sie nehmen Platz weg und sind dann außen auch wieder vom Aluminium versaut. Hier hilft nur eine gute Beschichtung oder das Auskleben mit Filz, Kork oder ähnlichem Material (unverständlich, dass dies bei den doch recht hohen Preisen nicht schon serienmäßig gemacht ist). Eine oftmals falsche Einschätzung ist, dass Metall stabiler als Kunststoff ist. Meine Tests haben ergeben, dass ein guter(!) Kunststoffkoffer mehr wegsteckt als eine Alubox. Der Vorteil von Alu ist nur, dass eine verbeulte Alubox wieder einigermaßen geradegedengelt werden kann, eine defekte Kunststoffbox ist so gut wie nicht reparabel. Anders ist es, wenn es um den Abrieb beim Schleifen über den Asphalt geht. Da ist eine Alubox sehr schnell durchgeschliffen, wenn sie keinen umlaufenden Rand hat oder ähnliche Verstärkungen besitzt. So kann eine Verstärkung der Alukofferecken mittels Metall-Kofferecken aus dem Baumarkt Sinn machen. Sie können mit Silikon oder Epoxi aufgeklebt werden.

Wer viel Stauraum benötigt, da er mit Sozia oder Sozius fährt, oder noch einiges an Platz für Hobbyutensilien benötigt, wird an den Aluboxen nicht vorbei kommen. Die Zeiten, da man sich diese noch selbst zusammennieten musste, sind mittlerweile vorbei, und einige Hersteller bieten entsprechende Produkte an (Därr, Bernd Woick, BMW, Hepco Becker, Touratech, Tesch, Zarges). Preise, Ausstattung, Gewicht und Abmaße unterscheiden sich zum Teil erheblich. So ist es notwendig, selbst herauszufinden, was einem zusagt und am besten ans Motorrad passt.

ACHTUNG: Bitte unbedingt prüfen, ob bei voller Zuladung die Koffer beim Kurvenfahren aufsitzen. Bei Ausweichmanövern wie Bremshacken kann es sonst zu Unfällen kommen!

Die Kunststoffkoffer: Symbol für Urlaub

Normale, handelsübliche Kunststoffkoffer vertragen mehr als man annimmt. Mein Freund ist mit seinen Krauser-Koffern quer durch Algerien gefahren, allerdings haben sie fast alle einen gravierenden Nachteil: Wer sie am Motorrad öffnet, dem kommt der Inhalt entgegen. Hepco Becker hat sich endlich Gedanken zum Thema Kunststoffkoffer gemacht. „Gobi" heißt die Entwicklung. Diese Koffer sind für harte Beanspruchung ausgelegt und wie die Alu-Boxen von oben zu öffnen. Als besonderer Gag ist es möglich, zwischen Innen- und Außenschale 2 bis 3 Liter Wasser zu befördern. Dies hat allerdings auch seinen Preis. Nachteil: Die Gobi sind schwerer als Aluboxen geworden, und das Fassungsvermögen ist nicht gerade üppig. Aber trotzdem: Eine lang ersehnte Alternative.

Grundsätzlich ist bei der Verwendung von Koffern noch anzumerken, dass sich die Baubreite von der eines Pkw noch unterscheiden sollte. Was manche Hersteller dem Kunden hier zumuten, ist schlicht weg unakzeptabel. Optimal ist, wenn die Breite des Lenkers bzw. maximal 90 cm nicht überschritten werden.

Der Rucksack: Symbol für Offroad-Sport

Sieht ja klasse aus und scheint auf den ersten Blick recht praktisch zu sein: Beim Absteigen hat man auch gleich seinen Rucksack dabei. In Australien traf ich ein Paar, das wirklich sein komplettes Gepäck auf den Schultern und vor dem Bauch hatte. So etwa 30 Kilogramm jeder. Die Belastung für den Rücken ist dabei erheblich, die Leidensbereitschaft individuell sehr verschieden. Wer „vom Bock" fällt, kann nur hoffen, dass ihn das Gewicht des Rucksacks nicht in die Tiefe zieht. Für kurze Strecken oder für einen Abstecher ist der Rucksack eine gute Sache, für längere Reisen kann ich ihn nicht empfehlen. Eine andere Art von Rucksack sind die Tooltaschen, die um die Hüfte herum getragen werden. Ich kann nur alle vor diesen Teilen warnen.

BMW mit Gepäck.

Wichtig ist in jedem Fall die Reihenfolge, in der das Gepäck verstaut wird. Sie wird sich zwar mit der Zeit von selbst optimieren, aber es ist einfach praktisch, nicht alles auspacken zu müssen, nur um an sein Zelt oder seinen Schlafsack zu gelangen. Ich packe mittlerweile so, dass ich mein Zelt aufstellen kann, ohne viel dafür auspacken zu müssen, und alles hineinlegen kann (bei Regen sehr vorteilhaft), wenn der Zeltaufbau bewerkstelligt ist.

Das Werkzeug findet im schon erwähnten Zusatzfach Platz. Die Tanktaschen sind auch vom Schwerpunkt her recht günstig, und sie bieten eine Menge Raum (gut fürs Einkaufen oder die Regenkombi).

Im Hinblick auf mögliche Unfälle sind Dosen oder Flaschen in Tanktaschen äußerst ungeeignet. Meine Ténéré ist mit einem in der Seitentasche steckenden Kunststoff-Reservekanister umgefallen. Anschließend war der Blechtank um 5 Liter kleiner. Meinem Freund fiel das Motorrad grundsätzlich dann um, wenn wir Eier oder Tomaten gekauft hatten, die sich in seinen Tanktaschen befanden. Warnen möchte ich alle, die Lackschäden vermeiden wollen: Bei Pistenfahrten scheuern die Taschen den Lack vom Tank ab – also nicht erschrecken, wenn Ihr die Taschen abnehmt. Den Tankrucksack habe ich, seit er mir gestohlen wurde (aus dem Auto!), nicht mehr ersetzt und vermisse ihn auch nicht sonderlich. Eine Kartentasche kann dagegen ganz hilfreich sein.

Eine kleine Tasche am Lenker ist recht praktisch. Leider weckt sie auch das Interesse von Kindern. Also nichts Wertvolles dort deponieren!

Auf Frontgepäckträger an der Gabel oder an der Lampenverkleidung, die mitlenken, sollte man verzichten. Das Lenkverhalten kann dadurch negativ beeinflusst werden.

Hinten können entweder verschließbare Alukoffer oder Softbags montiert werden. Sie werden so weit vorne wie möglich angebracht. Grundsätzlich gilt: Was auch immer wir seitlich am Motorrad befördern, es sollte in der Breite nicht über den Lenker hinausragen. So können wir an Staus vorbei fahren und das Motorrad mit ins Hotel nehmen, da es problemlos durch die Eingangstür passt.

Auf der Gepäckbrücke bzw. auf der Sitzbank können wir noch eine Gepäckrolle unterbringen. Bei der Montage auf der Gepäckbrücke ist sicherzustellen, dass diese breit genug ist, um eine gute Auflagefläche zu gewährleisten. Andernfalls neigt der Gepäcksack zum seitlichen Abkippen. Die Montage auf der Sitzbank hat den Vorteil, dass die Gewichtsverteilung besser ist und man sich schön an der Gepäckrolle anlehnen kann, was bei langen Etappen sehr angenehm ist. Hier ist es aber notwendig, die Spanngurte öfters nachzuziehen, da die Polsterung der Sitzbank nachgibt.

Wer ganz ohne Koffer fahren möchte, aber zusätzlichen Stauraum benötigt, kann über die Gepäckrolle auf dem Soziusplatz einen mittleren Rucksack stülpen, der hinten auf der Gepäckbrücke aufliegt. So sind viele Sachen gut erreichbar, und das Ganze ist schnell abnehmbar, wenn es ins Hotel mitgenommen werden soll. Ich habe dieses System mit Erfolg ausprobiert. Es hat sich auch offroad sehr gut bewährt.

Ebenfalls von Bedeutung ist die Gewichtsverteilung des Gepäcks im Gepäcksystem. Schwere Dinge möglichst unten und zum Zentrum des Motorradschwerpunkts hin packen. Zusatzkanister auf den Soziusfußrasten statt hinter den Koffern montieren. Aufpassen, dass wärmeempfindliche Dinge wie Filme und Arznei nicht in dem Koffer sind, der auf der Auspuffseite hängt. Bei Auspuffanlagen, die beidseitig verlaufen, entsprechend ganz unten oder seitlich im Koffer unterbringen. Die Koffer oder Packtaschen am besten zunächst am Boden packen und danach wiegen. So kann dann noch korrigiert werden, wenn mehr als drei bis vier Kilogramm Gewichtsunterschied zwischen dem linken und rechten Koffer sind. Denn sonst wirkt sich dies negativ auf den Geradeauslauf des Motorrad aus. Die maximale Zuladung des Motorrads nicht voll ausnutzen. Bei Geländeeinlagen und auf harten Pisten wird das Motorrad sonst überlastet. Dies zeigt sich dann durch Rahmenbrüche und defekte Radlager sowie überlastete Federsysteme. Die Speichen sind oft eine kritische Stelle und brechen leicht.

Ganz entscheidend ist es schließlich auch, sich genügend Bewegungsfreiheit auf dem

Voll bepackt über sandige Pisten im Urwald von Bolivien.

Motorrad zu erhalten. Wer total zwischen dem Gepäck eingeklemmt ist, hat weder die Möglichkeit, im Gelände durch Gewichtsverlagerung das Fahrverhalten des Motorrads zu kontrollieren, noch bei langen Etappen seine Sitzposition zu ändern (was eine enorme Erleichterung nicht nur für den Rücken darstellen kann).

Wer zu zweit auf dem Motorrad reist, dessen Packsystem muss noch ausgefeilter sein. Mehr Gepäck muss dann auf weniger Platz untergebracht werden. Dies kann nur gelingen, wenn man es bereits bei der Auswahl der Ausrüstung berücksichtigt. So sollte beim Kauf von Schlafsäcken, Isoliermatten, Zelt usw. verstärkt auf das Packmaß und das Gewicht geachtet werden. Hier bieten sich hochwertige Produkte aus dem Trekkingbereich an. Nun müssen wir noch für genügend Platz auf der Sitzbank sorgen. Es ist sehr unangenehm, die Sitzposition über lange Zeit nicht verändern zu können.

Fertig gepackt: Wie kann ich mit dem Ding noch fahren?

Irgendwann ist es dann soweit: Es ist alles aufgepackt – und sei es nur mal so zum Testen – und das Motorrad ist nicht mehr wieder zu erkennen. Weder vom Aussehen – Koffer und Gepäckrollen entstellen so manches Design – noch vom Fahrverhalten, das eher dem eines Lkws entspricht. Wer dazu noch Stollenreifen für die Fahrt ins Unbekannte aufgezogen hat, bei dem werden auf seinen ersten Metern eher Erinnerungen an die Fahrschulzeit wach, als dass er sich vorstellen kann, mit diesem Reisegefährt auf den Pisten der Welt unterwegs zu sein.

Die ungewohnt grobstolligen Reifen benötigen ein paar hundert Kilometer zum Einfahren, und der Fahrer braucht Zeit, um sich an die Fahreigenschaften seiner neuen Reifen zu gewöhnen. Aber auch normale Straßenreifen wollen etwas eingefahren werden. Ich selbst bin da schon voll drauf reingefallen und lag nach nur 50 Metern auf dem Hosenboden. Das Trennmittel ist eben ein gutes Gleitmittel und der Haftung sehr abträglich. Neue Reifen müssen immer mit Vorsicht eingefahren werden.

Sehr handliche Motorräder können zum Teil recht empfindlich auf Reifen reagieren! Bei Spurrillen merkt man ziemlich schnell, ob das Motorrad gut geradeaus läuft oder anfängt zu pendeln. Deshalb sollte man die Bereifung vorher schon ausprobieren. Was nützt der bewährteste rallye- oder tourenerprobte Reifen, wenn das Motorrad pendelt und man beide Spuren auf der Autobahn benötigt?

Das Gepäck verändert, gerade bei leichten Motorrädern, das Fahrverhalten gravierend. Also nicht gleich verzweifeln, sondern sich vorsichtig mit dem neuen Fahrgefühl vertraut

Fahren auf Sand: Aller Anfang ist schwer.

machen und den Luftdruck an das Gewicht anpassen. Mehr Luftdruck erhöht die Tragfähigkeit des Reifens. Weniger Druck reduziert diese und kann zu Karkassenbrüchen führen. (Zum Thema Reifenwahl siehe auch das Kapitel »Umbau des Motorrads«.)

Wenn dann die beste Gepäckverteilung und die optimalen Reifen gefunden sind, ist es nicht schlecht, einen kleinen Wochenendtrip oder Kurzurlaub zu machen. Wer im Urlaub vorhat, die Straßen zu verlassen, sollte sich bereits zu Hause auf Schotterwege und andere kleine Geländeausflüge wagen, um herauszufinden, wo es bei Fahrer und Motorrad noch hapert. Ruhig mal das Fahrwerk zum Durchschlagen bringen, um zu sehen, ob die Reifen am Gepäck oder an anderen Stellen schleifen oder sogar die Koffer in den Kurven aufsetzen. Manch einer hat sich auch schon seine Stollen an der Schwinge oder Sitzbank abgefahren, weil der Reifen bei höheren Geschwindigkeiten an Umfang zugelegt hat.

Wer das Ganze noch etwas professioneller angehen will, kann an einem Sicherheitstraining oder einem Endurolehrgang teilnehmen. Der große Vorteil dabei ist, dass man hier von Anfang an die richtige Technik erlernt. Dies spart viel Kraft beim Fahren und vermeidet vielleicht so manchen schmerzhaften Bodenkontakt während der Reise. Am besten unter Freunden und Bekannten nachfragen, wer bereits gute Erfahrungen bei einem Veranstalter gesammelt hat, bevor die doch nicht ganz unerheblichen Teilnahmegebühren überwiesen werden.

Hinsichtlich des Fahrers unterscheiden wir prinzipiell zwei Typen:

Der Mutige: Er bleibt am Gas, egal, was kommt, und er wird dafür selten zu Boden geworfen – aber wenn, dann meistens richtig!

Der Zögerliche: Er bremst bei Unsicherheiten sofort oder geht vom Gas – so wird er recht oft den Boden spüren, allerdings nicht ganz so hart!

Die Kunst ist nun, herauszufinden, wann es besser ist, mutig bzw. zögerlich zu sein. Dem Zögerlichen ein Tipp: Meist geht mehr, als man denkt, und sobald man innerlich aufgibt, liegt man auch schon auf der Nase (sehr gut beim Sandfahren zu testen).

Hier ein paar Tipps zum Fahrstil, mit denen ich ganz gut durchkam. Für alle Strecken gilt: Nicht verkrampft fahren (immer locker bleiben). Mit Gewichtsverlagerung des Körpers arbeiten. Ein Kräftedreieck zwischen Fußraste, Knieschluss und Lenker bilden. Der kurvenin-

Schnee in den Bergen kann ein Weiterkommen schwierig machen.

Fahren im Sand mit Spurrillen (Jordanien).

nere Fuß ist immer entlastet, der kurvenäußere Fuß soll möglichst viel Kraft auf die Fußraste bringen. Je mehr Kraft mit den Beinen auf den Tank übertragen wird, umso weniger Kraft benötigt man in den Armen. Übrigens: Auch auf abgelegenen Straßen kann es Gegenverkehr geben – nur, dass der vielleicht genauso wenig mit uns rechnet, wie wir mit ihm.

ACHTUNG, für alle, die ABS an ihrem Motorrad haben: Falls es über Schotter oder durch Sand geht, ist das ABS abzuschalten. Andernfalls kann es sein, dass man sich nahezu ungebremst dem Abhang nähert. Daran denken, dass sich das ABS jedes Mal nach einem Stopp, bei dem der Motor abgestellt bzw. die Zündung ausgeschaltet wurde, wieder selbst aktiviert. Also bei Fotostopps dran denken!

Integralbremsanlagen sind im Gelände entsprechend zu berücksichtigen. Wer mit der Fußbremse um eine Kurve driften will, wird sich wundern, wenn das Vorderrad auch mit bremst.

Schlechte Straße (Schlaglöcher)

Hier liegt eine große Gefahr im Übersehen von tiefen Schlaglöchern, die die Felgen ruinieren können. Dies ist schlimmer als auf Pisten, da der Asphalt eine scharfe Kante bildet, auf die dann das Hinterrad mit voller Wucht aufprallt. Also aufgepasst: Lieber Slalom fahren oder ganz einfach weg vom Gas. Wenn die Schlaglöcher sehr kurz, aber tief sind, bemerkt man sie erst sehr spät, und es ist dann fast unmöglich, ihnen auszuweichen. Hier ist eine konzentrierte Fahrweise angesagt, die noch ein Abbremsen und Ausweichen ermöglicht. Besondere Vorsicht gilt bei Wasserlöchern, denn die Tiefe ist nicht immer sichtbar.

Sand/lockerer Untergrund

Alle guten Vorsätze schwinden meist recht schnell, sobald die gefürchteten Spurrillen im Sand vor einem auftauchen. Die meisten benötigen für solche Situationen eine kleine Eingewöhnungsphase.

Ich habe in Tunesien einen lustigen Typ getroffen, der sich vor jeder Düne erst einmal postierte, wie ein Stier Anlauf nahm und dann 5 Sekunden später in einer Fontaine von Sand begraben wurde. Es hat sich aber als vorteilhafter herausgestellt, über eine Düne hinwegzufahren, als sich durch sie hindurchzubohren.

Glatter, unberührter Sand ist das Schönste, was es zum Fahren gibt, sofern ausreichend viel Platz für zügiges Fahren vorhanden ist (40–100 km/h). Hier bekommt jeder ein intensives Gefühl für seine Maschine und kann üben, den Lenker locker (statt verkrampft) zu halten. Wer das dann auch noch bei Spurrillen umsetzen kann und mit kurzen Gasstößen seine Maschine stabilisiert, wird staunen, was alles möglich ist. Ziel sollte es sein, ohne Angstschweiß die Pisten zu meistern. Dies sorgt dann für stressfreies, entspanntes Fahren. Wer vor lauter Angst mit Vollgas durch jede Sandverwehung pflügt, fährt mit hohem

Risiko und wird es auch nicht unbedingt genießen können. Wer dann so richtig fit ist, wird anfangen, den Sand zu suchen…

Aber der falsche Luftdruck in den Reifen kann einem den Spaß enorm verderben. Ich erinnere mich da noch an eine 30 Kilometer lange Umleitung, direkt am Ufer des Indus, die nur aus feinem Flusssand bestand. Egal was ich auch versuchte, mein Motorrad lief dauernd aus der Spur heraus, und es war fast unmöglich, die Richtung zu halten. Irgendwann fiel mir ein, dass ich etwas Luft nachgefüllt hatte. Ich prüfte den Luftdruck mit meinem Manometer und stellte fest, dass ich 4 Bar im Vorderreifen hatte. Das Gerät beim Reifenflicker war da wohl nicht ganz genau gewesen. Als ich den Luftdruck auf 1 Bar gesenkt hatte, lief die Maschine wie auf Schienen durch den Sand. Bei starken Enduros ohne Reifenhalter sollte man den Luftdruck nicht unter 1 Bar senken und die Kontermutter des Ventils grundsätzlich lösen. So signalisieren schrägstehende Ventile, dass sich der Reifen zur Felge verdreht hat. Bei gekonterten Ventilen sieht man dies nicht, und irgendwann ist das Ventil abgerissen. Wehe, wer dann nur Flickzeug und keinen neuen Schlauch dabei hat!

Sand kann süchtig machen.

Dünen können sehr hoch sein – vor allem im östlichen Erg.

Beim Befahren von Sanddünen ist besondere Umsicht gefordert. Sie können steiler sein als man denkt. Der Übergang vom Hang der Düne auf die ebene Fläche vor der Düne ist oftmals ein Knick, der einen bei zuviel Speed aus dem Sattel bzw. von der Sitzbank heben kann. Dann gibt es noch die interessanten, vom Wind gebildeten Trichter. Von allen Seiten geht es hinein, aber unten angekommen, geht es ohne Schwung meist nicht mehr hinaus. Sie wurden schon so manchem Autofahrer zum Verhängnis, da diese nicht den Vorteil haben, im Ernstfall ihren fahrbaren Untersatz mit eigenen Kräften wieder nach oben tragen zu können.

Deshalb unbedingt auf dem Dünengrat anhalten und schauen, wie es auf der anderen Seite weitergeht. Erst, wenn mit dem Auge wieder ein neuer Weg ausgekundschaftet wurde, bis zum nächsten Haltepunkt weiterfahren. Beim Anhalten im Sand immer darauf achten, dass die Maschine eben oder leicht bergab steht, sonst wird sich das Hinterrad beim Losfahren sofort eingraben, vor allem bei

Im Sand kommt es auf die richtige Fahrtechnik an. Dieses Motorrad ist versenkt.

schweren Enduros (und das sind sie heute fast alle).

Auch kleine Abbrüche mit nur einem halben Meter oder weniger können ausreichen, dass man sich überschlägt. Bei entsprechendem Sonnenstand um die Mittagszeit kann man diese kaum sehen.

Steinige, feste Pisten

Hier liegt ein hohes Verletzungspotential für Mensch und Maschine. Zu langsam sollte man nicht werden, da sonst das Gleichgewicht darunter leidet. Am besten eine Geschwindigkeit suchen, bei der sich die Schläge noch einigermaßen in Grenzen halten, das Motorrad aber schon genug Eigenstabilität besitzt, um sich von einem Stein nicht aus der Bahn werfen zu lassen. Die Schläge können am besten bei stehender Fahrweise mit leicht angewinkelten Knien abgefangen werden. Um die Reifen zu schonen und Plattfüßen vorzubeugen, ist ein Luftdruck von mindestens 2 bar in den Reifen sehr vorteilhaft. Auch hier kann der Lenker locker geführt werden, bei großen Steinen auf der Piste muss jedoch blitzschnell zugepackt werden, um Kontakte mit dem Boden zu vermeiden. Nicht ausschließlich mit Armkraft fahren (denn diese lässt schnell nach), sondern den Tank fest mit den Beinen in die

Steinige Piste in Libyen.

Enge Serpentine mit Schotter.

Zange nehmen und aus der Hüfte heraus fahren. Das spart Kondition. Beim Bremsen bergab daran denken, dass durch das Einfedern der Gabel die Bodenfreiheit geringer wird und große Steine zum Aufsetzen führen können.

Loses Geröll, wie es oftmals in ausgetrockneten Flüssen vorkommt, ist auch nicht jedermanns Sache. Hier möglichst unverkrampft fahren, aufstehen bringt auch hier mehr Gefühl und senkt den Schwerpunkt. Falls das Motorrad ausbrechen will, sofort mit einem kurzen Gasstoß (nicht scheuen, mal kurz bis zum Anschlag aufzureißen) kontern. Nicht zu schnell fahren, da meistens noch viele dicke Steine oder Felsen herumliegen, an denen man sich verletzten kann.

Steile Auffahrten

Je nach Motorrad und Gepäck eine mehr oder weniger große Herausforderung. Hier können schwere Enduros besser als bepackte Geländesportler aussehen. Dies kommt durch einen längeren Radstand und einen tieferen Schwerpunkt zustande. Falls trotz Gewichtsverlagerung nach vorne plus Schwung das Vorderrad nicht am Boden bleiben will, hilft unter Umständen nur das Abpacken oder das Absteigen des Sozius. Während der Auffahrt sollte das Schalten möglichst vermieden werden.

Wasserdurchfahrt mit GS1100 in Marokko.

Ist das wirklich unser Weg?

Steile Abfahrten

Hier das Motorrad nur so schnell werden lassen, dass es noch zu bremsen ist. Gewicht möglichst nach hinten verlagern. Die vordere Bremse gefühlvoll zum Verzögern mit einsetzen, hinten wird man nur mäßigen Erfolg haben, da fast das ganze Gewicht nun auf dem Vorderrad lastet. Geringere Bodenfreiheit durch das Einfedern beachten. Wenn man doch fallen sollte, dann möglichst zum Hang!

Wasserdurchfahrten

Es sieht zwar super aus, mit voller Geschwindigkeit durch einen Fluss zu fahren, ist aber alles andere als clever. Bei Fluss- und Wasserdurchfahrten ein paar simple Dinge beachten:

- ◇ wie tief ist das Wasser?
- ◇ wie stark ist die Strömung?
- ◇ wie gut haftet oder trägt der Untergrund?

Jeder einzelne der drei Faktoren kann einen zu Fall bringen. Außerdem ist es nicht sehr angenehm, mit nassen Stiefeln und Klamotten weiterzufahren. Geht das Wasser über den Luftfiltereinlass (dessen Höhe man kennen sollte) hinaus, so ist das Unternehmen ohnehin aussichtslos. Daran denken, dass es beim Fahren meistens noch eine Bugwelle gibt, die dann mit der Geschwindigkeit wächst und höher als der Wasserstand wird. Bei starker Strömung können bereits 30 cm Wasserhöhe

Manchmal wird es eng: Weg zum Chaberton.

Fahren im Matsch führt zum Teil auf Abwege.

»umwerfend« sein. Wenn dann noch ein glitschiger, bemooster Untergrund hinzukommt, hat man nur noch mit einem Seil eine Chance.

Es gibt auch die Möglichkeit, im Fluss stecken zu bleiben, wenn der Untergrund aus Schlamm, Sand oder Kies besteht. Dann kommt richtig Freude auf, vor allem bei kalten Gebirgsflüssen. So habe ich schon einmal eine Beziehungskrise ausgelöst, als ich im Hohen Atlas nicht sofort zu meiner Freundin in den kalten Fluss sprang. Sie hatte ihr Motorrad zuvor versenkt. Absichtlich in das kalte Nass zu steigen, das man zuvor mit Erfolg durchfahren hat, ist natürlich doppelt bitter. Aber die Alukoffer waren »fast« dicht, das Wasser tropfte nur ganz langsam heraus …

Der einzige Trost bei dieser Aktion war die schnelle Bergung der Schokolade aus dem gefluteten Koffer. Und so gab es dann doch noch ein süßes Ende …

Fahren parallel zum Hang

Um dem Abrutschen entgegenzuwirken, die Fußraste, die zum Abhang zeigt, belasten. Falls die Maschine dann doch einmal abrutschen sollte, ist der Fuß am Hang frei zum Abstützen.

Matsch und Lehm

Hier ist sehr viel Feingefühl gefragt. Eine falsche Bewegung, und es gibt die große Suhle. Hier auch möglichst aus der Hüfte heraus fahren und den Lenker sehr gefühlvoll führen. Bei Tourenmaschinen und bepackten Enduros sind starke Lastwechsel zu vermeiden (Crossmaschinen sind hier natürlich anders zu fahren). Konstant mit einer Geschwindigkeit fahren. Bei Bergabfahrten daran denken, dass ein voll bepacktes Reisebike bei solchen Bedingungen auch einen entsprechenden Bremsweg benötigt, falls man nicht das System Erdanker benützen will (hier haben dann BMW-Boxer-Fahrer eindeutige Vorteile). Die Geschwindigkeit muss so schnell sein, dass Dreck durch die Fliehkraft aus dem Profil geschleudert wird. Falls der Lehm trotzdem anfängt, an den Reifen kleben zu bleiben, kommt man dem Boden meist schneller näher, als man denkt. Aber auch hier macht die Übung den Meister.

Wellblechpisten

Dies sind unbefestigte Straßen, die eine wellenförmige Oberfläche quer zur Fahrtrichtung aufweisen. Wie es dazu kommt, wird sehr unterschiedlich erklärt. Eine Version ist die folgende:

Beim Fahren auf losem Untergrund drehen die Antriebsräder leicht durch. Dies führt dazu, dass sich das Rad minimal eingräbt. Ist eine bestimmte Tiefe erreicht, hat das Rad eine höhere Haftung, was zu einem geringeren Durchdrehen (Schlupf) führt, weshalb sich das Rad aus der Mulde herausdreht. Ist dieses Grundmuster einmal vorhanden, wird es durch die Anzahl der Fahrzeuge immer mehr vertieft. So entstehen je nach Größe der Räder und Geschwindigkeit der Fahrzeuge immer mehr von diesen Wellen. Da jeder in einer anderen Spur fährt, decken sie dann die komplette Fahrspur ab.

Die Wellen können in ungünstigen Fällen über 20 cm hoch werden und in Abständen von 20 bis 40 cm aufeinander folgen. Hier kann sich jeder freuen, der Qualitätsfederelemente mit langen Federwegen hat, die diese Unebenheiten wegbügeln. Je schneller gefahren wird, um so weniger merkt man von den Unebenheiten, doch VORSICHT: Die Bodenhaftung nimmt in gleichem Maße ab! Bei Kurven wird es gefährlich, oder auch bei Motorrädern, die anfangen zu pendeln und sich dabei aufschaukeln. Hier droht akute Unfallgefahr. Auch Seitenwind kann einen von der Piste drücken.

Die beste Möglichkeit ist, eine Geschwindigkeit zu suchen, bei der das Geholper zu ertragen ist, man aber noch nicht so schnell unterwegs ist, dass man auf Hindernisse und Kurven nicht mehr reagieren kann.

Verhalten in der Luft

Falls man doch einmal den Boden unter den Rädern verlieren sollte: nicht Bremsen! Versuchen, das Vorderrad durch Ziehen am Lenker und leichtes Gasgeben nach oben zu bekommen. Solange die Landung auf dem Hinterrad oder auf beiden Rädern erfolgt, sind die Überlebenschancen ganz gut. Wer allerdings auf dem Vorderrad landet, braucht schon etwas Glück, seinen Flug sturzfrei gestalten zu können (es sei denn, er hat vorher intensiv Stoppies geübt).

Die Profis machen es natürlich ganz anders. Senkt sich das Heck, dann wird die Fußbremse betätigt, senkt sich die Front, wird Gas gegeben. Diese Fahrer winken dann auch beim Springen und machen andere aus dem Hallencross bekannte Späße. Wie eine voll beladene Enduro auf solche Steuerbefehle reagiert, habe ich noch nicht selbst ausprobiert. Da aber die entsprechenden Belastungen für ein bepacktes Motorrad erheblich sind und zu Schäden an Rahmen und Fahrwerk führen können, rate ich von diesem Fahrstil ab.

Fahren in der Gruppe

Die Standardsituation bei Gruppenfahrten ist meistens die, dass einige Mitglieder der Gruppe plötzlich verschwunden sind. Entweder sie sind weit voraus oder bei irgendeiner Abbiegung in die falsche Richtung gefahren.

Durch den Matsch sollen wir durch? Piste im Urwald von Argentinien.

Wer nun keine Absprachen getroffen hat, steht ganz schön dumm da. Selbst Funkgeräte helfen da nicht unbedingt, da der Rest der Truppe erst einmal wissen muss, dass er sich verfahren hat, um auf die Idee zu kommen, sein Funkgerät auf Empfang zu stellen.

So haben sich folgende Absprachen ganz gut bewährt: Bei bekannten Streckenverläufen oder sehr staubigen Pisten wird vereinbart, dass sich alle in definierten Abständen wieder sammeln (z. B. zwischen 5 und 50 km je nach Straße und Niveau der Gruppe). Falls am Treffpunkt sich innerhalb der vereinbarten Zeit nicht alle Gruppenmitglieder treffen, wird zum letzten Treffpunkt zurückgefahren und dort auf den Rest der Gruppe gewartet.

Bei unbekannten Straßen oder auf nicht staubigen Strecken reicht es aus, wenn jeder sich um seinen Nachfolgenden kümmert. Fällt einer zurück, wird der Vordermann langsamer, dies bemerkt wiederum sein Vordermann, der das Gleiche macht. So ist ein gleichmäßiges Fahren ohne viel Absprachen möglich. Klingt simpel, wird aber oftmals nicht befolgt. Beim Fahren im offenen Gelände, z.B. in Wüsten, immer in der Spur des Vordermanns fahren oder nicht weit davon entfernt. Niemals eine eigene Passage suchen! Denn bei einem Sturz werden die Vorausfahrenden, die dann hoffentlich bald umdrehen, beim Zurückfahren nur die eigene Spur verfolgen können. Wer dann eingeklemmt unter seinem Motorrad liegt, wird es zu schätzen wissen, wenn er möglichst schnell aus dieser Situation befreit werden kann.

Beim Fahren in der Gruppe wird es auf trockenen, unbefestigten Straßen sehr staubig. Dies führt nicht nur zu verdreckten Luftfiltern, sondern auch zu Sichteinbußen, was sich bis hin zum völligen Blindflug steigern kann. Dann wird es natürlich auch es sehr wahrscheinlich, einmal einen großen Stein oder ein Loch zu übersehen, was dann gleich zum Sturz von mehreren führen kann. Hier entweder nebeneinander (wenn so viel Fahrpraxis vorhanden ist, dass jeder seine Spur halten kann) oder mit entsprechendem Abstand fahren (sicherste Möglichkeit). Wer recht dicht hinter seinem Vordermann unterwegs ist, darf sich auch nicht wundern, wenn er ab und an einmal mit einem Stein beschossen wird. Dies kann schmerzhaft sein. Wenn ich daran denke, dass ich den Stein auf die Nase bekommen hätte, der in meiner Verkleidung einen glatten Durchschuss hinterließ – auweia!

Pausen sind beim Fahren in der Gruppe sehr wichtig.

Zum Fahrstil ist noch anzumerken: Nicht denken, wenn der Vordermann durchkommt, komme ich auch durch. Ich sehe nicht immer, mit wie viel Glück der Vordermann gerade noch die Situation gemeistert hat. Sich auf keinen Fall anstacheln lassen, schneller oder riskanter zu fahren, als es die eigenen Fähigkeiten zulassen.

Bei inhomogenen Gruppen mit sehr unterschiedlichem Fahrkönnen ist darauf zu achten, dass gerade die unerfahrenen Teilnehmer, die meist langsamer unterwegs sind, bei den Treffpunkten auch noch verschnaufen können. Die »guten« haben sich dann meist schon eine Weile ausgeruht und fahren weiter, sobald der Letzte den Treffpunkt erreicht hat. Am Tagesende kann dies dann zur Folge haben, dass die schnellen Fahrer eine Menge Pausen hatten und frisch ans Tagesziel kommen. Die Neulinge mussten dagegen fast pausenlos fahren, um hinterherzukommen, und sind dann abends total fertig.

Diejenigen mit der geringsten Fahrpraxis sollte man daher nicht am Ende einer Gruppe fahren lassen, da hier die höchsten Geschwindigkeiten gefahren werden müssen, um wieder aufzuschließen. Die dritte oder zweite Position (je nach Gruppengröße) ist hier viel besser.

Also hier besonders auf die konditionelle Verfassung der nicht so guten Fahrer in der Gruppe achten. Denn wer am Ende seiner Kräfte ist, sei es körperlich oder psychisch, ist meist der nächste, der einen Unfall baut. Dass in so einem Fall die Gruppe die Verantwortung mitträgt, sollte jedem bewusst sein!

In der Gruppe unterwegs zu sein, heißt, Verantwortung für seine Mitreisenden zu übernehmen. Je größer die eigene Erfahrung und das Können im Verhältnis zu dem der Mitreisenden sind, desto höher ist automatisch die Verantwortung, die es bei wichtigen Entscheidungen im Ernstfall zu übernehmen gilt.

Fahren mit Sozia/us

Es gibt viele unterschiedliche Gründe, um mit zwei Personen auf dem Motorrad Platz zu nehmen. Sei es, dass der oder die Partner/in selbst nicht fahren möchte, dass nur ein Motorrad vorhanden ist oder auch, weil es ökonomischer ist. Der Spaß muss auch zu zweit nicht auf der Strecke bleiben, selbst Fahrten ins Gelände sind machbar, wenn bestimmte Dinge beachtet werden.

Dies fängt mit der Beladung an. Die maximale Zuladung des Motorrads darf nicht überschritten werden. Für beide Personen muss es genügend Bewegungsspielraum geben. Wer zwischen Gepäckrolle und Tankrucksack stundenlang eingeklemmt ist, der wird es bald leid sein oder muss eine masochistische Veranlagung haben. Es ist dann auch nicht mehr möglich, durch Gewichtsverlagerung das Motorrad zu beherrschen. Der Beifahrer hat im Gegensatz zum Auto auf dem Motorrad einen aktiven Einfluss auf das Fahrgeschehen. Daher sollte er aktiv mitfahren und die Verkehrsituation beobachten. Wer nicht über den Fahrer sieht, kann sich die Sitzbank höher polstern oder muss seitlich vorbeischauen (was dann allerdings eine sehr krumme, schmerzhafte Sitzhaltung verursachen kann).

Folgende Punke sollte der/die Beifahrer/in beachten: Beim Bremsen nicht mit dem vollen Körpergewicht auf den Fahrer rutschen, sondern sich mit den Oberschenkeln abstützen. Wenn der Fahrer enge Kurven mehr aus der Hüfte heraus fährt, indem er das Motorrad in die Kurve »drückt«, es ihm gleich tun, und sich nicht mit dem Oberkörper in die Kurve hängen. Allgemein ist es gut möglich, einen Verbund zum Fahrer herzustellen und möglichst nahe beieinander zu sitzen. Bei Fahrten abseits der geteerten Straßen hat der Beifahrer den Nachteil, nicht richtig aufstehen zu können, da die Fußrasten bauartbedingt meist zu weit vorn montiert sind und die Koffer dann auch noch im Weg sind. Daher sich am Fahrer festhalten und mit ihm leicht aufstehen, um grobe Schläge, verursacht durch Steine und tiefe Schlaglöcher, abzufangen. Scharfes Beschleunigen und Wheelis sind nicht für jeden Beifahrer ein Genuss. Daran denken, dass der Beifahrer auch ermüdet und Pausen benötigt, sonst kann die Stimmung schnell sinken.

Ich kann mich noch gut daran erinnern, als ich mit meiner Freundin von Istanbul wieder nach Hause fuhr. Wir beschlossen, aus Bulgarien kommend, uns im damaligen Jugoslawien einen Übernachtungsplatz zu suchen.

Mit Sozia auf einer Africa Twin.

Die Auswahl überließ ich ihr. Sie machte dann auch einige zaghafte Vorschläge, die ich aber nicht so gut fand, und so fuhren wir weiter und weiter. Irgendwann begann es dunkel zu werden, und Jugoslawien lag bereits hinter uns. Nach 1200 km fand ich dann einen schönen Platz am Loiblpass. Allerdings war die Stimmung meiner Freundin mittlerweile lange nicht mehr so hoch wie der Pass – eher schon lag sie auf dem Niveau »Totes Meer«.

Die Belastungen des Beifahrers sind ganz andere als die des Fahrers. Daher herrscht aus Unwissenheit oftmals Unverständnis. Dies fängt vielleicht damit an, dass die Freundin fragt, warum man schon bei lächerlichen 3 Tropfen Regen anhält, um die Regenkombi anzuziehen. Dabei saß sie natürlich im Windschatten und bekam demzufolge nur sehr wenig vom Regen ab. Der Fahrer, der in der Mitte des Motorrads sitzt, kann sich wiederum nicht die Schläge des Hinterrads vorstellen, die die Sozia malträtieren. Diejenigen, die dann noch meinen, am »Renngeschehen« teilnehmen zu müssen, brauchen sich abends nicht zu wundern, wenn von hinten trotz der guten Platzierung keine Anerkennung kommt.

Und selbst, wenn man dann abends schon längst in fröhlicher Runde mit anderen am Lagerfeuer sitzt, kommen die Unterschiede noch zum Tragen. Jeder erzählt von seinen großen Taten, wie er unwegsame Pisten bewältigte und was er sonst noch alles vollbrachte. Diejenigen, die hinten saßen, haben da meist weniger zu berichten.

Also, wenn beide etwas von der Fahrt haben sollen: Nicht nur an sich selbst denken!

T-Shirt oder Ritterrüstung: Wie viel Sicherheit tut Not?

Die meisten hierzulande sind schon recht sensibilisiert und setzen sich nicht mit kurzer Hose und T-Shirt auf das Motorrad, wie man es in manchen anderen Ländern beobachten kann. Vernünftige Kleidung mag bei einer normalen Motorradtour als Selbstverständlichkeit angesehen werden. Beim Reisen, wo man sich auch gerne einmal etwas anschaut und zu Fuß erkundet, fragt sich manch einer, ob es nicht auch andere Möglichkeiten gibt, als andauernd mit Crossstiefeln herumzulaufen. 40 Grad im Schatten gibt es nicht nur in der Wüste, sondern mittlerweile auch bei uns in Deutschland. Da kann eine dichte Kombi auch zur totalen inneren Überhitzung führen. Daraus folgen sowohl enormer Kräfteverlust als auch Konzentrationsschwäche. Dies kann zu Unfällen führen, die man ohne die Schutzbekleidung vielleicht nicht gehabt hätte. Wer aber im T-Shirt Motorrad fährt und dann doch unbeabsichtigterweise Bodenproben nimmt, der wird schmerzhafte Erfahrungen sammeln.

In der Regel sind es ja gerade die kleinen Fahrten ums Eck, bei denen das meiste passiert. Ein Freund von mir ist bei der Fahrt vom Strand mit dem Knie an einem Absperrpfosten hängen geblieben. Seine Badehose, die er anhatte, hat nichts abbekommen. Aber das Knie war stark lädiert. Eine Motorradhose mit Protektoren hätte seinen Urlaub (und sein Knie) retten können.

So ist es nicht immer leicht, den richtigen Kompromiss zwischen Sicherheit und Bequemlichkeit zu finden. Gute Bekleidung trägt sich meist angenehmer als Billigklamotten, bei denen man oft auf kleiner Flamme im eigenen Saft geschmort wird – die richtige Sonneneinstrahlung vorausgesetzt.

Manchmal ist die Motorradkleidung auch von der Tradition bestimmt.

Auch in der Wüste kann es regnen: Libyen im Frühjahr.

Aber wenn man sich so eine Motorradkombi schon antut, sollte sie auch ihrer Bestimmung gerecht werden, nämlich dafür zu sorgen, dass man bei Bodenkontakt und »Feindberührung« möglichst keine Verletzungen davon trägt. Die Unterschiede sind hier viel größer, als man es den Katalogen entnehmen kann.

So haben viele Hosen keinen ausreichenden Hüftschutz. Manche angebotenen Protektoren sind nur dünne Schaumstoffmatten, von denen ich mir bei allem Hightech nicht vorstellen kann, dass sie bei einem Unfall viel nützen. Viele werden jetzt denken, dass ein CE-geprüfter Anzug Sicherheit garantiert. Dazu kann ich nur bemerken, dass mein Freund seinen CE-geprüften Rückenprotektor beim Anlehnen an eine Hauswand zerbrochen hat und ich zwei Paar Knieprotektoren durch einfaches Knien auf dem Boden zerstört habe. CE sagt hier nur, dass der Protektor nach einen bestimmten festgelegten Prozess gefertigt wurde, aber nicht, was er an Schutz für den Benutzer bietet. Wer einen Protektor hat, der nicht einmal den Faustschlag seines Freundes schmerzfrei absorbiert, der kann sich vorstellen, was er fühlt, wenn die Bordsteinkante im Weg ist.

So ist der Anspruch an die Motorradbekleidung enorm:

- Schutz vor Verletzung durch Protektoren beim Aufschlag
- guter Reibwert beim Rutschen
- Schutz vor Regen
- Schutz vor Kälte und Wind
- Gute Durchlüftung bei Hitze
- Angenehm zu tragen, also leicht und flexibel
- Gute Passform, soll bei hohen Geschwindigkeiten nicht flattern
- Robust und Haltbar
- Helle Farben für gute Sichtbarkeit und gegen starkes Aufwärmen
- Und alles noch bezahlbar

Wer mit diesen Anforderungen in ein Fachgeschäft geht, für den wird die Auswahl bedeutend geringer. Allerdings kann die wirkliche Qualität erst beim Gebrauch ermittelt werden. Ich selbst habe bei einigen Motorradtests auch die Möglichkeit gehabt, unterschiedliche Bekleidungen zu testen. Das Ergebnis war erschreckend. Jacken, die sich äußerlich kaum unterschieden, waren im Tragekomfort völlig unterschiedlich, besonders, was die Durchlüftung bei heißem Wetter betrifft. Je nach Innenfutter bleibt man fast trocken oder es tropft der Schweiß aus den Ärmeln. Was die Dichtigkeit bei Regen betrifft, ist der Standard recht gut und man kann die Regenjacke meist zu Haus lassen. Bei den Protektoren wiederum sind die Unterschiede sehr groß. Falls die Protektoren fest in die Jacke integriert sind, ist darauf zu achten, dass diese an den richtigen Stellen sitzen. Falls nicht, kann man manche Protektoren entsprechend verschieben. Hat die Jacke keine Protektoren oder Einschübe für Protektoren, kann ein Protektorenhemd darunter getragen werden.

Die Passform entscheidet darüber, ob man sich in einem Anzug wohl fühlt oder nicht. Beim Mann stimmen die Popotonen meist noch ganz gut. Für Frauen wird es dagegen schon schwieriger, denn nicht alle Firmen bieten spezielle Schnitte für die weibliche Kundschaft an. Irgendwie hat sich noch nicht bei allen Motorradbekleidungsherstellern herumgesprochen, dass der Unterschied zwischen Frauen und Männern gar nicht so klein ist.

Die Beanspruchung der Motorradkleidung ist auf einer längeren Reise erfahrungsgemäß hoch, und so habe ich mich eigentlich immer zum Kauf qualitativ hochwertiger Motorradbekleidung entschlossen. Da ich meistens mit meinen Crossstiefeln herumlaufe, finde ich es angenehm, wenn ich dabei keine Blasen bekomme. Meine Füße fühlen sich leider in den teuersten Modellen am wohlsten…

Wem helle Farben oder Weiß an Schuhen, Helmen, Jacken und Hosen nicht gefallen, der sollte einmal den Temperaturtest machen. Einen schwarzen und einen weißen Helm bei der Kaffeepause in die Sonne stellen und dann vor dem Weiterfahren einmal auf beide die Hand legen. Dieser Unterschied ist dann auch auf den Beinen und auf den Rücken von den Kombis zu spüren. Außerdem geben helle Farben Sicherheit, da man besser gesehen wird. Leider scheinen dies viele Bekleidungsfirmen in der letzten Zeit vergessen zu haben. Bunte oder gar weiße Stiefel haben den weiteren Vorteil, dass man sicher ist vor Schuhputzern, denn die haben meist nur die Standard-Farben dabei.

Aber die Kleidung ist nicht nur zum Schutz vor einem Unfall wichtig, sondern auch vor Klima und Sonne. Wer sich schon einmal die Nasenspitze verbrannt hat, weil der Crosshelm nicht ausreichend Sonnenschutz bot, weiß, was ich meine. Auch der Bereich, wo kurze Crosshandschuhe aufhören und der Jackenärmel noch nicht beginnt, ist ebenfalls stark gefährdet, und nicht nur durch die Sonneneinstrahlung!

Man sollte sich deshalb rechtzeitig überlegen, was man macht, wenn es …

… regnet:

Hier greift die klassische Regenkombi, Zweiteiler haben sich da gut bewährt. Erstens kann man die Jacke auch einmal so verwenden, und zweitens geht es wesentlich einfacher, wenn der Tee raus will…

Bekleidung mit Klimamembrane ist eine feine Sache, da das lästige Anhalten und Umziehen entfällt und nicht extra eine Regenbekleidung mitgenommen werden muss. Sie hat aber auch ein paar gravierende Nachteile. Da die Membrane unter dem Außenstoff verläuft, wird dieser nass und saugt sich mehr oder weniger mit Wasser voll!

Wer dann solch nasse Sachen mit ins Zelt nimmt, der hat schnell ein Feuchtbiotop und klamme Klamotten am nächsten Tag. Wenn eine Übernachtung im Zelt bevorsteht, sollte

Regenzeit in Thailand.

man versuchen, die Membrankleidung vorher noch in der Kneipe zu trocknen oder doch eine Regenkombi überzuziehen. Wer ins Hotel geht, hat es da natürlich leichter und kann seine Klamotten über Nacht auf dem Bügel an der Heizung trocknen.

... schneit:

Dass hier zusätzlich meist noch mit Kälte zu rechnen ist, dürfte bekannt sein. So ist jeder froh, wenn er eine zusätzliche Kleidungsschicht in Form einer Regenkombi anziehen kann. Sonst muss man unter der Motorradbekleidung nachbessern. Mit Fleece und Skiunterwäsche kann einigen Minusgraden getrotzt werden. Wenn man allerdings von der Kälte überrascht wird, wie es mir einmal erging, als ich vom Meer in die Anden fuhr und von 30 Grad an der Küste innerhalb von ein paar Stunden in einen Schneesturm auf 4500 m kam, ist es schon etwas ungünstig, sich am Straßenrand erst einmal bis auf die Unterhose ausziehen zu müssen, um dann warme Unterwäsche anzuziehen. Aber egal wie viel man auch anzieht, es dient nur der Isolation. Der Körper muss also Wärme erzeugen können. Diese kommt entweder durch körperliche Anstrengung (in schwerem Gelände wird man meist nicht frieren) oder von innen heraus. Durch trinken von heißem Tee, Kaffee oder Kakao. Alkohol ist dabei das absolut falsche Mittel.

Doch was auch immer man tut, irgendwann sind die Reserven verbraucht und man fängt an zu frieren. Deshalb kurze Etappen einplanen! Angenehm ist übrigens auch ein dichter Helm. Crosshelme sind etwas unangenehm, haben allerdings den Vorteil, dass bei ihnen kein Visier beschlägt, und es gibt auch keinen Zug auf die Augen.

Wer bereits vorher weiß, dass es in die Kälte geht, dem empfehle ich die im Handel erhältlichen Thermobekleidungen. Diese sind um Klassen besser als fünf Unterhosen, die man übereinander angezogen hat.

... stürmt:

Hier freut man sich, wenn die Klamotten nicht flattern. Das kostet nämlich ganz schön Kraft. Außerdem kann man durch die Windgeräusche ganz enormes Ohrensausen bekommen, wie man es sonst nur aus der Disco kennt. In Algerien bin ich auf der Strecke von Regane nach In Shalah einmal in einen ziemlich üblen Sandsturm gekommen. Ich konnte keine 5 m weit sehen. Am Campingplatz sprachen mich ein paar Leute an, was ich aber nicht hören konnte, weil ich wegen der Windgeräuschentwicklung während der Fahrt immer noch Ohrensausen hatte. Erst als ich die beiden eintausend Kilometer weiter wieder traf und ein Gespräch mit ihnen anfing, erklärten sie mir, sie hätten gedacht, ich wolle nicht mit ihnen reden. Seitdem fahre ich nicht nur bei Wind ausschließlich mit angenehmem Gehörschutz.

... tropisch heiß ist:

Viele denken, dass feuchte Hitze sehr unangenehm ist. Bei einer Tour durch Pakistan im Sommer plante ich aus diesem Grund, das Indusdelta zu umfahren. Als dies aus Sicherheitsgründen nicht möglich war, musste ich dann doch durch die feuchte Hitze. Allerdings stellte ich fest, dass der Fahrtwind bei feuchter Hitze angenehm kühlend wirkt (Ventilatorprinzip) und ein angenehmes Fahren möglich ist, wenn die Kleidung luftdurchlässig ist. Hat man allerdings keinen Fahrtwind mehr, z.B. während der Hotelsuche in Bangkok in der Hauptverkehrszeit, dann merkt man recht schnell, wie heiß es wirklich ist! Also: Alle Lüftungsschlitze und Reißverschlüsse aufmachen, das bringt Entspannung.

Membranbekleidung ist hier nicht optimal, wenn manche Verkäufer uns Kunden auch einzureden versuchen, dass eine Membran viel Luft durchlässt und kühlend wirkt. Das Gegenteil ist richtig. Eine Membran hat feinste Poren, die nur Wasserdampf hindurch lassen, und dies auch nur, wenn es draußen kälter als »drinnen« ist. Also hat man ab 40 Grad Außentemperatur mit Sicherheit den Effekt einer Plastiktüte und gart langsam vor sich hin.

... trocken heiß ist:

Hier verhält es sich gerade umgekehrt wie bei feuchter Hitze. Die Luft wird so heiß, dass sie einen wie ein Warmluftgebläse austrocknet. Deshalb bringt es gar nichts, den heißen Fahrtwind direkt an die Haut zu lassen. Im Gegenteil: Das Wirkungsvollste ist, sich vor ihm zu schützen. Hier eignet sich leichte Kleidung sehr gut. Trotzdem drauf achten, dass noch Luft auf die Haut kommt und durch das Verdunstungsprinzip eine Kühlung entsteht. Es ist außerdem absolut notwendig, darauf zu achten, ausreichend Flüssigkeit zu sich zu nehmen, sonst kann man vor Flüssigkeitsentzug vom Motorrad kippen!

Die aus dem Motocross bekannten Brustpanzer und andere Hartschalenprotektoren können die Sicherheit erheblich verbessern. Allerdings ist es eine Überlegung wert, ob solche Schutzbekleidungen im Alltag nicht eher störend sind (riesiges Packmaß!). Wer nur Motorrad fährt und sonst kaum anderen Dingen nachgeht, für den können sie durchaus eine gute Sache sein. Vor allem, wenn in heißen Gegenden viel offroad gefahren wird. So hat man Sicherheit und kann mit nur einem Hemd darüber fahren.

Auf Asphaltstraßen schützt Motocrossbekleidung aber nur an den Stellen, an denen Protektoren vorhanden sind – vor dem Rutschen auf Asphalt schützen sie nicht ausreichend, und das kann für den Benutzer sehr schmerzhaft werden (die Vorstellung von auf der Haut eingebranntem Nylon will ich gar nicht weiter ausführen).

Knieprotektoren aus Kunststoff haben sich dagegen recht gut bewährt, und sie sind fest eingenähten Systemen vorzuziehen, da sie unabhängig vom Schnitt der Hose dort sitzen, wo sich das Knie befindet. Als sinnvolle Ergänzung gibt es das Gleiche für die Ellenbogen. Rückenprotektoren sind ebenso empfehlenswert. Einen Nachteil haben allerdings alle diese Protektoren: Bei großer Hitze läuft einem der Saft nur so am Körper herunter, was recht unangenehm sein kann.

Hier muss jeder viel ausprobieren und abwägen. Ein Mehr an Sicherheit kann man durch eine entsprechende Fahrweise gewinnen, was aber natürlich nicht den totalen Verzicht auf alle guten Sicherheitsausrüstungen bedeuten kann.

Noch ein paar Anmerkungen zum Helm, denn er ist erstens eine Lebensversicherung, und zweitens gilt mittlerweile auch in den fernsten Ländern die Helmpflicht. Wie wichtig er sein kann, habe ich selbst bei einer Endurotour gemerkt. Und das bei einem ganz harmlosen Umfaller im Stehen – ich hatte das Gleichgewicht verloren, weil meine Beine zu kurz waren. Ich schlug mit dem Kopf auf einen Stein, was ausreichte, meinen Helm zu deformieren. Mir ist nichts passiert, aber ohne Helm hätte ich bestimmt mehr als nur Kopfweh davongetragen. So bleibt es dann dem persönlichen Geschmack und den eigenen Bedürfnissen überlassen, für welche Art oder welches Modell man sich entscheidet – benötigt wird der Helm auf jeden Fall. Hier eine Übersicht:

Bekleidung für Endurofahrer.

- Der Jethelm:
  Er verfügt über keinen Kinnschutz, was bei einem Abstieg über den Lenker mehr als nur unangenehm sein kann. Außerdem ist der größte Teil des Gesichtes ungeschützt. Regen, Sand und Insekten finden freien Zugang zu den Geschmacksnerven. So erlebt der Träger eines solchen Helmes seine Umgebung am intensivsten.
- Der Crosshelm:
  Pate stand der Jethelm, dem ein Kinnschutz verpasst wurde. Das Gesicht wird mit Brille und speziellen Masken geschützt. Der große Schirm hilft auch, bei tiefstehender Sonne die Piste besser zu sehen, und gegen Überhitzung bei körperlichen Höchstleistungen des Fahrers

kommt die gute Belüftung zum Tragen. Bei Sandsturm und Regen sowie Kälte erlebt der Fahrer seine Umgebung aber auch mit diesem Helm sehr intensiv.

- Der Integralhelm:
  Mittlerweile sehr gebräuchlich, bietet er doch guten Schutz vor Verletzung und äußeren Einflüssen wie Staub, Insekten, Regen und Kälte. Der Geräuschpegel bei schneller Fahrt ist auch um einiges angenehmer. Teurere Modelle besitzen gute Be- und Entlüftungssysteme. Diese sind zwar noch nicht ganz so »luftig« wie ein Crosshelm, aber schon eine große Hilfe bei heißem Wetter und körperlichem Einsatz.
  Die Modellvielfalt kennt hier fast keine Grenzen. Es gibt Klapphelme, die vor allem Brillenträger und Fotografen, die den Helm nicht für jedes Foto absetzen wollen, zu schätzen wissen. Doch der Mechanismus, der notwendig ist, um den Kinnbügel hochzuklappen, hat auch einige Nachteile (meinem Freund ist er bei einem Unfall gebrochen). Er ist schwer und bei Schlamm und Sand manchmal etwas überfordert (klemmt dann mitunter).

Auswahlkriterien für oder gegen einen Helm sind das Gewicht, der Geräuschpegel, das Belüftungssystem, das Sichtfeld und die Qualität des Visiers, das heutzutage beschlagfrei sein sollte. Dass die Passform stimmt, setze ich voraus. Wem der Helm beim Fahren vom Kopf fliegt, weil er vergessen hat, den Verschluss zu schließen, der sollte es mal mit einer Nummer kleiner probieren. Wer nach zwei Stunden Kopfweh hat und von Passanten gefragt wird, ob er verprügelt wurde, da er vor lauter Druckstellen am Kopf schon entstellt ist, darf ruhig zu mehr Bequemlichkeit greifen. Ein guter Helm passt, erzeugt kein Kopfweh und sitzt dennoch eng anliegend. Es gibt für jeden den optimalen Helm, nur das Suchen kann einige Zeit dauern. Der Preis kann natürlich schockieren, muss es aber nicht immer.

Hier einige Bekleidungsbeispiele für die verschiedenen Anwendungsbereiche:

- Für alle, die es genießen, schnell mit Stummel ihre Runden zu drehen (Da kommt nur die enganliegende Lederkombi in Frage):

Bekleidung für Tourenfahrer.

  - Integralhelm mit wenig Auftrieb und möglichst leise
  - Entweder koppelbare Rennkombi (oder Einteiler) natürlich aus Rind- oder besser Känguruleder mit Protektoren
  - Stiefel mit hochwertigen Schienbein und Knöchelschutz
  - Rückenprotektor
  - Atmungsaktiver Nierengurt
  - Handschuhe mit hinterlegten Nieten
  - Natürlich die Schleifpads nicht vergessen
- Für gemütliche Tourer, die die Landschaft genießen:
  - Integralhelm
  - Handschuhe mit Membrane und Stulpen
  - Rückenprotektor
  - Tourenjacke mit Membrane und Protektoren
  - Lederhose mit Protektoren/alternativ Textilhose mir Membrane und Protektoren
  - Feste Motorradstiefel/alternativ mit Membrane

- Regenhose (in Kombination mit einer Lederhose)
- Regenüberschuhe

◇ Für den Lederfetischisten auf dem Motorrad:
- Integralhelm
- Ungefütterte Handschuhe mit Stulpen
- Rückenprotektor
- Lederjacke mit Protektoren
- Lederhose mit Protektoren
- Feste Motorradstiefel
- Atmungsaktiver Nierengurt
- 2-teiliger Regenkombi
- Regenüberschuhe

◇ Für alle, deren Heimat die Wüsten der Erde sind (Wo gearbeitet wird, muss Wärme abgeführt werden):
- Crosshelm
- Crossbrille
- Ungefütterte Handschuhe mit Protektoren
- Protektorenhemd mit Rückenprotektor
- Ungefutterte Rallyejacke mit Trinksystem
- Endurohose mit Lederbesatz
- Hartschalen Knieprotektoren
- Feste Crossstiefel
- Atmungsaktiver Nierengurt wenn im Protektorenhemd nicht integriert
- Protektorunterhose

◇ Für die, die zu allem bereit sind:
- Cross- oder Integralhelm
- Cross- oder Sonnenbrille
- Ungefütterte Handschuhe mit Protektoren, die gefütterten mit Membrane im Gepäck
- Protektorenhemd mit Rückenprotektor
- Rallyejacke mit Membrane und einknöpfbarem Futter
- Trinksystem
- Endurohose mit Lederbesatz und Hüftprotektoren
- Hartschalen Knieprotektoren
- Feste Crossstiefel
- Atmungsaktiver Nierengurt, wenn im Protektorenhemd nicht integriert
- Fahrradhose
- 2-teiliger Regenkombi
- Regenüberschuhe

Zusammenfassend lässt sich feststellen, dass es vor allem darauf ankommt, für sein Vorhaben passend ausgerüstet zu sein.

Auf den Fahrer achten: Wie kann ich gesund bleiben?

Manche machen sich um Motorrad und Ausrüstung so viele Gedanken, dass sie sich selbst ganz vergessen. Dabei ist unterwegs die Gesundheit das Allerwichtigste. Wer schon einmal krank in einem Hotel am anderen Ende der Welt gelegen hat, möchte das bestimmt kein zweites Mal erleben. Und jedem, dem so etwas auch noch alleine passiert, wird dieser Zustand als ganz schön trostlos in Erinnerung bleiben, wenn niemand da ist, der nach einem schaut. Man stirbt zwar meistens nicht daran, aber der tröstende Zuspruch fehlt dann nun einmal besonders.

Nicht nur das Motorrad sollte einen Checkup vor der Reise bekommen, sondern auch der Fahrer sollte sich gründlich untersuchen lassen. Ich denke da z. B. an Zahnweh. Damit gefällt die tollste Landschaft nicht mehr. Im tiefsten Kurdistan ist mir dies einmal widerfahren, als ich auf einen geschenkten Kaugummi biss. An die Schmerzen, die mir der unter meine Plombe dringende Zuckersirup bescherte, kann ich mich heute noch erinnern. Also: lieber vor der Reise dem Zahnarzt die Zähne zeigen!

Essen im Ausland ist manchmal sehr lecker: Injera, äthiopisches Nationalgericht.

Das Gebiss sollte allerdings möglichst nicht erst kurz vor der Abreise restauriert werden, sondern so rechtzeitig, dass »Reklamationen« noch zu Hause ausgeführt werden können. In diesem Zusammenhang erinnere ich mich an meinen Freund, dem auf dem Weg nach Djanet eine Plombe herausgefallen war, da sie der Wellblechpiste einfach nicht gewachsen war.

Wenn dann einigermaßen feststeht, wohin es gehen soll, empfehle ich einen Besuch beim Hausarzt. Den Impfpass gleich mitnehmen! Der Arzt kann über spezielle gesundheitliche Risiken informieren und Auskunft über individuelle Prophylaxemaßnahmen geben. Polio- und Tetanusimpfung kann der Hausarzt – wenn nötig – auch gleich verabreichen. Über die Notwendigkeit anderer Impfungen lässt man sich am besten auch gleich beraten.

Falls der Hausarzt sich nicht für kompetent genug hält, gibt es die Möglichkeit, bei den Tropeninstituten eine Impfberatung zu bekommen. Die kostet zwar ein paar Euro, aber diese Institute haben die besten Erfahrungen, was das Ausland angeht. Allerdings wollen viele auch gerne Impfungen verkaufen, sodass es gut ist, sich vorher in Reiseführern oder auf der Homepage des Münchner Tropeninstituts *(www.fit-for-travel.de)* selbst zu erkundigen, welche Impfungen sinnvoll erscheinen. Bei der Krankenkasse nachhaken, welche Impfungen noch bezahlt werden (da kann das Handeln schon etwas geübt werden).

Oftmals ist in diesem Zusammenhang das Wie einer Reise wesentlich entscheidender als das Wohin. Wer sich meist in guten Hotels und mit dem eigenen Fahrzeug bewegt, hat ein wesentlich geringeres Risiko, sich mit übertragbaren Krankheiten zu infizieren, als jemand, der in einem afrikanischen Krankenhaus hospitieren will. Aber: Wenn Impfungen mein Gewissen beruhigen und ich mich anschließend sicherer fühle, dann sollte ich sie auch machen.

Jedoch: Impfungen schützen nicht alle hundertprozentig, und sie sind deshalb kein Freifahrschein für unangepasstes Verhalten! Deshalb immer daran denken: Wo befinde ich mich, welche speziellen Krankheiten gibt es hier und wie muss ich mich verhalten. Damit meine ich nicht, dass man sich verrückt machen soll. Ein Schweizer, den ich in Nairobi traf, hat es sehr treffend formuliert: »Vor ein paar Tagen traf ich zwei Deutsche, die hatten so ein Buch dabei (Medizinfibel für Fernreisen, ein sehr gutes Buch!), da waren nur Berichte über Krankheiten drin, die man hier kriegen kann. Jeden Abend haben die sich nach irgendwelchen Symptomen gegenseitig abgesucht. Da muss man doch krank werden …«

Es ist wichtig, auf seinen Körper zu achten und sich selbst durchaus auch einmal genau anzusehen. So kann man Pilze oder Zecken rechtzeitig entdecken und leicht loswerden. Prinzipiell war ich aber auf meinen Reisen seltener krank als zu Hause!

Panik hat hier keinen Sinn! Ein sinnvolles Maß an Umsicht ist eher gefragt. Wer meint, in Westafrika in der Abenddämmerung am Fluss spazieren gehen zu müssen, darf sich nicht wundern, wenn er Malaria bekommt. Wer in Afrika in jedem Tümpel badet, hat eine recht gute Chance, Bilharziose zu bekommen. Das Wissen über die Gefahren und ihre Vermeidung kann hier mehr schützen als Impfungen und Medikamente. Auch ein Streifzug durch die Wälder Bayerns oder Österreichs, kann eine durch Zeckenbiss hervorgerufene, tödliche Gehirnhautentzündung zur Folge haben.

Die Namen der Krankheiten im Ausland wecken Ängste, da man sie nicht kennt – und wenn, dann nur in Verbindung mit Berichten über grausige Folgewirkungen. Eine Grippewelle in Europa rafft aber auch so manches Leben dahin, und trotzdem wird niemand auf

Große Auswahl an unbekannten Früchten in Thailand.

die Idee kommen, deswegen auf einen Besuch der europäischen Länder zu verzichten.

Es gibt durchaus die Möglichkeit, sich vor Krankheiten zu schützen. Der Körper tut es eigentlich dauernd, und dabei sollte man ihn unterstützen. Beispielsweise, indem man dafür sorgt, dass das Immunsystem nicht geschwächt wird, denn dieses ist sozusagen der Garant für die Gesundheit. Also: nicht total auspowern, sondern immer genug Energie in Reserve halten. Und auf eine gute, ausgewogene Ernährung achten. Zusätzlich kann man Vitamine in Tablettenform einwerfen. Statt Vitamintabletten kann man aber auch das Fruchtangebot vor Ort nutzen. Eine sehr schmackhafte Art, für die Gesundheit zu sorgen. Ich traf in Malaysia einen Traveller, der als Budget fürs Essen einen US-Dollar pro Tag vorgesehen hatte und sich deshalb nur von Instant-Nudelsuppe ernährte. Was ihm auf Dauer sicher nicht gut getan haben dürfte …

Sehr wichtig ist es, ausreichend viel zu trinken (Wasser!), wenn das manchmal auch schwierig ist. Am besten abends überlegen, wie viele Liter man den Tag über getrunken hat und gegebenenfalls noch »korrigieren« (besser ist es natürlich, das kontinuierlich den Tag über zu tun). Ich hatte Zeiten, da musste ich schon überlegen, wie viel ich die letzten drei Tage über getrunken hatte, und das ist mehr als ungesund!

Empfehlenswert ist es außerdem, sich genügend Schlaf und Ruhe zu gönnen. Dann ist es auch nicht besonders gesundheitsförderlich, sich jeden Tag einen Vollrausch anzutrinken oder andere im Land zugängliche Drogen zu sich zu nehmen. Hoher psychischer Stress im Hinblick auf die Frage z. B., was innerhalb von zwei Wochen noch alles »mitgenommen werden muss« oder welche Pisten noch zu fahren sind, kann durch wohlüberlegte Zeitreserven vermieden werden. Am besten ist es immer, unter dem maximal Machbaren zu bleiben. Schlimmer kommt es oft von selbst. Es wird also mit Sicherheit ausreichend viele Möglichkeiten geben, die eigenen Grenzen kennen zu lernen.

Was an Medikamenten mitgenommen wird, richtet sich stark nach den persönlichen Handicaps. Grundlegende Dinge wie sterile Wundauflagen, Desinfektionsspray, Pflaster, elastische Binden, Salbe gegen Zerrungen und Verstauchungen, Wund- und Brandgels, Augentropfen, starke Schmerzmittel, Imodium gegen Durchfall, Aspirin (nicht bei Magenproblemen nehmen) oder besser Paracetamol sowie ein Breitbandantibiotikum für den Notfall decken schon das Notwendigste ab. Erprobte Hausmittel helfen oftmals auch weiter als man denkt, und seien es nur Honig oder Balistol gegen Entzündungen und Essig oder Salzwasser zum Gurgeln bei Halsweh. Eisbeutel wirken gut gegen Schwellungen. Bei Verbrennungen gibt es nichts Besseres als langes Kühlen unter kaltem, fließendem Wasser. Selber schlau machen! Das, was man dabei hat, sollte man

Wer zu wenig trinkt, vertrocknet.

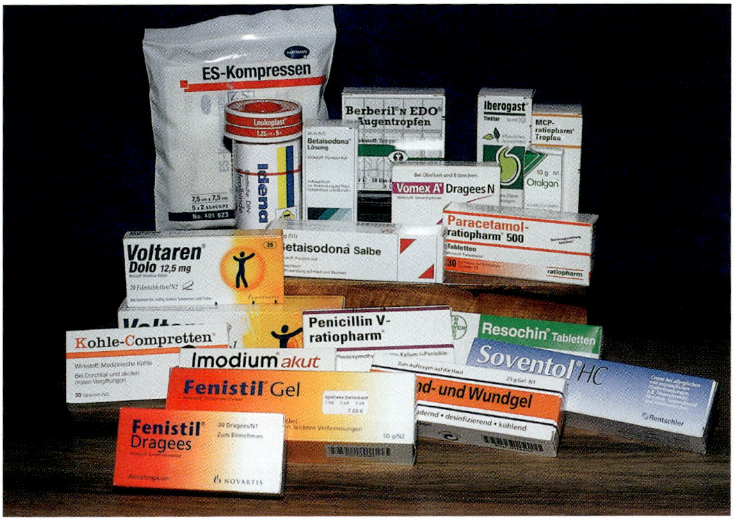

Die Reiseapotheke.

allerdings auch richtig anwenden können, und da ist der Beipackzettel nicht immer ausreichend.

Wer in Malariagebieten unterwegs ist, steht vor der Frage, ob und wie er sich präventiv durch die Vermeidung von Stichen schützt. Hier helfen dann Moskitonetz, Rauchspiralen und helle Kleidung (Moskitos lieben dunklen Stoff). Die Dämmerungszeiten sollte man möglichst an geschützten Stellen verbringen. Wen es dann trotzdem erwischt, der kann eine Notbehandlung durchführen. Hier kann man sich von den Tropeninstituten fachgerecht beraten lassen.

Eine andere Möglichkeit ist die Prophylaxe. Hier wird die Malaria medikamentös bereits behandelt, obwohl man sie noch gar nicht hat. Dies hat natürlich auch Nebenwirkungen. Wer nur kurze Zeit in solchen Gebieten ist, für den kann es eine Alternative sein. Welche Mittel zur Prophylaxe genommen werden können, richtet sich nach der Resistenz der Moskitos in dem bereisten Gebiet. Also auch hier erst fachkundigen Rat einholen und ruhig vor Ort einen Arzt fragen, denn die wissen meist am besten über die Krankheiten in ihrer Gegend Bescheid.

Egal was man schluckt, immer bedenken, dass viele Medikamente Nebenwirkungen haben, die das Reaktions- und Gleichgewichtsvermögen stark beeinflussen, was dann unter Umständen sogar zu einem Unfall führen kann.

So ist es immer vorteilhaft, sich vor der Reise in Sachen Gesundheit etwas fit zu machen. Hier kann zum Beispiel auch ein Erste-Hilfe-Kurs eine gute Investition für den Notfall sein. Wer folgende Fragen für sich nicht sicher beantworten kann, sollte sich auf jeden Fall zu solch einem Kurs anmelden, egal ob er verreist oder nicht:

- Was unternehme ich, wenn der Verletzte bewusstlos ist oder auf Ansprache nicht mehr reagiert?
- Wie verhalte ich mich, wenn die Atmung beim Verletzten aussetzt oder nur noch sehr schwach ist?
- Traue ich es mir zu, Verletzungen, bei denen das Blut »nur noch so spritzt«, fachgerecht zu versorgen?
- Erkenne ich Schockzustände bei einem Verletzten und kann ich entsprechend reagieren?
- Weiß ich, wie mit stark unterkühlten Personen umgegangen werden muss?
- Was mache ich bei starken Verbrennungen?

Alle Antworten parat? Wer es nachlesen möchte, dem empfehle ich den Erste-Hilfe-Ratgeber vom Deutschen Roten Kreuz, ISBN: 3-930976-00-5.

Das Aufnehmen eines Unfalls sollte auch jeder beherrschen. Denn falsche Angaben zum Unfallhergang und -ort können Menschenleben kosten. Bitte folgende Punkte beachten:

- Unfallstelle sichern (auch den Gegenverkehr beachten und warnen), um nicht sich selbst und andere in Gefahr zu bringen.
- Sich schnell einen ersten Überblick über die Anzahl und die Schwere der Verletzungen verschaffen. Falls es brennt, alle möglichst schnell aus der Gefahrenzone bringen, denn es könnte zu Explosionen kommen. Bei der Versorgung von Verletzten beachten, dass es schreienden Personen in der Regel noch besser geht als jenen, die keinen Laut mehr von sich geben.
  - Rettungsdienst alarmieren und folgende Daten mitteilen:
  - Wer und wie viele sind verletzt?
  - Was ist passiert? Art und Schwere der Verletzungen?
  - Wo ist es passiert? Wichtig: Genaue Ortsbeschreibung, wenn vorhanden: GPS-Koordinaten.
  - Wann ist der Unfall passiert? Genaue Uhrzeit mitteilen.
  - Was wurde bereits unternommen? Wie ist die Situation vor Ort? Ist Bergegerät notwendig? Sonstige Besonderheiten?
- Instruktionen des Rettungsdienstes beachten und umsetzen.
- An der Unfallstelle bleiben, bis der Rettungsdienst eintrifft.
- Ist der Unfallort schwierig zu finden? Helfer bitten, dem Rettungsdienst den Weg zu zeigen.
- Namen und Adresse beim Rettungsdienst hinterlassen.

So sind wir bei einer der häufigsten Verletzungsgefahren, nämlich dem Motorrad selbst. Unfälle beim Schrauben oder im Verkehr. Ein Freund von mir hat beim Versuch, einen Bowdenzug zu kürzen, seinem Bruder beinahe den Finger abgeschnitten, als ihm das Messer abrutschte. Also immer mit etwas Voraussicht schrauben! Meistens weiß man schon vorher, wo man sich nachher die Hand anschlägt.

Unfälle durch Fahrfehler können eine Reise jäh beenden, im schlimmsten Fall auch das Leben. Deshalb defensiv fahren, das gesunde Ankommen sollte an erster Stelle stehen. Die häufigsten Verletzungen bei Stürzen sind:

- Bänderzerrungen oder -risse an Knie oder Sprunggelenken (die berühmte halbe Drehung, nachdem der Fuß unter dem Alukoffer eingeklemmt ist, oder falsches Abstützen mit dem Fuß, was oft beim ersten Kontakt mit Sand vorkommt). Wer die Füße beim Fahren auf den Rasten lässt, kann hier die Gefahr enorm reduzieren.
- Verstauchte oder gebrochene Finger bzw. Hand (beim Versuch, sich beim Sturz mit der Hand abzustützen). Abrollen ist hier besser.
- Gebrochenes Schlüsselbein (Abflug über den Lenker).
- Rippenprellungen oder -brüche (nach hartem Bodenkontakt).
- Augenreizungen durch Staub oder Insekten.
- Brüche von Bein oder Sprunggelenk (nach »Feindberührung« oder nach unsanften Landungen).
- Verletzungen der Wirbelsäule (können unter anderem bei Stürzen entstehen, bei denen das Motorrad den Fahrer trifft).

Solche Verletzungen können die Reise zweifelsohne für längere Zeit unterbrechen oder gar vorschnell beenden. Protektoren und gute Kleidung schützen sehr effektiv vor Abschürfungen und Prellungen und sind somit eine gute Unfallversicherung.

Aber meistens ist alles gar nicht so spektakulär und es drücken einen ganz andere Sorgen. Wie zum Beispiel die Frage: »Wo ist die nächste Toilette?«

Klingt vielleicht banal, aber auch hier gibt es große globale Unterschiede. Solange wir noch Toiletten finden, sollten wir vor der Benutzung klären, ob wir das Toilettenpapier hineinwerfen dürfen. Viele Kanalisationen sind dafür nicht ausgelegt, und es droht eine üble Verstopfung. Wenn ein Eimer für das Papier bereit steht, bitte dort auch das Papier deponieren. In islamischen Ländern ist unsere »Löschpapiermethode« sehr verpönt. Deshalb findet sich dort auf jeder Toilette ein Wasserhahn zur gründlichen Waschung des Allerwertesten. Mit der linken Hand. Stehtoiletten können wir bereits in Frankreich finden. Wer die Trittmulden richtig benutzt, wird auch gut ins Loch treffen. Die gehockte Haltung ist der Sa-

Wir haben fürs Abendessen eingekauft: Heute gibt es Huhn.

che eigentlich ganz dienlich, nur diejenigen, die gerne das Örtchen für lange Lesungen nutzen, werden sich umstellen müssen. Beim Betätigen der Wasserspülung ist Vorsicht geboten. Denn meistens wird nicht nur die Standfläche, sondern der ganze Raum kurzfristig unter Wasser gesetzt. Crossstiefel sind daher sehr empfehlenswert. Latzhosenträger möchte ich vor diesen Toiletten warnen.

Falls wir »outdoor« unterwegs sind, sollten wir den Nachfolgenden nicht gerade unsere Exkremente auf dem Präsentierteller hinterlassen. So gehören hier eine Schaufel und Feuerzeug zur Grundausrüstung. Mit der Schaufel heben wir ein Loch aus (alternativ Crossstiefel). Mit dem Feuerzeug brennen wir das benutzte Klopapier ab, da es in sehr trockenen Gebieten nicht verrottet und vom Wind sonst freigelegt wird. Anschließend kommt die ausgehobene Erde drüber. In Gebieten mit Brandgefahr zündeln wir natürlich nicht herum.

Ganz allgemein ist es wichtig, auf die Hygiene zu achten. Es gibt biologisch abbaubare Waschlotionen, die zum Händewaschen sowie zur Haarwäsche verwendet werden können. Zusätzlich kann eine Trockenreinigungscreme verwendet werden. Wer einige Tage mit dem Zelt unterwegs ist und keine Duschmöglichkeit hat, kann sich mit Einmalwaschlappen und Babyfeuchttüchern (ohne Öl) sehr gut waschen. Wer es traditionell mag und lieber duschen möchte, kann sich einen 5-Liter-Wasserkanister in die Sonne stellen. Nachdem das Wasser warm ist, schubweise mit dem Waschtag beginnen.

Eine andere Möglichkeit, die in Asien verbreitet ist, besteht darin, sich eine Schüssel (oder Faltschüssel von Ortlieb) zu besorgen und mit einer großen Tasse oder Dose das Waschwasser herauszuschöpfen, um es sich über den Körper zu gießen. Ist sehr angenehm und effektiv.

Für alle, die Angst haben, unterwegs zu verhungern, noch ein paar Anmerkungen zur Verpflegung. Es gibt Gerüchte, dass es im Ausland nichts zu essen gibt bzw. dass es sehr gefährlich ist, die dort üblichen, dem Reisenden aber unbekannten Speisen zu sich zu nehmen. Wie in vielen Gerüchten ist auch in diesen ein kleiner wahrer Kern enthalten. Dieser beruht aber nicht darauf, dass es nichts gibt oder grundsätzlich alle Lebensmittel verdorben sind. Oft sind es die ungewohnte Zubereitung, die Art der Speisen und die Verwendung von reichlich Olivenöl, die einen mit »Light-Produkten« entwöhnten Verdauungstrakt in Schwierigkeiten bringen. Man kann den Verdauungsapparat vorbereitend präparieren, indem man die Küche zu Hause schon etwas internationaler gestaltet und sich unterwegs einfach etwas Zeit für die Anpassung nimmt. Möglichst nicht gleich am ersten Tag den Bauch mit ungewohnten Speisen übersättigen, sondern den Magen erst einmal langsam mit den neuen Speisen bekannt machen. Am sichersten ist es, da zu essen, wo es voll ist und das Leben brodelt. Hier wird viel umgesetzt und die Lebensmittel sind frisch, selbst dann, wenn das Ambiente nicht so gut aussehen sollte. So habe ich bei gut besuchten Straßenständen in Kairo von den leckeren Falafeln keine Nachwirkungen gespürt. Außer der Lust auf mehr …

Der Spruch »Schäl es, brat es oder vergiss es« gibt recht prägnant die Verhaltensregel für einen unbeschwerten Nahrungsgenuss wieder. Allerdings wird man mit der Zeit dann etwas leichtsinniger, und meistens geht das erstaunlich lange gut.

Für diejenigen, die in Gebiete abseits jeglicher Versorgung vordringen wollen, hier ein paar kleine Tipps, was sich so mit ein bis zwei Töpfen alles zubereiten lässt. Denn wo kocht es sich schöner und ungestörter als in der freien Natur? Zu beachten gibt es bei der Zusammenstellung des Speiseplans folgendes:

- Wie viel Wasser habe ich zur Verfügung?
- Wie viel Packvolumen habe ich für Nahrungsmittel?

Ist das Wasser knapp, muss mit etwas mehr Fantasie gekocht werden. Reis ist da gut, bei Nudeln sollte das Wasser für die Soße gleich mitgenutzt werden, und Kartoffeln kocht man am Besten gleich als Eintopf. Das Geschirr kann mit Sand gut vorgereinigt werden, sodass fast kein Wasser mehr für das Abspülen benötigt wird.

Nun zu den Gerichten (Köche sollten dieses Kapitel überspringen). Die Mengen sind nach dem Fassungsvermögen des Topfes und des Magens zu bestimmen:

Gemüseeintopf:

Zutaten: Kartoffeln, Zwiebeln, Knoblauch, Möhren, Lauch, Tomaten (frisch oder aus der Tube/Dose), Brühwürfel, Sellerie (wer ihn mag). Zucchini und Auberginen sind auch nie störend. Als Gewürze und Kräuter können Salz und Pfeffer, Peperoni und Gartenkräuter verwendet werden. Die Zutaten am besten nach eigenem Geschmack kombinieren und auch in der Umgebung nach bekannten Kräutern umsehen. Kartoffeln, Karotten und Zwiebeln sind weltweit erhältlich.

Zubereitung: Topf mit ein bis zwei Tassen Wasser aufstellen und die Kartoffeln in feinen Scheiben hineinschneiden. Je länger die Gar-

Pampelmusenverkauf im Sudan.

zeit vom Gemüse, desto früher in den Topf geben und desto feiner schneiden. Wenn das Wasser kocht, Brühwürfel hineingeben und restliches Gemüse nach und nach in den Topf tun. Wenn alles im Topf ist, auf kleiner Flamme so lange kochen, bis die Kartoffeln gar sind. Dann sollte der Rest auch durch sein. Immer so viel Wasser nachgeben, dass nichts anbrennt.

Bei dieser Zubereitung ist kein Öl erforderlich und der Abwasch gestaltet sich entsprechend leicht – auch ohne Spülmittel. Notfalls mit Sand den Einbrand aus dem Topf entfernen.

Variation: Wer gerne Fleisch isst, kann erst einmal ein paar Lammstücke anbraten, bevor er sie mit etwas Wasser (oder Rotwein) ablöscht und mit der oben beschriebenen Zubereitung fortfährt. Zäheres Fleisch mit den Kartoffeln zusammen aufstellen und kochen. Bei Lammfleisch ist eine Kombination mit frischen grünen Bohnen eine echte Leckerei.

Ähnliches lässt sich auch mit Reis anstellen:

Reis hat ein sehr gutes Raummaß-/Kalorien-Verhältnis und ist sehr wasser- und brennstoffsparend in der Zubereitung. Eine Tasse macht 2 Leute gut satt.

Zutaten: Reis, Paprika oder Karotten, Zwiebeln, Tomaten und Zucchini (gehen immer), Gewürze und Kräuter nach Geschmack (eine Chilischote gibt dem Ganzen etwas Schärfe).

Zubereitung: Den Reis mit etwas weniger als der doppelten Menge Wasser (1:1,5) auf ganz kleiner Flamme kochen. Wenn das Wasser weg ist, ist der Reis gar. Während des Kochens den Reis nicht umrühren und den Deckel (oder Teller) auf dem Topf lassen!

Danach das geschnittene Gemüse (wieder der Garzeit entsprechend unterschiedlich dick schneiden) entweder andünsten oder, wenn Öl vorhanden ist, anbraten. Wenn es gar ist, das Gemüse unter den Reis mischen – fertig. Den Reis zusammen mit dem Gemüse in einem Topf zu kochen, hat sich nicht bewährt.

Hinweis: Ab 3500 m über dem Meeresspiegel ist die Siedetemperatur des Wassers so weit herabgesetzt, dass Nudeln und Reisnicht mehr heiß genug werden, um richtig zu garen. Das Resultat ist dann ein sehr kompaktes, stärkehaltiges Essen. Es ist zwar essbar, hat aber mit Genuss nichts mehr zu tun. Nur ein Dampfdruckkochtopf schafft hier Abhilfe. Aus Gemüse und Kartoffeln können dagegen immer noch ganz schmackhafte Mahlzeiten bereitet werden, vor allem, wenn die Zutaten gebraten werden.

Für die Vitamine: Ein Tomatensalat:

Zutaten: Tomaten, Limonen, Thunfisch, Zwiebel, Knoblauch, wenn vorhanden Olivenöl und frischer Oregano (mal sehen, was so ums Zelt herum wächst), Schafskäse, frisches Brot oder Fladen.

Zubereitung: Alles außer den Limonen in Scheiben schneiden, dann die Limonen ausdrücken, noch ein wenig Öl drüber, würzen und essen.

Hinweis: Die Tomaten und anderes rohes Gemüse sowie die Kräuter gut waschen bzw. schälen.

Spaghetti »classico«:

Zutaten: Spaghetti, Tomaten (Dose/Tube/frisch), Gewürze und Kräuter (Salz, Pfeffer, Chili, Oregano oder Basilikum).

Zubereitung: Spaghetti ins kochende, gesalzene Wasser werfen (so viel Wasser wie möglich nehmen). Nach 12 Minuten mit dem Gartest anfangen. Wenn die Spaghetti durch (aber noch knackig) sind, einen Teil des Wassers abgießen (kann später für den Abwasch verwendet werden). Dann Tomaten und Gewürze darüber geben, vorsichtig umrühren, bis das Ganze gut heiß ist, und dann ist es auch schon fertig.

Spaghetti mit Variation:

Wir bekamen von einem Bauern einmal 30 rohe Eier. Zum Dank für eine Taschenlampe, die wir ihm schenkten. Da kam mir diese Idee der Verarbeitung.

Zutaten: Spaghetti, Eier (2–3 pro Person reichen!), Gewürze und Kräuter (Salz, Pfeffer, Chili, Oregano oder Basilikum).

Zubereitung: Spaghetti wie vorher beschrieben kochen, nur etwas früher das Wasser abschütten (sie sollten noch knackig sein), dann die vorher gut verquirlten und gewürzten Eier darüber gießen. Bei sehr kleiner Flamme (oder ganz ausmachen) im heißen Topf etwas erhitzen, die Eier sollten noch leicht flüssig sein.

Hinweis: Die Eier sollten selbstverständlich frisch sein, sonst lieber Omelett!

Fladenbrot:
Für diejenigen, die auf Brot auch in der Wildnis nicht verzichten wollen, hier eine Anleitung zum Backen.

Zutaten: Mehl, Wasser, Salz, (wenn vorhanden, Backpulver oder Trockenhefe).

Zubereitung: Zuerst wird ein schönes Feuer über ein oder zwei tellergroßen, flachen Steinen gemacht (Steine nehmen, die die Hitze aushalten).

Auf zwei Teile Mehl nehmen wir ein Teil Wasser und beginnen, den Teig zu kneten. Einen Teelöffel Salz hinzufügen. Wichtig ist das Kneten, je länger der Vorgang, desto mehr Wasser kann der Teig aufnehmen. Deshalb immer wieder etwas Wasser nachgeben, wenn der Teig zu mürbe wird. Lässt sich der Teig wie beim Pizzabäcker gut ziehen (so nach 5–15 Minuten je nach körperlichem Einsatz), ist er fertig zur Verarbeitung.

Nun können die heißen Steine aus dem Feuer geholt oder die Glut des Feuers außen herum verteilt werden. Aus dem Teig werden dünne Fladen geformt und auf die zuvor bemehlten Steine gelegt. Wenn die Fladen braun werden, umdrehen und von der anderen Seite backen. Falls keine Steine da sind, können die Fladen auch in die Glut oder in den heißen Sand gelegt werden – entweder mit Alufolie dazwischen oder direkt (dann müssen sie vor dem Essen abgeklopft werden).

Wenn es kein Brennholz gibt, geht es auch mit der Pfanne auf dem Kocher. Etwas Öl verwenden, sonst brennen die Fladen an.

Ansonsten einfach mit Mut und Fantasie auch einmal fremdartige Dinge ausprobieren. In Südamerika gibt es z. B. unglaublich viele verschiedene Sorten Kartoffeln, Mais in allen Farben und Größen und sehr nahrhaftes Getreide, das nur gekocht werden muss.

In Asien können mit allerlei exotischen Früchten die unterschiedlichsten Fruchtsalate kreiert werden. Das Kochen überlässt man dort lieber den Einheimischen, die es wirklich beherrschen. Zumal es kaum möglich ist, es selbst günstiger zu machen. Fürs Frühstück bewährt sich Honig in einer Kunststoffflasche ganz gut.

Es gibt auch diverse Fertignahrung, z. B. gefriergetrocknete Spezialnahrung. Sie schmeckt ganz passabel und kann als Notration mitgenommen werden. Sie hat den Vorteil, dass sie sehr leicht ist, da ihr das Wasser entzogen wurde. Für die Zubereitung benötigt man dann aber wieder Wasser. Eine andere Art ist vakuum-verpacktes Essen. Hier handelt es sich um Fertiggerichte, die nur warm gemacht werden müssen. Ich testete einige Gerichte und muss dazu bemerken, dass sie durchaus genießbar waren und als Notpaket durchaus einsetzbar sind. Kaufen kann man diese Nahrung in gut sortierten Outdoorgeschäften.

Bürokratische Hürden: Welche Papiere brauche ich?

Viele träumen davon, einfach loszufahren. Einerseits ist es einfacher, als die meisten denken, andererseits gibt es aber doch auch viele Dinge zu beachten. Welche Vorbereitungen im Einzelnen notwendig sind, richtet sich dabei vor allem nach dem Reiseziel. Mit vielen Ländern hat Deutschland freundschaftliche Beziehungen, die uns – auch außerhalb von Europa – aufwändige und teure Visa ersparen. Andere Länder hingegen versuchen, sich mit einem Stapel Einreisebestimmungen die Touristen möglichst fern zu halten. Diese Bestimmungen können auch Vorschriften über bestimmte Impfungen enthalten, die dann zum Nachweis im Internationalen Impfpass vermerkt werden müssen.

Grenzstein an der pakistanischen Grenze.

Grundsätzlich ist es immer ratsam, die Standard-Papiere dabei zu haben. Denn wer sich ordnungsgemäß ausweisen kann, hat weniger Probleme. Gerade in Zeiten von verstärkten Kontrollen wegen der Terrorgefahr.

Hier eine kleine Aufstellung von Papieren, die für eine Reise notwendig sind:

Reisepass

Der Reisepass ist das wichtigste Dokument beim Reisen ins Ausland. Wer noch keinen hat, kann ihn bei seinem Bürgermeisteramt oder seiner Stadtverwaltung beantragen. Ein Passbild und den Personalausweis mitnehmen. Nach 3 bis 5 Wochen kann man ihn dann abholen. Er ist 10 Jahre gültig.

Bei Reisen in Ländern mit Visumspflicht werden in den Reisepass die Visa des betreffenden Landes eingestempelt. Somit ist nachvollziehbar, welche Länder der Passinhaber wann bereiste. Nun gibt es Länder, die es nicht gerne sehen, wenn man z. B. schon einmal in Israel unterwegs war, das aus politischen Gründen geächtet wird. Wer zum Beispiel nach Syrien einreisen will und einen Einreisestempel Israels im Pass hat, wird trotz syrischen Visums nicht ins Land gelassen.

Israel stempelt deshalb – auf Wunsch – die Visa auf einem gesonderten Blatt ab. Dies hilft aber nicht immer, denn wenn man einen Ausreisestempel von der ägyptisch-israelischen Grenze im Pass hat, kommt nur Israel als Folgeland in Frage. Hier hilft dann nur ein zweiter Reisepass, den man unter Nennung von bestimmten Gründen problemlos erhält. Er hat eine kürzere Gültigkeit (3 bis 5 Jahre) und bietet einem eine zusätzliche Sicherheit, wenn ein Pass abhanden kommt. Aber man sollte

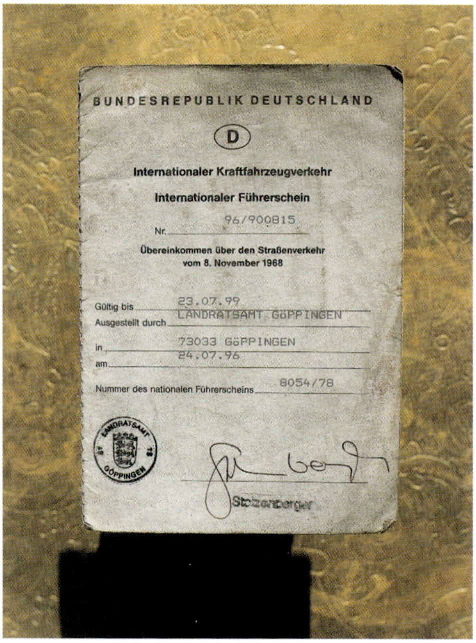

Internationaler Führerschein.

nie beide Pässe zusammen zeigen, da dies manche Zöllner misstrauisch macht.

Wer bereits viel unterwegs war, sollte prüfen, ob noch genügend freie Seiten für weitere Stempel und Visa vorhanden sind. Außerdem schreiben einige Länder vor, dass der Reisepass bei Einreise noch mindestens 6 Monate gültig sein muss. Wer vorhat, viele Länder auf einer Reise zu besuchen, kann sich nach einem Reisepass mit erweiterter Seitenzahl erkundigen. So steht mehr Raum für Visa bereit.

Personalausweis

Ganz praktisch, denn man kann sich ausweisen und muss nicht warten, bis der Diensthabende sich alle Stempel im Reisepass genau angesehen hat. Auf die Gültigkeitsdauer achten. Zu bekommen ist er wie der Reisepass beim Bürgermeisteramt oder der Stadtverwaltung. Auch hier das Passbild nicht vergessen.

Führerschein (international)

Meistens geht es auch mit dem nationalen Führerschein, aber um Diskussionen zu vermeiden, ist es besser, den internationalen Führerschein dabei zu haben. Wer noch einen alten grauen nationalen Führerschein besitzt, muss zum Teil diesen erst einmal gegen den aktuellen EU-Führerschein erneuern, um dann an seinen internationalen Führerschein zu gelangen. Hierbei genau aufpassen, dass auch alle alten Klassen in den Neuen übernommen werden.

Fahrzeugschein (international)

Er ist leider nicht so bekannt wie der internationale Führerschein, und die meisten Beamten sind mit diesem Dokument offensichtlich überfordert. Das kann bereits bei der Ausstellung auf dem Landratsamt beginnen. Mitzubringen ist der Versicherungsnachweis (Grüne Versicherungskarte). Er ist nur bis zum nächsten TÜV-Termin gültig!

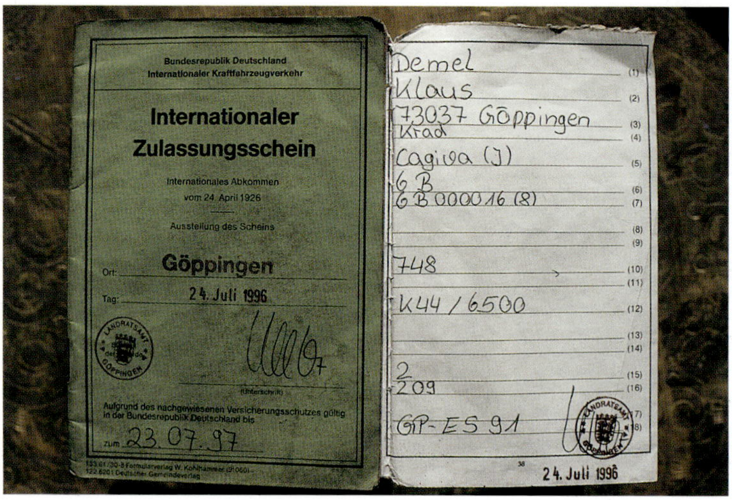

Internationale Zulassung.

Bei der Ausstellung einer internationalen Zulassung durch die Zulassungsstelle bitte darauf achten, dass folgende Daten eingetragen werden (in Klammern entsprechende Schlüsselnummern des Zulassungsscheins):

Eigentümer	(1–3)
Art des Fahrzeugs	(4)
Marke	(5)
Typ	(6)
Fahrgestellnummer	(7)
Hubraum	(10)
Kennzeichen	(18)
Tag der Erstzulassung	Keine Position, aber wichtig!

Grüne Versicherungskarte

(Versicherungsnachweis)

In Europa und bei den Mittelmeeranrainern wird sie oftmals verlangt. Wer dann keine für das Land gültige Versicherungskarte vorweisen kann, muss eine Zusatzversicherung abschließen. Auf der Versicherungskarte nachsehen, für welche Länder sie gültig ist, und notfalls die Karte zu Hause erweitern lassen. Zusatzprämien nicht gleich akzeptieren, man sollte versuchen, zu handeln.

Carnet de Passages

(Für einige außereuropäische Länder Vorschrift.)

»Was ist das?« fragte mein Banker ganz erstaunt, als ich ihn um eine Bürgschaft dafür fragte. So erklärte ich ihm, dass es sich dabei um ein Grenzdokument für Kraftfahrzeuge handelt, das von vielen Ländern weltweit ratifiziert wurde. Der Sinn ist, dass nicht bei jeder Grenze das Fahrzeug verzollt werden muss bzw. eine Menge Papiere ausgefüllt werden müssen, um die Ein- und Ausfuhr des Fahrzeugs zu dokumentieren. Falls hierbei mal ein Fehler unterläuft (Ausreisepapiere gehen verloren), kann es schnell unangenehm werden. Einem Bekannten erging es bei der Einreise in Chile so. Sein Fahrzeug war laut Papieren noch im Land, er aber schon seit drei Jahren ausgereist. Bei seinem Wiederkommen wurde ihm an der Grenze ein Haftbefehl vor die Nase gehalten (Computer gibt es mittlerweile auch in den entlegensten Winkeln der Erde). Damit

شركة البحيرة الوطنية للتأمين
Al-Buhaira National Insurance Co.
Khatam Melaha Centre Branch : P.O. Box : 6000 - Sharjah - United Arab Emirates - Tel.: 09 2774508 - Fax: 06 -5689799
شهادة تأمين
KM No. 6758

Kfz-Versicherungspolice.

war es aber nicht genug, er wurde auch prompt abgeführt. Seine Freundin konnte ihn mit Hilfe von einem Bekannten und unter Einschaltung der Botschaft innerhalb einer Woche auslösen. Wer hier allein unterwegs ist, braucht schon etwas mehr Glück.

Meinem Banker erklärte ich weiter, dass jedes Carnet de Passages gleichzeitig mit einer Bürgschaft der fälligen Zollsumme des entsprechenden Landes gekoppelt ist, um den illegalen Verkauf der Fahrzeuge zu vereiteln. Die Zölle betragen zwischen 1500 und 8500 €. Die Bürgschaft wird dann einbehalten, wenn das Fahrzeug *nicht* innerhalb der gesetzlichen Frist wieder ausgeführt wird. So ist man zumindest strafrechtlich aus dem Schneider, wenn auch die Bürgschaft weg ist.

Die Laufzeit für ein Carnet de Passages beträgt 12 Monate und kann unterwegs nochmals für einen Monat verlängert werden. Die Bürgschaft bzw. das hinterlegte Geld wird erst dann zurückgegeben, wenn das Carnet de Passage mit allen Ausreisestempeln wieder beim Aussteller ist (in meinem Fall beim ADAC).

Am besten durch den heimischen Zoll noch die Wiedereinfuhr ins Heimatland bestätigen lassen. So ist man abgesichert, falls in einem Reiseland was durcheinander kommt (die Bürgschaft wird dann auch unverzüglich wieder freigegeben).

In diesem Zusammenhang ist es bemerkenswert, dass an Grenzen fernab jeglicher Zivilisation die Carnets oftmals problemlos und korrekt abgestempelt werden (zum Beispiel im tiefsten Belutschistan). Doch bei der Einreise in Länder der »Ersten Welt« (z. B. am deutschen Flughafen) sind die Zöllner offensichtlich mit der Handhabung des Carnet de Passage überfordert.

Nach meiner letzten Reise hatte ich gerade vom vorbildlich organisierten Australien eine Anfrage, wo sich mein Motorrad befindet, obwohl ich das Carnet de Passage ordnungsgemäß bei der Ausreise abstempeln ließ. Schon deshalb sollte man immer Kopien vom Carnet de Passage machen und gut darauf aufpassen! Wenn man es verliert, gibt es eine Menge Ärger! Sollte das Motorrad gestohlen worden sein, muss man den Zoll mit dem Polizeibericht in der Hand dazu bringen, dass er das Carnet de Passage abstempelt.

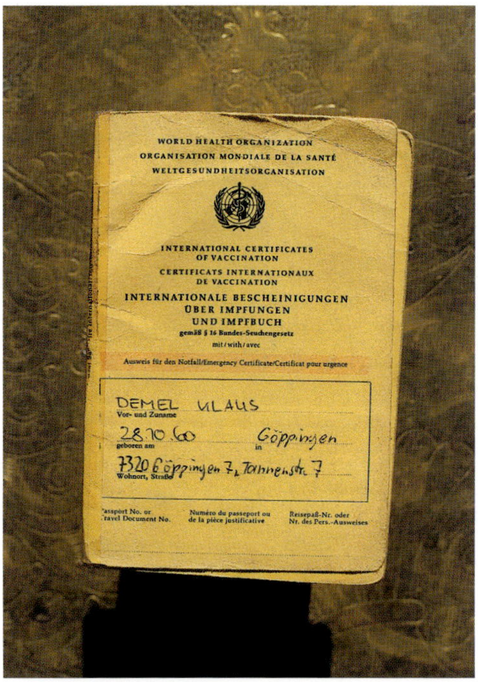

Internationaler Impfpass.

Vor der Reise nochmals umhören (Automobilclub), in welchen Ländern es obligatorisch ist, da sich die Bedingungen auch kurzfristig ändern können. Besser ist es, ein Carnet de Passage mitzunehmen und nicht zu benötigen, als an der Grenze abgewiesen zu werden. Die Ausfertigung kostet um die 100 € plus Kosten für die Bürgschaft bzw. den Zinsverlust durch das hinterlegte Geld.

Impfpass (international)

Wer noch keinen internationalen Impfpass besitzt, bekommt ihn bei seinen Impfungen (kostet halt auch wieder ein paar Euro).

Bargeld

Ohne geht es nicht, trotzdem sollten nicht große Summen an Bargeld mitgenommen werden. Im Notfall, wenn alle Banken geschlossen sind oder die Kreditkarte bzw. der Ausweis verloren wurde, helfen 500–1000 US-Dollar schon ein wenig weiter. Die Wahl der Währung ist seit dem Euro einfacher geworden, die Alternative lautet nun Euro oder US-Dollar, aber prinzipiell sind US-Dollar (noch) die Weltwährung! Möglichst kleine Scheine wählen. 100-Dollar-Scheine sind nicht allzu gerne gesehen (und lasst euch keine beschädigten Scheine andrehen, in manchen Ländern werdet ihr sie nicht mehr los). Aus Sicherheitsgründen solltet ihr das Geld auf mehrere Stellen verteilen, damit im schlimmsten aller Fälle nicht alles weg ist. Auf der anderen Seite braucht ihr aber auch nicht zu übertreiben, indem ihr das Geld zu sehr streut. Kann lästig sein, wenn wirklich einmal alles benötigt wird.

Reiseschecks

Auch diese sollten in US-Dollar gekauft werden, aber bitte nicht in zu großen Einzelbeträgen. Sie werden heute jedoch mehr und mehr von Kreditkarten verdrängt. Der Unterschied ist, dass sie vor der Reise gekauft werden müssen und somit das ganze Geld zinslos in der Tasche ist. Auf der anderen Seite können so Währungsschwankungen ausgeglichen werden, da der Wechselkurs beim Kauf für die

Visa im Reisepass.

ganze Reise gilt. Bei Direktbanken gibt es beim Kauf größerer Summen die Möglichkeit, die Schecks ohne Kaufgebühr zu erwerben. Wichtig ist es, die Quittung und die Schecknummern getrennt von den Schecks aufzubewahren, damit bei einem Verlust die Schecks gesperrt werden können. Da Reiseschecks grundsätzlich versichert sind, kann man so das Geld der gestohlenen Schecks zurückbekommen.

Kreditkarte (Bank-Karte)

Die Zeiten haben sich auch bei der Geldbeschaffung geändert. So ist es heutzutage fast schon weltweit möglich, Geld mit Plastikkarten zu bekommen. Dies ist meistens sogar günstiger, als Bargeld zu wechseln. Weltweit kann man an vielen Tankstellen und in vielen Supermärkten direkt mit der Kreditkarte bezahlen (inzwischen auch mit der BankCard, die die alte Eurocheque-Karte ersetzt hat). Dies kommt dann nochmals günstiger als über den Umweg mit Bargeld. Exotische Karten sind da von Nachteil. Die VISA Card ist zum Beispiel wesentlich verbreiteter als die Euro-/MasterCard.

Postsparbuch

Dies soll irgendwie fast weltweit funktionieren. Mit meinen über die Jahre hinweg gesammelten Erfahrungswerten würde ich aber nur im Notfall darauf zurückgreifen.

Visa

Für die Einreise in einige Länder ist es notwendig, ein gültiges Visum im Pass zu haben. Es handelt sich dabei um einen Sichtvermerk (meist Stempel), der von der Botschaft bzw. vom Konsulat des betreffenden Landes ausgestellt wird.

Nur selten wird ein Visum direkt an der Grenze ausgestellt (wie z. B. in Jordanien, UAE und Oman). Infos darüber, für welche Länder ein Visum benötigt wird, kann das Auswärtige Amt erteilen (einfach im Internet unter *www.auswaertiges-amt.de* nachsehen oder im Reiseführer nachlesen). Vorsicht beim Fragen in Reisebüros: Es kann eklatante Unterschiede zwischen Gruppen- und Einzelreisen geben.

So war ich einmal in einer sehr prekären Situation, als ich nur mit meinem Personalausweis bewaffnet in Tunesien einreisen wollte (in meinem Reisepass waren noch ein Südafrika- und im anderen ein Israel-Visum). Nach Ankunft der Fähre in Tunis fand ich mich im Raum der unerwünschten Immigranten wieder und stand kurz davor, ausgewiesen zu werden. Nach einem längeren Gespräch mit den Beamten und schon fast jeder Hoffnung beraubt, erwähnte ich, dass ich noch auf zwei Freunde wartete. Die Gesichter der beiden Beamten fingen an zu strahlen. Dann erklärten sie mir, wenn dies so wäre, fiele ich ja unter den Status von Gruppenreisenden, für die in Tunesien auch ein Personalausweis zur Einreise ausreicht. Ausgerüstet mit vielen Zusatzpapieren, konnte ich dann doch noch meine Reise fortsetzen, ganz nach dem Motto: Im Orient ist vieles schwierig, aber nichts unmöglich.

Also gut informieren und sich nicht scheuen, direkt die Konsulate zu fragen. Sie sind wesentlich kompetenter als irgendeine andere Stelle und auf dem aktuellsten Stand. Manche haben recht gute Merkblätter, in denen auch Infos über die Einreise mit Fahrzeugen und Impfungen nachgelesen werden können. Die Vorgehensweise zur Bestimmung und Beschaffung der notwendigen Papiere könnte folgendermaßen aussehen:

Visabeschaffung von zu Hause:

- Liste aufstellen, welche Länder bereist werden.
- Alle Länder, über die keine sicheren Informationen vorliegen, ob ein Visum notwendig ist oder nicht, auf eine Anfrageliste setzen.
- Über die Reiseführer und die Auskunft Telefonnummern der Botschaften und Konsulate der betreffenden Länder heraussuchen.
- Alle betreffenden Vertretungen anrufen und unter Angabe der eigenen Staatsangehörigkeit (wichtig!) nachfragen, ob ein Visum für die Einreise notwendig ist. Auch erklären, wie man einzureisen gedenkt (eigenes Fahrzeug). So kann auch gleich wegen eines Carnet de Passage nachgefragt werden.
- Falls ein Visum notwendig ist, entsprechenden Antrag zusenden lassen und nachfragen, wie lange die Bearbeitung dauert (von 2 Tagen bis 6 Monaten ist hier alles möglich).
- Den Antrag nach Erhalt kopieren (falls man sich verschreibt ist das ganz hilfreich) und penibel genau ausfüllen, um Rückfragen zu vermeiden.
- Den ausgefüllten Antrag auf Erteilung eines Visums mit dem geforderten Geldbetrag, den Passbildern, dem Reisepass und natürlich mit einem frankierten Rückumschlag per Einschreiben (mit Rückschein) an die Vertretung senden. Wer in der Nähe wohnt, kann auch persönlich vorbeigehen, was die Bearbeitung erheblich beschleunigen kann. Beachten, dass es zwei Fristen bei jedem Visum gibt: Erstens, innerhalb welchen Zeitraumes das Visum zur Einreise berechtigt, und zweitens, wie lange es den Aufenthalt im Land gestattet. Deshalb sollte man das Visum nicht zu früh beantragen. Sonst ist es womöglich bei der Einreise schon gar nicht mehr gültig. Auch im Land nicht überziehen. Lieber versuchen, es im Falle eines längeren Aufenthalts verlängern zu lassen, sonst kann es bei der Ausreise unangenehm werden.

Visabeschaffung während der Reise:

Hier ist es wichtig, sich zu informieren, welche Länder diplomatische Beziehungen miteinander haben. Länder, die diplomatische Beziehungen abbrechen (was manchmal recht schnell gehen kann), ziehen im Regelfall dann auch ihre Botschafter aus dem betreffenden Land ab. So hat man keine Möglichkeit mehr, an ein Visum für das betreffende Land zu kommen. Hier kann sich dann eine so genannte Visafalle ergeben. Damit ist gemeint, dass es keine Möglichkeit mehr gibt, in ein anderes Land auszureisen. Dadurch wird man gezwungen, zurückzufahren oder den Luftweg zu benutzen, um in ein Land zu kommen, das die Einreise ermöglicht.

Im Sudan erging es mir einmal fast so. Eigentlich wollte ich mit meiner Freundin über Zentralafrika weiter nach Kenia fahren. Wir waren zu zweit auf dem Motorrad und hatten dementsprechend viel Gepäck dabei. Im Westsudan gab es damals kein Benzin. Es war für uns unmöglich, die notwendigen 80 Liter Benzin zusätzlich zu bunkern. Der Südsudan war wegen eines Bürgerkriegs gesperrt, im Tschad und in Äthiopien herrschte auch gerade Krieg, aus Ägypten kamen wir, also was nun?

So fingen wir an, die Karte zu studieren, und unser Blick fiel auf den Jemen. Ich hatte einmal einen Bildband über die Lehmhäuser gesehen, und dachte, es wäre doch toll, die Gebäude einmal in natura zu sehen. Wir bekamen sogar ein Visum in Khartum. Nur gab es kein Schiff, das direkt in den Jemen fuhr. So blieb uns nur die Fahrt über Saudi-Arabien. Ich kenne kein Land, für das es schwieriger ist, ein Visum zu bekommen! So stieg die Spannung fast bis ins Unerträgliche, da wir wussten, dass dies unsere einzige Chance war, unsere Reise auf dem Landweg fortzusetzen.

Als ich die Pässe eine Woche später abholte und das mehrfarbige Saudivisum darin schimmern sah, musste ich mich direkt beherrschen, den Botschafter nicht freudig in meine Arme zu nehmen. Stempel haben also einen wichtigen Einfluss auf die Reiseroute.

- Nachfragen, wo es eine diplomatische Vertretung des Landes gibt, für das man das Visum benötigt. Wer zum Beispiel in Ägypten ein Visum für den Sudan beantragen möchte, muss sich in Kairo an die sudanesische Botschaft wenden. Wenn Ihr bei den Botschaften oder Konsulaten einen schlechten Eindruck hinterlasst (subversives Objekt oder zu freakig), kann es schon einmal sein, dass ihr aufgefordert werdet, ein Empfehlungsschreiben der Botschaft des eigenen Heimatlandes mitzubringen. Dann heißt es, die eigene Botschaft ausfindig zu machen (in Kairo sind die meisten europäischen Länder vertreten). Dort wird das Formular dann gegen ein wenig Bares meist ausgestellt (von Schweizern habe ich schon gehört, dass erst nachgefragt wird, ob die Steuern zu Hause bezahlt wurden).
- Jetzt kann das Spiel neu beginnen. Ihr solltet besser nicht damit rechnen, dass Ihr bereits eine Stunde nach Betreten der Botschaft mit einem Visum wieder herauskommt (ist mir zwar auch schon passiert, das ist aber eher nicht die Regel). Wartezeiten von einem halben Tag bis zu zwei Wochen und mehr sind möglich. Darum möglichst bei der Einreise in ein Land schon das Visum für die Weiterreise beantragen! So können Wartezeiten in teuren Großstädten und damit verbundene Visaverlängerungen vermieden werden. Immer eine Bestätigung ausstellen lassen, dass sich der Pass auf dem Konsulat oder der Botschaft befindet.
- Die Gebühr für das Visum wird im Ausland meist in Dollar erhoben und ist auch unterschiedlich hoch. Manchmal ist es sogar kostenlos, es kann aber auch passieren, dass 50 US-Dollar dafür verlangt werden, je nach Land und Staatszugehörigkeit des Antragsstellers.
- Wer durch viele Länder reist, dem empfehle ich, darauf zu achten, dass die Seiten im Pass gut genutzt werden. Mir wollte der Zoll einmal die Einreise verweigern, da er im Reisepass keinen Platz für seinen Stempel fand …

Wichtige Adressen (von Freunden und Hilfsorganisationen)

Nicht nur zum Postkarten schreiben sind Adressen wichtig. Auch wenn man unterwegs einmal ein Problem haben sollte, können sich Adressen als »goldwert« herausstellen. Deshalb natürlich auch die Adresse der Hausbank und der Firma nicht vergessen. Notiert die Telefonnummern ohne 0180-Vorwahl. Diese 0180- oder 0190-Nummern können vom Ausland nicht abgefragt werden, und dann steht man ziemlich blöd da. E-Mail wird auch zunehmend wichtiger, und unterwegs stehen mittlerweile viele Internetcafés zur Verfügung, die eine schnelle und günstige Kommunikation ermöglichen. Also auch hier an Adressen denken.

Einen guten Tipp bekam ich von einem Reisenden, der mir empfahl, zur Sicherheit wichtige Adressen auch an meine eigene E-Mail-Adresse zu senden. So hat man weltweit die Möglichkeit, auf diese Adressen zurückzugreifen. Auch wichtige Papiere lassen sich dort hinterlegen. Sie müssen nur vorher eingescannt und als Datei angehängt werden. Beim Abspeichern ein Datenformat wählen (z. B. .jpg), das nicht so viel Speicherplatz benötigt (keine Bitmaps). Sonst kann es passieren, dass eure E-Mail-Box »überläuft« (erkundigen, wie viel Speicherplatz der E-Mail-Server bereitstellt). Freemails machen es dann möglich, ohne Provider von jedem PC mit Internetanschluss darauf zuzugreifen.

Zoll

Erst kürzlich war in der Presse zu lesen, dass ein Familienvater verhaftet wurde, weil er einen antiken Stein im Gepäck hatte, den sein Sohn gefunden hatte. In vielen Ländern stehen hohe Strafen, zum Teil sogar Gefängnisstrafen auf die Ausfuhr von antiken Gegenständen. Man sollte vorsichtig sein, auch und gerade bei besonderen Einkäufen. Die können einen in Teufels Küche bringen. Wer unsicher ist, sollte besser noch im betreffenden Land selbst den Zoll aufsuchen und fragen. Ist alles o.k., kann man es sich entsprechend bestätigen lassen. Dies gilt auch für andere Gegenstände. Ganz heiß sind die in Asien verbreiteten Nachbauten von teuren Uhren oder Klamotten. Wer mit einer falschen Rolex in Frankreich erwischt wird, muss mit einer hohen Strafe rechnen.

Viele Waren sind deklarationspflichtig. Das bedeutet, wer z. B. die maximale Menge an Alkohol mitnimmt, sollte dies dem Zollbeamten ungefragt mitteilen. So ist er seiner Deklarationspflicht nachgekommen. Deshalb gibt es oftmals zwei Fahrspuren an den Grenzen. Eine für Leute, die nichts deklarieren müssen, und eine separate Spur für Waren, die dem Zoll unterliegen.

Ich kann nur jedem raten, keine krummen Geschäfte durch Schmuggel zu machen. Wenn er erwischt wird, geht es oftmals ganz schnell ins Gefängnis, und diese sind im Ausland meist nicht sehr luxuriös. Die Kosten für Rechtsanwalt usw. werden die Reisekasse dann im Nu leeren, und oftmals kommt man nur mit hohen Schulden aus solch einer Situation heraus.

Ich war einmal in der Situation, dass der Zoll eine größere Menge nicht deklarierten Geldes bei mir gefunden hat. Man ist dann voll dem Beamten ausgeliefert und auf sein Wohlwollen angewiesen. Falls solches nicht vorhanden ist, ist die Reise vorbei, bevor sie anfing.

Wer sein Motorrad mit dem Flugzeug oder Schiff nach Hause senden will, sollte wissen, dass er keine Mitbringsel auf das Motorrad binden darf. Zollfreimengen sind nur dann gültig, wenn diese mit der Einreise der Person ins Land gebracht werden. Sind sie am Motorrad untergebracht, gelten sie als zollpflichtiges Importgut – mit allem Papierkram und allen Zollkosten, die damit verbunden sind.

Man sollte also genau die Zollbestimmungen des Ausreise- und Einreiselandes lesen. Somit kann geklärt werden, ob etwas relevantes für den Zoll im Gepäck ist. Ansonsten gilt: Immer sehr freundlich zu den Zollbeamten sein, denn sie entscheiden darüber, ob wir das nächste Land bereisen dürfen oder nicht.

Für alle Fälle: Versicherungen

Keiner mag sie, jeder hat eine! Das ist eine der vielen bösartigen Beschreibungen von Versicherungen. Zugegeben, ich stehe dieser Innung sehr kritisch gegenüber. Als ich einmal mit einem anderen Motorradfahrer ins Gespräch kam und wir uns nach unseren Berufen fragten, bekam ich die Antwort, er sei Versicherungsvertreter. Anschließend fragte er mich gleich, was ich gegen Versicherungsvertreter hätte, obwohl ich kein Wort gesagt hatte. Mein Gesichtsausdruck sprach wohl schon Bände. Ich werde trotzdem versuchen, jetzt objektiv über dieses wichtige Thema zu schreiben.

Das Angebot bietet für scheinbar alle Fälle die richtige Versicherung, sodass dem Reisenden angeblich jedes Risiko genommen wird – so zumindest die Theorie. Deshalb ist es unumgänglich, sich in die Materie einzuarbeiten, und dies ist nicht nur im Hinblick auf eine Reise notwendig, sondern eigentlich generell.

Da Versicherungen Geld kosten, belasten Sie zusätzlich die meist schon strapazierte Reisekasse. Bei langen Reisen summieren sich die zusätzlichen monatlichen Kosten stark auf, die bei Kurzreisen im Verhältnis zu den Reisegesamtkosten kaum auffallen. So ist es für alle sinnvoll, die länger unterwegs sein wollen, die bestehenden Versicherungen genau unter die Lupe zu nehmen. Die undankbare, aber unbedingt erforderliche Aufgabe besteht dann darin, sich durch das Kleingedruckte in den Verträgen zu lesen. Nur dort besteht die Möglichkeit, herauszubekommen, unter welchen Umständen welche Leistungen erbracht werden. Außerdem ist es sehr interessant zu wissen, was alles versichert ist. Dann lassen sich nämlich auch Doppeldeckungen durch unter-

Versicherung für den Fall der Fälle.

schiedliche Versicherungen herausfinden, sodass ohne Leistungsverlust vielleicht die eine oder andere Versicherung gekündigt werden kann.

Bei der Überlegung, ob man die Versicherung benötigt oder nicht, kann man sich als Richtlinie die Frage stellen: »Kann ich das Risiko, das ich versichern will, im Notfall auch selbst tragen?« Als nächste Entscheidungshilfe kann bei vorliegenden Erfahrungen auch noch versucht werden abzuschätzen, wie hoch die Wahrscheinlichkeit ist, dass der Schadensfall eintritt. Was natürlich schon in die Richtung hellseherischer Fähigkeiten geht. Mit dem Reisen gewinnt jeder auch Selbstsicherheit und die Bereitschaft, mehr Risiko selbst zu tragen. Dies führt zu einem bewussteren Leben, das dann tatsächlich auch viele Risiken erheblich reduziert. Im Rückblick erscheinen so viele Versicherungen als überflüssig. Andererseits geht es im deutschen Alltag natürlich auch nicht ganz ohne. Wer würde hier schon auf die Idee kommen, sich ohne Haftpflichtversicherung in den Straßenverkehr zu stürzen?

Anfangs belastet es vielleicht noch etwas, aber irgendwann fängt man an zu begreifen, dass es nicht in erster Linie darauf ankommt, sich gegen Fehler zu versichern, sondern sie zu vermeiden. Es nützt mir reichlich wenig, wenn der Schaden meines Unfallgegners bezahlt wird, ich aber wegen eines gebrochenen Beins meine Reise abbrechen muss. So, nach der ideologischen Betrachtung jetzt ein paar konkrete Vorschläge:

Krankenversicherung:

Auf einer Reise krank zu werden, ist so mit das Schlimmste, was einem passieren kann. Aber zur Beruhigung: Auch in fremden Ländern gibt es Ärzte, die helfen können. In einigen Ländern ist die medizinische Hilfe sogar kostenlos. Deshalb vorher informieren, wie das Gesundheits- oder besser Krankheitswesen in den anvisierten Ländern funktioniert. Ihr solltet in Eure Überlegungen einbeziehen, dass auch die beste und teuerste Auslandskrankenversicherung nur bis zum Grenzübertritt in heimatliche Gefilde zahlt (es gibt Ausnahmen, die bis zu zwei Monate zu Hause weiterbezahlen, Kleingedrucktes studieren). Wer heimgeflogen wird und zu Hause keine *Ruheversicherung* bei seiner alten Krankenversicherung hat, zahlt aus eigener Tasche weiter. Die Kosten für eine auf sechs Wochen begrenzte Auslandskrankenversicherung sind mit 5 bis 50 € im Jahr recht gering. Bei Auslandskrankenversicherungen, die Reisen länger als sechs Wochen am Stück versichern, werden meist Tagessätze berechnet, die je nach Gesellschaft und Leistungen stark differieren. So kommen schnell ein paar Euro pro Tag zusammen. Wer privat versichert ist, hat auch die Möglichkeit, seine Krankenversicherung so zu erweitern, dass sie weltweit die Kosten übernimmt. Wenn man diese private Krankenversicherung nicht sowieso kündigen möchte, kann das günstiger sein, als noch zusätzlich eine Auslandskrankenversicherung abzuschließen. Bei einem Alter von 42 Jahren liegt der Mindestsatz hier zum Beispiel bei 300 Euro. Ein Vergleich der Versicherungen kann hier wie überall sehr lohnend sein.

Ruheversicherung:

Sie ermöglicht ein sofortiges Wiederaufleben der Krankenversicherung zu Hause, falls man als Kranker zurückkommt (Krankenrücktransport) und keine Zeit findet, sich auf dem regulären Weg wieder zu versichern. Diesen Service lassen sich die Versicherungen aber auch ganz gut honorieren! Mit 150 € im Monat und mehr muss man rechnen. Bei privat Versicherten kommt der Vorteil hinzu, das man bei Abschluss solch einer Versicherung seinen alten Beitragssatz behält, wenn man wieder im Erwerbsleben steht. Und das kann sich rechnen, vor allem, je älter man ist.

Rentenversicherung:

Seit längerem erhitzen sich die Gemüter, wenn es ums Thema Rentenversicherung geht, und keiner weiß mehr, mit welcher Rente er im Alter rechnen kann. Alle, die während ihrer Reise nicht mehr versichert sind, können sich bei der Landesversicherungsanstalt ausrechnen lassen, was sie ihre Rentenlücke im Alter an Rente kostet wird. Und wie hoch die Nachzahlungen für diese Zeit sind. So kann sich jeder überlegen, ob er das Geld selbst anlegt (so es vorhanden ist) oder ob er es nachzahlt bzw. mit der geringeren Rente leben kann.

Flugrettung:

Sie ist meist schon in der Auslandskrankenversicherung enthalten und fällt dann unter das Stichwort »unnötige Doppelversicherung«.

Haftpflichtversicherung (Motorrad):
Die heimische Haftpflichtversicherung ist für alle auf der Grünen Versicherungskarte vermerkten Länder gültig. Manche Versicherungsgesellschaften allerdings haben bestimmte Länder von dieser Liste gestrichen. Falls solche Länder bereist werden sollen, vorher mit dem Versicherungsvertreter verhandeln und darauf bestehen, dass ohne Aufpreis eine neue, für das Reiseland gültige Versicherungskarte ausgestellt wird.

Bei Vertragsabschluss genau nachfragen, in welchen Ländern welche Schäden durch die Versicherung abgedeckt sind. Falls die Grüne Versicherungskarte für das Reiseland ungültig ist, kann es unter Umständen an der Grenze zu Schwierigkeiten kommen. Im Notfall muss dann an der Grenze eine Zusatzversicherung abgeschlossen werden. Hat man erst einmal die Mittelmeeranrainerstaaten hinter sich gelassen, dann fängt man mit der heimischen Versicherung nicht mehr viel an. Es bleibt dann jedem freigestellt, sich eine lokale Versicherung zu suchen oder, wenn keiner was in der Art von einem will, die Reise auf eigenes Risiko fortsetzen.

Teilkaskoversicherung:
Sie ist nur in den Ländern gültig, in denen auch die Haftpflichtversicherung gültig ist. Da die Reise ohne Motorrad sowieso zu Ende ist, gehe ich mal davon aus, dass jeder ein wenig auf seinen fahrbaren Untersatz aufpasst und aus diesem Grund eine solche Versicherung – hoffentlich – nicht nötig ist.

Vollkaskoversicherung:
Sie ist ebenfalls nur in den Ländern gültig, in denen auch die Haftpflicht- und Teilkaskoversicherung gültig ist. Die Wahrscheinlichkeit, mal vom Motorrad zu fallen, ist zwar nicht allzu gering, aber dieses Risiko sollte man noch fähig sein, selbst zu tragen. Aus diesem Grund und in Anbetracht der nicht allzu günstigen Prämien: Eher etwas für zu Hause.

Haftpflichtversicherung (privat):
»Ja, die zahlt sogar weltweit«, hat man mir erzählt. Besser im Kleingedruckten nachsehen. Ich hatte jedenfalls keine, und so musste ich den Stuhl, der in der Kneipe in Bolivien unter mir zusammenbrach, (beinahe) selbst bezahlen.

Risikolebensversicherung:
Zur Absicherung von Angehörigen kann sie sehr sinnvoll sein. Die Höhe und die damit verbundenen Prämien sind auch hier individuell sehr unterschiedlich und hängen von der Versicherungssumme ab.

Lebensversicherung:
Jeder Vertreter freut sich, wenn er eine verkauft hat! Zum Geldanlegen gibt es allerdings bessere Möglichkeiten. Zur Absicherung der Angehörigen auch (siehe Risikolebensversicherung).

Unfallversicherung:
Falls man sie braucht, ist man glücklich, wenn man sie hat. Die Höhe der Prämien (die sich meist schon mit einigen Märkern monatlich bemerkbar machen) ist auch hier stark von den vereinbarten Leistungen abhängig. Wer in der Gewerkschaft ist, hat eine »kleine« Unfallversicherung gratis. Ruhig mal nachfragen.

Schutzbrief:
Er ist eine feine Sache, und in Europa und rund ums Mittelmeer sei er allen empfohlen. Das Preis-/Leistungsverhältnis ist sehr gut, und es wäre dumm, diese Möglichkeit nicht wahrzunehmen. Ein Preis-/Leistungsvergleich zwischen den Anbietern lohnt sich aber auch hier. Wer Europa verlässt, der muss sich selbst helfen. In einigen »westlichen« Staaten wie den USA, Neuseeland und Australien stehen auch Automobilclubs mit ähnlichen Angeboten zur Auswahl. Wer aber dann schon Monate auf sich selbst gestellt unterwegs war, wird eine solche Absicherung wahrscheinlich als nicht mehr so wichtig ansehen. Irgendwann hat man dann auch gelernt, sein Motorrad selbst wieder fit zu bekommen …

Gepäckversicherung:
Prinzipiell eine sehr gute Sache, zumindest auf den ersten Blick. Das Leistungsspektrum ist allerdings auch hier wieder sehr unterschiedlich. Durch viele Einschränkungen im Kleingedruckten muss bei manch einer Versicherung schon sehr genau überlegt werden, welche Faktoren erfüllt sein müssen, damit überhaupt eine Deckung des Schadens vorhanden ist. So ist unter Umständen das Gepäck am Motorrad nur dann versichert, wenn es auf einem bewachten Parkplatz steht, aber nicht nach 20 Uhr, und auch das nur, wenn es fest am Motorrad verschraubt sowie abgeschlossen ist

und so weiter. Wenn ich alles zusammenzähle, was mir bisher gestohlen wurde, komme ich auf etwa 300 US-Dollar, das kann Glück sein oder nicht. Zumindest ist es eine günstige Alternative zur Gepäckversicherung, möglichst keine teuren Güter mitzunehmen. Es lebt sich dann zudem weitaus entspannter.

Fotoversicherung:
Wer teures Equipment durch die Gegend trägt, weil er vielleicht berufsmäßig damit zu tun hat, der kann spezielle Versicherungen abschließen, die zum Teil auch eigenes Fehlverhalten wie »Fotoapparat ist heruntergefallen« übernehmen. Diese Konditionen haben natürlich auch ihren Preis. In guten Fotomagazinen fahnden! Die Reisegepäckversicherungen übernehmen hier nur geringe Beträge oder müssen per Zusatzprämie aufgestockt werden.

Bei allen Versicherung ist es wichtig, im Schadensfall genau zu wissen, was zu tun ist. Denn wer Fristen versäumt und den Schaden nicht rechtzeitig an der richtigen Stelle anzeigt, für den sieht das Kleingedruckte allerhand Unangenehmes vor. Sodass eine eventuelle Rückerstattungen in weite Ferne rückt.

Auf jeden Fall sollte der Schaden möglichst unverzüglich der Versicherung gemeldet werden. Dies kann im fernen Ausland zum Teil schon recht aufwändig sein. Daher Telefonnummern mit direkter Durchwahl geben lassen. Bei Telefonaten immer mit Zeugen telefonieren und Datum, Uhrzeit und Namen des Gesprächspartners sorgfältig notieren. Besser ist es noch, die Schadensmeldung per Fax zu senden, da dies dann auch rechtliche Gültigkeit besitzt.

Oftmals verlangen die Versicherungen bei Schadensfällen weitere Beweismittel. So sind Polizeiprotokolle, Anzeigen bei Diebstahl, Behandlungsrechnungen und Untersuchungsergebnisse von Arztbesuchen usw. an die Versicherungen weiterzureichen. Aber immer Kopien anfertigen! Bei Attesten immer vorher schriftlich bestätigen lassen, dass die Versicherung die Kosten übernimmt, denn Untersuchungen können sehr teuer sein.

In einigen Ländern ist es Pflicht, bei einem Verkehrsunfall, egal wie gering der Schaden auch ist, die Polizei zu holen. Falls dies nicht gemacht wird und das beschädigte Fahrzeug gesehen wird, kann eine Anzeige wegen Unfallflucht erfolgen. Deshalb sich immer darüber informieren, welche Vorschriften im Land beachtet werden müssen.

Nochmals zusammenfassend: Wer genug Geld hat, finanzielle Risiken selbst zu übernehmen, benötigt nicht unbedingt Sachversicherungen. Die Absicherung im Krankheitsfalle ist wichtig, zum Teil aber auch durchaus privat bezahlbar. Die Weiterbehandlung zu Hause nach einem Unfall ist meist nicht längerfristig durch die Auslandskrankenversicherung abgedeckt (ich kenne keine). Dies ist noch ein Schlüsselproblem, da die Ruheversicherungen bei den Krankenkassen doch sehr teuer sind.

Versicherungen, die »Unfall, Invalidität und Leben« abdecken, müssen aufmerksam miteinander verglichen werden. Danach muss jeder individuell für sich entscheiden, welche Versicherung er wofür und zu welchem Preis braucht.

Reisepartner: Alleingang oder Gruppendynamik?

Mit Lebenspartner unterwegs ...
Es ist sehr schön, wenn man die Möglichkeit hat, mit einem/r Partner/in die Welt zu erkunden und die Eindrücke zu teilen. Man lernt sich auch in Extremsituationen kennen, die im Alltag in dieser Form und Intensität nicht vorkommen. Dies kann die Beziehung sehr vertiefen. Was sich im Alltag bewährt hat, muss nicht automatisch auch auf der Reise funktionieren. Auf der anderen Seite können aber auch Beziehungen, die im Alltag schwierig sind, auf der Reise wunderbar harmonieren. Am besten vorher auf einer kleinen Reise erst einmal ausprobieren, ob beide die gleichen Vorstellungen und auch Spaß miteinander haben.

Schwierig kann es werden, wenn ein Partner nur mitfährt, weil er den anderen nicht alleine lassen will. Hier wird man sich bestimmt öfters »fetzen«. Ansonsten durchlebt man als Paar alle guten und schwierigen Situationen gleich, wie auch zu Hause.

Ein weiterer positiver Punkt ist, dass einem Paar meist mehr Vertrauen geschenkt wird als wenn zwei verwegene Typen des Weges kommen. Etwas Mitleid der Frau gegenüber, weil sie auf dem Motorrad ja so leiden muss, öffnet manche Tür in ein angenehm geheiztes Zimmer. Und dabei gibt es oft noch was Leckeres zu Essen.

Mit Freunden unterwegs ...
Bei freundschaftlichen Beziehungen liegt die Sache ähnlich wie bei einem Paar, nur dass die persönlichen Ansprüche noch weiter auseinander gehen können. Die Bereitschaft, sich einem gemeinsamen Ziel zuzuwenden, ist nicht immer bei allen gleich stark ausgeprägt. Es erfordert etwas Umsicht bei der Wahl des Reisepartners, vor allem bei Freunden, die man nur von einem Lebensbereich her kennt, sei es von

Zu zweit am Kap Agulhas, dem südlichsten Punkt Afrikas.

der Arbeit oder vom Stammtisch. Dies kann unterwegs große Überraschungen mit sich bringen. Menschen, die man selbst als autark einschätzt, können sich zur Klette entwickeln. Andere sehen im Reisepartner auch gleich den Reiseveranstalter, der für Essen, Unterkunft usw. zu sorgen hat.

So sind Toleranz und Kompromissbereitschaft unabdingbare Eigenschaften, wenn die Reise funktionieren soll. Es ist meist leichter miteinander auszukommen, wenn die Umstände etwas härter sind und es darum geht, ein gemeinsames Ziel zu erreichen (Leid verbindet), als wenn man gemeinsam gemütlich durch die Landschaft schlendert.

Wer merkt, dass er mit seinem Reisepartner nicht harmoniert, der sollte sich lieber von ihm trennen, als gezwungenermaßen weiter miteinander zu reisen. Dies bringt nur Streit, Spannungen und Frust. Eine Trennung setzt natürlich voraus, dass jeder sein eigenes Gepäck dabei hat und nicht wegen der Ausrüstung vom anderen abhängig ist.

Der Alleingang

Alleine unterwegs zu sein, ist nicht unbedingt jedermanns Sache. Hier gibt es einen feinen, aber entscheidenden Unterschied, nämlich den zwischen »einsam« und »allein« sein. Es ist durchaus möglich, in einer Gruppe einsamer zu sein, als wenn man alleine unterwegs ist.

Wer alleine reist, wird die Erfahrung machen, dass er auf die Hilfe anderer Leute angewiesen ist. So wird man lernen, auf andere offen und freundlich zuzugehen, um eine Antwort auf seine Fragen zu erhalten. Und sei es nur die Uhrzeit. So entstehen neue Kontakte, aus denen sich so manches Unerwartete und Interessante ergeben kann.

In Brasilien fragte ich einen Autofahrer nach dem Weg aus der Stadt, nachdem ich schon dreimal den Kreisverkehr umrundet hatte. Er meinte: »Kein Problem, fahr einfach hinter mir her.« Nach ein paar Minuten fragte er mich, ob ich nicht auf ein Bier zu ihm nach Hause mitkommen wolle. Warum nicht? Ich blieb das ganze Wochenende, machte zwei Grillfeten mit und lernte den ganzen Motorradclub des Ortes kennen. Als ich weiterfuhr, hatte ich das Gefühl, einen alten Freund zu verlassen.

Solche Erlebnisse kann man auch zu zweit oder zu dritt haben, aber sie sind viel seltener. Es ist für die Gastgeber einfacher, sich auf ei-

Unerwartete Begegnung mit anderen Motorradreisenden in Pakistan.

Eine Gruppe von Motorradfahrern sorgt in kleinen Dörfern immer noch für Aufsehen.

nen Menschen zu konzentrieren, als auf eine ganze Gruppe.

Allerdings ist es auch nicht jedermanns Ding, wochenlang abends alleine am Lagerfeuer zu sitzen. Wer in einsamen Gegenden unterwegs ist, freut sich abends über Unterhaltung. Aber etwas Initiative ist hierfür schon erforderlich. Wer immer nur wartet, dass er angesprochen wird, kann mitunter lange warten (in einer schwäbischen Wirtschaft kann das bis zur Sperrstunde dauern).

Die Gruppenreise

Viele, die ganz auf Nummer sicher gehen wollen, überlegen sich, an einer organisierten Motorradreise teilzunehmen, wie sie zur Zeit immer häufiger angeboten werden. Diese haben aber ganz eigene Regeln. Hier spielen die Teilnehmerzahl und das zu bereisende Land eine sehr große Rolle. Der positive Effekt ist, dass alle Teilnehmer die Reise genießen wollen, denn sie haben viel Geld dafür bezahlt und sind daher motiviert, sich am Tagesablauf aktiv zu beteiligen. Man darf aber nicht erwarten, sehr eng mit dem Land und den Leuten in Kontakt zu kommen. Denn meistens ist das Programm sehr voll und man hat wenig Zeit für eigene Aktivitäten. Dafür sieht man in dieser Zeit mehr vom Land, da die Planung von Strecke und Unterkunft entfällt.

Es ist ratsam, sich vor der Reise beim Veranstalter genau zu erkundigen, was einen erwartet. Nachfragen, ob es eine Art Rallye ist, oder ob es mehr um das Reisen im eigentlichem Sinn geht, damit man auch etwas vom Land sieht. Falsche Vorstellungen enden meist später mit Enttäuschung, und die ist der Nährboden für schlechte Stimmung. Am besten mit einigen sprechen, die bereits Reisen bei dem Reiseveranstalter gemacht haben.

Wenn die Rahmenbedingungen stimmen, kann eine solche Reise auch eine gute Vorbereitung für eine eigene, größere Reise sein. So hat man unter Anleitung die Möglichkeit, sein Fahrkönnen vor Ort zu verbessern und seine Ausrüstung richtig zu testen. Gute Reiseunternehmen erkennt man unter anderem an folgenden Leistungen:

- Möglichst kleine Gruppen (max. 10 bis 12 Teilnehmer)
- Komplettpreise inkl. Flug und gegebenenfalls Motorradtransport
- Mindestens 2 Reisebegleiter, davon einer auf dem Motorrad als Tourguide (besser sind 2 Tourguides auf dem Motorrad, um 2 Fahrgruppen bilden zu können)
- Ein Begleitfahrzeug in gutem technischen Zustand, das den gesamten Gepäcktransport übernimmt und einen im Notfall ins Krankenhaus bringen kann
- Genaue Informationen über die fahrerischen Anforderungen der Tour
- Genaue Informationen über die gesundheitliche Vorbereitung (Impfungen usw.)
- Die zu fahrenden Strecken sind dem Tourguide bekannt, sodass er die Teilnehmer einschätzen und vor schwierigen Stellen warnen kann.

- Kompetenz und Erfahrung im Gastland verhindert blamable Missverständnisse mit Einheimischen und Behörden.
- Im Urlaub sollte auch der Magen nicht zu kurz kommen, gutes Essen hebt die Stimmung ungemein. 3 Wochen Dosenfood sind nicht gerade ein Aushängeschild.
- Falls das Motorrad mal den Geist aufgibt, ist es schön, wenn man fachmännische Hilfe bekommt oder im Falle eines irreparablen Schadens das Motorrad wieder heimtransportiert werden kann.
- Informationen über das Reiseland und die Sicherheitslage sollten unaufgefordert mitgeteilt werden.
- Übernachtungsplätze und Hotels sollten dem Reisepreis angemessen sein.
- Außerdem gibt es noch einen Reisesicherungsschein, der die Anzahlung bei einem Konkurs des Veranstalters schützt.
- Zu guter Letzt sollte es noch ein Vortreffen geben, bei dem man dann doch noch die Möglichkeit hat, einen Rückzieher zu machen, wenn einem die Gruppe überhaupt nicht zusagt.

Für die große Reise

All jenen, die von der »großen« Reise träumen, kann ich nur empfehlen, die Entscheidung, ob oder ob nicht, selbst zu treffen. Sie sollte nicht von der Entscheidung anderer abhängen, sonst wird man noch sehr lange zu Hause sitzen. Aber manch einer hat ja auch nur am Planen seinen Spaß.

Aus Erfahrung kann ich sagen, dass am Anfang alle unheimlich begeistert sind, und je näher der Abreisetermin kommt, um so weniger werden es. Am Ende steht man wieder alleine da. Besser ist es deshalb, seine eigenen Ziele zu verfolgen. Falls sich dann unterwegs eine Gemeinsamkeit mit anderen Reisenden ergibt, ist dies meist besser und unkomplizierter, als mit jemandem zusammen weggefahren zu sein. Denn beide haben bereits für sich bewiesen, alleine zurecht zu kommen. So ist man so lange zusammen, wie man es als angenehm empfindet, und es gibt kein schlechtes Gewissen, wenn sich einer verabschiedet.

Unter gewissen Bedingungen ist es jedoch notwendig, Strecken mit Begleitung zu fahren. Wer alleine abseits bekannter Pisten durch die Sahara fährt, geht schon ein sehr hohes Risiko ein. Ein kleiner Defekt kann tödliche Folgen haben. Ein Zwischenfall, den ich in der libyschen Sahara hatte, soll dies verdeutlichen:

Bei der Fahrt durch das große Dünengebiet, in dem auch die Mandara-Seen liegen, bemerkte ich, dass der Hinterreifen meines Motorrads total mit Öl verschmiert war. Als Ursache vermutete ich eine defekte Getriebeaus-

Blick vom Jabal-Akdar-Massiv ins Tal (Oman).

Begegnung während der Reise.

gangswellendichtung. Beim demontieren des Ritzels sah ich dann aber ein daumengroßes Loch im Motorgehäuse. Durch die Abdeckung des Ritzels muss sich so viel Sand zwischen Kette und Ritzel gestaut haben, dass die Kette abhob und mir ein Loch in das Motorgehäuse schlug. Nur mit Hilfe von Freunden, die mir genug Öl besorgten, um nach dem Abdichten den Motor zu spülen und wieder mit Öl zu füllen, war es mir möglich, meine Reise fortzusetzen. Ohne diese Hilfe hätte ich ein ernsthaftes Problem gehabt. 120 Kilometer im Sand sind zu Fuß recht weit, und wer hat schon 4 Liter Motoröl dabei?

Manchmal reicht es bereits, mit dem Motorrad einfach umzufallen. Wer dann unter seinem bepackten Monstrum liegt, wird merken, dass es gar nicht so einfach ist, alleine wieder darunter hervor zu kriechen. Glück hat dann der, der noch an Wasser und Proviant kommt und auf Hilfe warten kann. Einem Freund ist dies in Mosambik passiert. Da er keinen Übernachtungsplatz fand, kam er in die Nacht hinein. Im Dschungel und bei strömendem Regen übersah er ein wassergefülltes Loch in der Größe eines kleinen Bombenkraters und stürzte darin. So lag er unter seiner DR BIG in der stockfinsteren Nacht, mitten auf der Piste, und wusste nicht, ob das nächste Auto seine Rettung ist oder ob er doch eher überfahren wird, da nur noch sein Kopf aus der überdimensionalen Pfütze heraus schaute. Zum Glück war der nächste Autofahrer nicht nachtblind und konnte ihm helfen.

Deshalb bin ich eigentlich eher vorsichtiger geworden und wäge ab, ob die geplanten Reiserouten mit meinen Fähigkeiten – und denen meiner Begleiter – zu bewältigen sind. Wer Erstbefahrungen quer durch menschenleeres Gebiet machen will, sollte erst Erfahrungen im Kleinen sammeln, um sich eine Vorstellung davon machen zu können, wie er sich dann im Ernstfall verhalten kann und welche Sicherheitsvorkehrungen getroffen werden müssen. Hier sind Gruppen von drei bis vier Leuten sehr sinnvoll, da immer zwei Personen Hilfe holen können. Auf schwierigen Pisten sollte man nie alleine Hilfe holen. Es ist ohnehin nur eine Frage der Zeit, wann der Zweite ungeduldig wird und auch loszieht, da er beginnt, sich Sorgen zu machen. So sind Gruppen von vier Personen optimal. Zwei können Hilfe holen und einer kann sich um den Verletzten kümmern.

Umsicht statt Angst: Wie gefährlich ist das Reisen?

Sind Reisen in einer Zeit von Entführungen, Bombenattentaten, politischen Aufständen und Seuchen noch zu verantworten? Wenn diese und andere Horrormeldungen wieder verstärkt durch die Medien gehen, so sollte man bedenken, dass die Ereignisse, auf denen sie beruhen, auch vorher schon stattgefunden haben, uns vielleicht nur nicht im gleichen Maße präsentiert wurden. Außerdem besteht diese Art von Gefährdung überall, auch bei uns in Europa. Wir müssen lernen, die Informationen richtig zu werten. Aber wie, wenn man selbst keine Erfahrung hat?

Eine Quelle ist zum Beispiel das Internet. Es bietet uns die Möglichkeit, Informationen direkt aus den unterschiedlichsten Ländern zu erhalten. Foren ermöglichen es, Kontakt mit Menschen vor Ort herzustellen. So können wir versuchen, uns selbst ein Bild von der Situation zu machen.

Eine andere Möglichkeit sind Kontakte mit Reisenden, die selbst vor Ort waren und uns so wertvolle Informationen geben können. Aber immer darauf achten, das die Informationen aus erster Hand sind und nicht vom Hörensagen kommen.

Als ich vor Jahren Bekannten und Freunden gegenüber erwähnte, dass ich vorhätte, nach Marokko zu fahren, bekam ich eine Horrorstory nach der anderen erzählt. Allerdings hatte keiner auch nur eine der vielen Geschichten selbst erlebt, sondern sie lediglich wiederum von anderen gehört …

Informationen sind diesbezüglich also mit großer Vorsicht zu genießen. Als mich eine Bekannte nach meiner letzten Reise fragte, in welchen Ländern ich mich am unsichersten

Motorradgedenkstätte in Australien.

Sicherer Parkplatz im Hotel.

gefühlt habe, musste ich erst einmal länger nachdenken. Das Geständnis, dass keines der von mir während der letzten 14 Monate bereisten Länder mich in Angst und Schrecken versetzt hatte, enttäuschte sie fast.

Ob jemand ausgeraubt oder belästigt wird, ist mehr von der jeweiligen Situation als vom Land abhängig. Deshalb ist es – zumindest bis zu einem gewissen Grad – möglich, durch das persönliche Verhalten das Sicherheitsrisiko herunterzuschrauben. Wer mit offenen Augen und einem Gespür für Situationen unterwegs ist, wird fühlen, wann es Zeit wird, eine Gegend zu verlassen.

Krisenherde (politischer, religiöser oder sozialpolitischer Natur) habe ich mir angewöhnt, großräumig zu umfahren. Denn das Abenteuer, dass ich inmitten einer verbotenen Demonstration lande oder anderweitig zwischen die Fronten gerate, reizt mich überhaupt nicht. Politische Arbeit und Diskussionen lassen sich oftmals nicht vermeiden, obwohl es besser wäre. Denn die Freiheit, das zu sagen, was man denkt, gibt es leider noch nicht in allen Ländern der Erde. Vor allem: Vorsicht beim Kritisieren von Führungspersonen. Womöglich handelt es sich um einen König. Da können drakonische Strafen drohen, auch für Ausländer. So ist es meist besser, seine Meinung mit Bedacht zu äußern (wenn man den Mund schon nicht halten kann).

In arabischen Ländern kann die Toleranz mitten in einer Diskussion schlagartig recht gering werden, weil sich die Gemüter schnell erhitzen. Wenn dann noch Alkohol mit ins Spiel kommt, kann es schnell zu Handgreiflichkeiten kommen. Allerdings kann einem das Gleiche auch zu Hause im Bierzelt passieren.

Ein ruhiges Plätzchen für die Nacht

Die Gefahr, Opfer eines Diebstahls zu werden, ist durch die Anonymität in Städten prinzipiell immer höher als auf dem Land, wo sich die Leute gegenseitig kennen. So traf ich eine Japanerin, der in Santiago ihr gesamtes Gepäck innerhalb von fünf Minuten vom Motorrad gestohlen worden war. Sie hatte sich solange ein Zimmer im Hotel angeschaut. Später meinte sie nur, in ihrem Reiseführer sei zu lesen gewesen, dass Chile recht sicher sei …

Aussagen darüber, ob ein Land sicher oder unsicher ist, sind allenfalls von statistischem Wert. Ein Freund fragte mich in einer E-Mail, ob ich überhaupt noch Gepäck hätte, nach allem, was er so von Peru gehört habe. Eine Woche später schrieb er mir, dass man sein Auto vor seinem Haus in Deutschland aufgebrochen und ausgeräumt habe.

Das Beste ist immer, sich etwas umzusehen. Wenn kein Einheimischer sein Motorrad über Nacht auf der Straße stehen lässt und es überall bewachte Parkplätze gibt, hat dies bestimmt einen Grund. So ist es dann auch angebracht, sich nach einem sicheren Platz fürs geliebte Motorrad umzusehen. Meistens ist es kein Problem, im Hotel einen Platz dafür zu

Übernachtungsplatz in der Rub Al Khali. Außer einem Sandsturm gibt es hier nichts zu befürchten.

finden. Bedingung dafür ist, dass das Motorrad von der Breite her durch eine ganz normale Eingangstür passt.

Ist das Motorrad im Hotel, so kann mitunter relativ gefahrlos weniger wertvolles Gepäck darauf verbleiben, was das »Totalabpacken« erspart. Wertsachen gehören natürlich trotzdem in den Hotelsafe oder an den Körper. Wer allerdings meint, nachts ein ihm noch unbekanntes Dorf erforschen zu müssen, der sollte seine Wertsachen und Geldreserven lieber im Hotel lassen.

Dass auf Campingplätzen geklaut wird, ist nicht neu und nicht selten. Dort wissen die Diebe, dass es etwas zu holen gibt. Welcher Dieb streift nachts durch den Wald, in der Hoffnung ein Zelt zu finden? Einer Freundin von mir wurde das Motorrad nachts von einem großen Campingplatz in Frankreich gestohlen. Die Polizei weckte uns dann morgens, da sie es in der Stadt gefunden hatten. Dem Dieb war das Motorrad umgefallen und er hatte es nicht mehr aufstellen können. Nicht immer hat man soviel Glück.

Ich kann mich noch gut daran erinnern, als ich in Khartum (Sudan) im Innenhof eines Studentenheims campierte und nachts von einem seltsamen Geräusch geweckt wurde. Als ich zum Zelteingang sah, bemerkte ich einen Mann. Er hielt ein Messer in der Hand, mit dem er zuvor mein Zelt aufgeschnitten hatte, was wiederum das seltsame Geräusch verursacht hatte. Was tun? Er war genauso überrascht, mich wach zu sehen, wie ich überrascht war, ihn mit einem Messer im Zelteingang zu sehen. So versuchte ich es einmal mit einem schwäbischen Urschrei, und tatsächlich: Es wirkte, und er ergriff die Flucht. Morgens stellte sich dann heraus, dass die Schuhe von einigen Gästen fehlten.

Während der nächsten Nächte hielten wir dann Wache. Am dritten Tag ertappten wir zwei Männer, als sie sich über das Hausdach anpirschten. Wir übergaben sie der Polizei mit einem sehr unguten Gefühl, denn die Strafe für Diebstahl kann im Sudan durchaus »Hand ab!« lauten.

Aber woran erkenne ich nun einen sicheren Übernachtungsplatz und wie finde ich ihn? Solange wir auf dem Motorrad die Landschaft an uns vorbeiziehen sehen, ist uns ein entspanntes Reisen sicher. Irgendwann werden dann jedoch die Schatten länger und es wird für uns höchste Zeit, nach einem Übernachtungsplatz zu suchen. Nur wer die Gegend und einen bestimmten Übernachtungsplatz bereits kennt, hat jetzt noch eine Chance, einen schönen Platz zu finden. Wer dies nicht beachtet, wacht dann vielleicht morgens auf einer Art Müllkippe auf.

Für mich gehört zum Abschluss eines schönen Fahrtages auch ein schöner Übernachtungsplatz. Außer einer landschaftlich schönen Lage sollte er uns auch Sicherheit bieten. Wer Outdoor übernachtet, sollte deshalb, wenn es geht, die folgenden Punkte beachten:

- Ist eine Stadt oder ein Dorf in der Nähe? Ruhiger und sicherer wäre es, wenn nicht.
- Ist ein Fluss in der Nähe, der nachts das Lager überschwemmen kann? (Vor allen wenn es Stauwerke gibt, die schlagartig Wasser ablassen können. Auf Schilder achten.)
- Kann es Gerölllawinen oder Steinschlag geben? (Wenn wir zwischen großen Steinen campen, bitte hinterfragen, wo diese herkommen und wie lange sie bereits dort liegen.)
- Stehen wir unter einem Baum, der aufs Zelt fallen kann?
- Ist der schöne, gerade Platz vielleicht ein Weg oder eine Wendeplatte?
- Liegt Abfall wie Wein- oder Bierflaschen herum, der darauf hindeutet, dass hier öfters Gelage stattfinden?
- In Ländern, in denen es gefährliche Tiere gibt, kann man nach Spuren Ausschau halten.
- Dann gibt es auch noch Schilder, auf denen »Camping verboten« steht. Wir sind Gast und sollten uns daran halten. Es könnte ja auch sein, dass es zu unserem Schutz ist.
- Wer sich frei sichtbar präsentiert, da er auf einer Kuppe zeltet, hat vielleicht eher Besuch. Auf der anderen Seite sieht man auch eher, wenn »Böses« vor sich geht.
- Derjenige, der sich im Wald versteckt und trotzdem gefunden wird, ist ein leichtes Opfer. Hier hilft nur abwägen.
- In Mulden sammelt sich nicht nur Regenwasser, sondern auch kalte Luft, die für eine frische Nacht sorgen kann.
- Tümpel und Seen sind romantisch, und man kann sich morgens waschen. Allerdings ist abends mit Mücken zu rechnen.
- Sträucher bieten sehr guten Sicht- und Windschutz.
- In Wüsten tunlichst Wadis (trockene Flussbetten) meiden, wenn sie auch geradezu für das Zelt geschaffen erscheinen. Sie können in kürzester Zeit Hochwasser führen.

Wer jetzt denkt, das ist mir zuviel, ich gehe lieber ins Hotel, der hat dabei auch einiges zu bedenken: Als Erstes muss ein Hotel oder eine Pension gefunden werden. Je nach Land ist dies

Camping unter Weihnachtssternen in Nairobi. Heute leider nicht mehr möglich.

leicht oder hoffnungslos. Wer das Pech hat, in eine Ferienzeit, Pilgerfahrt oder Messetermine hineinzukommen, kann große Schwierigkeiten haben, ein Zimmer zu finden. So ist es notwendig, schon tagsüber einmal in der Kneipe beim Mittagessen beiläufig zu fragen, ob es auf der Strecke Hotels gibt und ob es Schwierigkeiten macht, ein Zimmer zu bekommen. Dann hat man notfalls die Möglichkeit, sich bereits ein Zimmer reservieren zu lassen.

Im Normalfall ist dies jedoch nicht notwendig. So schauen wir am Nachmittag in unseren Reiseführer und suchen uns einige Hotels heraus, die uns von der Beschreibung her zusagen. Jetzt müssen wir nur noch die Adresse finden und können mit der Auswahl beginnen. Ich gehe meist wie folgt vor:

1. Durch Zufall Hotel finden oder laut Reiseführer suchen.
2. An der Rezeption nach freien Zimmern und den Preisen fragen.
3. Ist der Preis im Rahmen, nachfragen, ob das Zimmer angesehen werden kann.
4. Falls nicht, gehe ich wieder, falls ja, schaue ich es mir an und prüfe:
   - Ist das Bett lang und hart genug?
   - Funktionieren Dusche und WC?
   - Gibt es ein Fenster zum Aufmachen oder sonstige Lüftungen?
   - Ist die Tür abschließbar?
   - Sind Türen zu Nebenzimmern vorhanden und abschließbar?
   - Gibt es Lärmquellen, die das Schlafen unmöglich machen (z. B. Disco im Keller)?
   - Machen das Zimmer und die Bettwäsche einen sauberen, ungezieferfreien Eindruck?
   - Funktionieren das Licht und eventuell der Fernseher (wenn man schon dafür zahlt)?
   - Kleinigkeiten können das schönste Zimmer unbrauchbar machen. Moskitos! Ein Blick über die Wand kann von den Leiden der schlaflosen Nächte Anderer erzählen. Hier hilft es notfalls, das Zimmer auszuräuchern oder, was gesünder für beide ist, ein Moskitonetz zu benützen.
   - Falls es sehr heiß sein sollte, bringt ein langsam laufender Deckenventilator angenehme Kühlung und vertreibt auch die Moskitos. Klimaanlagen mit Vorsicht genießen. Die Erkältungsgefahr ist sehr hoch.

Ist dies alles o.k., kommt die Frage, wo mein Motorrad untergestellt werden kann. Findet sich auch hierfür ein Platz, kann man einziehen. Noch abklären, ob das Frühstück inklusive ist, falls nicht, versuchen, den Zimmerpreis etwas runterzuhandeln.

Nun kann man nur hoffen, dass das Zimmer nicht im 5. Stock ist oder dass wenigstens der Aufzug funktioniert. Falls der Nachbar doch lauter schnarcht wie gedacht, ist ein Gehörschutz im Gepäck hilfreich. Dann steht einer gemütlichen Nacht nichts mehr im Weg. Falls man darauf geachtet hat, dass das Hotel nicht abseits liegt, sondern stadtnah, kann noch ein kleiner Stadtbummel unternommen werden, und dabei findet sich vielleicht noch eine schöne Kneipe.

Ach, bevor ich ihn schon wieder vergesse, wie damals in Libyen: An den Pass denken. Eigentlich sollte man ihn nicht abgeben müssen, aber im Ausland wird oftmals darauf bestanden. So sollte man auf ein sichere Verwahrung im Safe drängen – und nicht im Schüsselkasten, wo jeder Zugriff hat. Bei der Abreise wieder mitnehmen!

Mögliche Gefahrenquellen

Willkür

Am unsichersten ist man in Ländern, in denen (einzelne) Regierungsvertreter durchaus willkürlich agieren. Hier ist jeder rechtlos, und Missverständnisse oder Belanglosigkeiten können bedenkliche Situationen verursachen. Wer in einem Land, in dem Persönlichkeitsrechte nicht zählen, im Gefängnis landet, kann kaum auf die Hilfe der Polizei vertrauen. Auch die Botschaften haben hier keine besondere Macht. Bis sie sich einschalten, können Wochen und Monate vergehen.

Wie ich beinahe selbst in so eine Situation kam, möchte ich mit folgender Begebenheit veranschaulichen:

Ich liege mit meiner Freundin auf dem Hausdach unserer Gastgeber in Teheran. Die Nacht ist heiß und der schwache Wind bringt uns etwas Linderung. Meine Schmerzen spüre

Andere Länder, andere Gefahren: Achtung, Kamele!

ich langsam nicht mehr, und ein Gefühl der Schwerelosigkeit und des Loslassenkönnens stellt sich bei mir ein. In Gedanken stelle ich mich schon darauf ein, dass dies eigentlich ein durchaus angenehmer Ort zum Sterben wäre. Über mir, der Sternenhimmel, unter mir Teheran. Dass eine Lebensmittelvergiftung solche Gefühle hervorrufen kann, hätte ich mir nicht träumen lassen.

Da werde ich jäh aus meinen Gedanken gerissen, als mich unsere Gastgeberin vom Hausdach holt und etwas von Polizei erzählt – nicht einmal sterben kann man in Ruhe.

Mit noch größerer Taktlosigkeit führen die Polizeibeamten ein Verhör, dem wir nicht folgen können, da nur Farsi gesprochen wird. Aber mir wird unmissverständlich klar gemacht, dass wir hier nicht länger bleiben dürfen. Statt dessen müssen wir mit zur Wache. Nachts um eins bepacke ich also halb im Delirium die Motorräder, und wir folgen den Polizisten. Auf der Wache werden wir und unser Gastgeber stundenlang vernommen, Gewaltanwendung ist nicht notwendig, da unser Zustand sowieso erbärmlich ist. Zu unserem »Glück« wurde kurz vor uns ein junger Iraner verhaftet, bei dem man eine Kassette mit verbotener westlicher Musik gefunden hatte. Dieser steht uns dann als Dolmetscher zur Verfügung.

Er erklärt uns, dass wir bei dieser freundlichen, hilfsbereiten Familie nicht hätten übernachten dürfen, weil der Mann und seine Tochter »schlechte Menschen« seien. Es sei aber nicht generell verboten, privat zu übernachten. Nach langem Hin und Her, zahlreichen Berichten und Erklärungen wird uns zugesichert, dass man uns in ein Hotel bringt. Also fahren wir spät nachts durch die leeren Straßen von Teheran in ein Hotel. Dieses Hotel hat eine recht hohe Mauer mit einem großen Stahltor, das hinter uns sorgfältig verschlossen wird. Auch die Gitter vor den Fenstern lassen mich nichts Gutes ahnen. In mir steigt Panik auf, aber unsere Situation lässt keinerlei Hilfe von außen zu (in der deutschen Botschaft ist um diese Zeit auch niemand mehr zu erreichen). Noch wird uns kein »Zimmer« zugeteilt, statt dessen werden wir und unser Gastgeber erneut verhört, und ich werde durchsucht. Und das alles in meinem Zustand! Nun lernen wir die Revolutionswächter kennen, die alles noch einmal ganz genau wissen wollen. Die Kommunikation ist schwierig, da uns hier kein Dolmetscher zur Verfügung steht. Irgendwann wird uns signalisiert, dass wir gehen dürfen. So richtig klar wird mir unsere Situation erst, als ich sehe, dass unser Gastgeber einem der Revolutionswächter die Füße küsst, bis der ihn barsch zurückstößt. In der Erwartung, jetzt endlich in das versprochene Hotel gebracht zu werden, folgen wir den Polizisten durch Teheran. Da ich jegliche Orientierung verloren habe, merke ich erst kurz vor der Polizeiwache, wo ich bin. Dort geht es wieder da weiter, wo wir vor Stunden aufgehört haben. Es ist inzwischen nur voller geworden. Einige Jugendliche stehen herum, die sehr wahrscheinlich wegen der Abbildung von Gesichtern auf ihren T-Shirts festgenommen wurden. Erst, als es meine Freundin nicht mehr packt und sich in der Polizeiwache übergeben muss, werden wir endlich in ein Hotel gebracht. Die Aussicht auf ein Bett und unsere wiedergewonnene Freiheit ist uns dann auch die 120 Dollar pro Nacht wert.

Unser Erlebnis mag eine Ausnahme sein, aber solche Missverständnisse können durchaus unangenehme Folgen haben. Da wir weitere Erlebnisse dieser Art vermeiden wollen, gönnen wir uns noch ein wenig Erholung in Esfahan, um dann schnellstens das Land zu verlassen.

Beim Überschreiten der Grenze werden wir von den pakistanischen Zollbeamten herzlich willkommen geheißen. Uns wird Mineralwasser, Tee und Kuchen gebracht und ein guter Aufenthalt im Land gewünscht …

Minen

Wer immer den Held spielen will und alle Warnungen der Einheimischen in den Wind schlägt, wird zweifelsohne viel erleben. Aber vielleicht auch mehr Dinge, auf die er gut hätte verzichten können. Einige Reisende finden es einfach cool, Gegenden zu durchfahren, in denen sich noch Minen befinden. In vielen Ländern der Erde liegen sie in großen Mengen als Zeugnisse vergangener Kriege herum. Selbst bei uns in Deutschland werden jedes Jahr noch einige gefunden. Falls man in solchen Ländern oder Gegenden unterwegs ist, sollte man sich strikt an Absperrungen halten und auf den Straßen bleiben. Offroadeinlagen und Abstecher zum Übernachtungsplatz sowie die Pinkelpause hinter dem Strauch können tödlich enden. Ein Freund von mir ist in Libyen auf eine Mine gefahren und überlebte es nur, weil er in einem großem LKW unterwegs war. In einem normalen Geländewagen wäre er nicht so glimpflich davongekommen.

Geiselnahme

Leider ist es in letzter Zeit auch in den Reisegebieten Nordafrikas zu dieser sehr tragischen Art von Freiheitsberaubung gekommen. In erster Linie geht es den Kidnappern um die Freipressung von Lösegeld. Wenn sie es bekommen, ist der Anreiz groß, es wieder und wieder zu versuchen. Falls Sie keinen Erfolg haben, kann es zur Tötung der Geiseln kommen. So sind beide Seiten oftmals in einer sehr schwierigen Verhandlungsposition, die eine Lösung sehr langwierig macht. Dies konnten wir hautnah bei den Geiseln in Algerien miterleben. Sobald Gelder bezahlt werden, ist ein Reisen in diesen Ländern weiterhin sehr unsicher, da mit Wiederholung gerechnet werden muss. Erst wenn der Staat die Täter gefasst bzw. die Organisation zerschlagen hat, kann mit Besserung gerechnet werden. Deshalb ist es ratsam, Warnungen vom Auswärtigen Amt und Leuten vor Ort ernst zu nehmen. Gebiete, die außerhalb der Kontrolle von Regierungen stehen, am besten meiden.

Falls man in solch eine Lage kommt, möglichst ein freundschaftliches Verhältnis mit den Entführern aufbauen. Es ist leichter, einen Feind als einen Freund zu töten, vor allem wenn es sich bei den Entführern nicht um Profis handelt. Falls die Gefangennahme mit Folterung und anderen grausamen Dingen verbunden ist, hilft nur der Glaube und die Hoffnung weiter. Eine Situation, die ich keinem wünsche.

Jeder muss selbst seine Prioritäten setzen. Ich möchte auch fremde Länder kennen lernen, aber nicht um jeden Preis. Abwägen bzw. abwarten ist manchmal schon angesagt. Meiner Ansicht nach sollte sich zwar niemand verrückt machen lassen, aber man sollte Warnungen ernst nehmen und sich mit Umsicht und Intuition in bestimmten Situationen angemessen verhalten.

Wilde Tiere

Weitere Gefahren können uns in Form von »wilden« Tieren drohen. Die meisten, die sich zum ersten Mal eine Reise durch Afrika vorstellen, malen sich quasi als Nebenerscheinung aus, wie es ist, von einem Löwen gefressen zu werden. Das ist prinzipiell zwar möglich, aber nicht wahrscheinlicher, als in Deutschland von einer Giftschlange gebissen zu werden. Dennoch ist es interessant, zu wissen, was in dem Land so kreucht und fleucht. Interessante Tiere wollen wir auch einmal in ihrer natürlichen Umgebung erleben. Die meisten wilden Tiere gehen dem Menschen aus dem Weg, sodass man sich Mühe geben muss, die interessanten Tiere zu finden. In Nationalparks, vor allem in Ostafrika, sieht es schon etwas anders aus. Dort leben große Herden, die sich vom Menschen relativ unbeeindruckt zeigen. Wer nun meint, in solchen Gebieten mit dem Motorrad herumfahren zu müssen, sollte sich auch im Klaren darüber sein, dass ihn ein hungriger Löwe vielleicht mit einem Gnu verwechselt. Die meisten Nationalparks sind aus diesem Grund für Motorradfahrer gesperrt!

Auf der Straße muss mit allem gerechnet werden – sogar mit Elefanten.

»Lustige« Begegnungen sind aber nicht auszuschließen. So sah ich in Tansania mehrere Elefanten, die nach einem Gewitterregen das saftige Gras neben der Straße verzehrten. Danach überlegte ich mir, was ich getan hätte, wenn die Elefanten auf der Straße gestanden hätten. Fünf Kilometer weiter standen sie auf der Straße! Ich war so überrascht, dass ich einfach um sie herumfuhr, was sie zum Glück nicht störte. Wichtig zu wissen ist, dass man sich niemals zwischen die Mutter und ihr Jungtier drängen sollte, sonst kann es richtig gefährlich werden. Wer auf spektakuläre Nahaufnahmen von wilden Tieren steht, lebt auch etwas gefährlicher. Reichlich Abstand kann nie schaden. Oftmals schätzen wir Raubtiere auch falsch ein. Gefährliche Tiere sind in Afrika eher Flusspferde und Büffel. Sie kennen keine Angst und malmen alles nieder.

Ich erinnere mich noch recht gut daran, als ich mit meiner Freundin nach Pakistan unterwegs war. Im Osten der Türkei fanden wir einen schönen Übernachtungsplatz an einem See. Ganz in der Nähe war ein kleines Fischrestaurant, das wir gleich ausprobierten. Von der Terrasse hatten wir einen herrlichen Blick über den See, die Sonne ging gerade hinter glühenden Wolken unter. Im Gegenlicht sahen wir

Im Busch lauert die Gefahr in Form eines Büffels.

Aale den Kopf aus dem Wasser strecken. Irgendwann kamen wir zu dem Schluss, dass es sich eventuell um Wasserschlangen handeln könnte. Die folgenden Überlegungen gingen nun darum, ob Wasserschlangen auch an Land gehen – und wenn ja, wie weit. Wir waren noch voll mit unseren Überlegungen beschäftigt, als sich eine dieser Schlangen um den Fuß meiner Freundin schlang. Somit waren alle Fragen beantwortet und unter Einsatz unserer Crossstiefel konnte der Plagegeist schnell wieder ins Wasser befördert werden (das Zelt stand von da an nie mehr offen).

Von Badeschlappen und kurzer Hose fühlt sich vielleicht so mancher Blutsauger provoziert. Denn die größte Gefahr geht oft von recht kleinen Plagegeistern aus. Wer in Malariazonen unterwegs ist, wird sich nicht gern von Mücken stechen lassen. Aus Angst vor Tollwut gehe ich Hunden aus dem Weg. Nachts die Sterne zu bewundern ist schön, aber in steinigem Gelände können Skorpione, Schlangen oder schöne Spinnen sticheln oder beißen, wenn sie sich bedroht fühlen.

Eine lustige Begebenheit sah ich morgens, als mein Freund seine Crossstiefel anzog. Er merkte, dass etwas darin war. Beim Ausschütteln hüpfte ein Frosch heraus. Dann versuchte er es noch einmal, doch irgendwie hatte er das Gefühl, dass noch immer etwas im Stiefel war, das nicht hineingehörte. Als er noch einmal schüttelte, plumpste eine Eidechse aus demselben Stiefel heraus. Also, Kleidung und Schuhe nicht auf den Boden legen, sondern ans Motorrad hängen oder ins Zelt legen! Mit etwas Umsicht lässt sich auch hier das Risiko auf ein Minimum reduzieren.

In Australien besteht schon eher einmal die Möglichkeit, mit Schlangen oder Krokodilen in Berührung zu kommen. Auf diesem Kontinent hat sich scheinbar alles Giftige gesammelt. Um sich zum Beispiel vor den Gefahren der Begegnung mit Schlangen zu schützen, helfen schon Crossstiefel und Lederhose. Vor Krokodilen kann man sich nur schützen, indem man nicht den gleichen Lebensraum (Fluss oder See) beansprucht (auch beim Wasser holen sehr umsichtig sein). Auf Warnungen der Einheimischen hören!

Die Gefahren beim Baden werden oftmals völlig unterschätzt. Es kann Quallen geben, die einen übel zurichten können und deren Nesselgift Menschen sogar töten kann. Dann gibt es eine Menge giftiger Fische und Krebse.

Unfall in Pakistan: Umgekippter Lkw.

Verwegene Brücke im Karakorum.

Viel graben sich am Meeresgrund ein. Es muss also nicht der berühmte Hai sein, den es natürlich auch noch gibt und der durchaus in der Lage ist, auch in sehr seichtem Wasser seine »Nahrung« zu suchen. In Australien kommen dann noch die gefürchteten Salzwasserkrokodile hinzu. Deren Bekanntschaft sollte man nur aus wirklich sicherer Entfernung pflegen.

Ich kann nur empfehlen, nichts im Wasser anzufassen und aufzupassen, wo man hintritt. Außerdem nur an Stellen schwimmen, wo Leute sind, die man fragen kann, ob die Stelle zum Baden geeignet ist. Es kann ablandige Strömungen geben, die einen so schnell aufs Meer hinausziehen, dass ohne Motorboot jede Hilfe zu spät kommt.

Das Motorrad

Ein hohes Sicherheitsrisiko geht von der Benutzung des Motorrads sowie dem Straßenverkehr aus. In fremden Ländern ist defensives Fahren lebensnotwendig. Das bedeutet, dass man sich peinlich an die (ungeschriebenen) Verkehrsregeln halten sollte. Also so fahren, wie es auch die Einheimischen tun. Omnibusse und Lkws haben prinzipiell Vorfahrt. Dieses Recht des Stärkeren sollte man im eigenen Interesse nie auf (Un-)Gültigkeit überprüfen.

In Pakistan gibt es eine einfache, aber klare Richtlinie. Wer diese einhält, wird nie Probleme haben. Sie lautet: »Du kannst jederzeit alle Straßen benutzen, wenn sie gerade niemand anders benötigt«. So ist die Straße unter Umständen schlicht zu verlassen, wenn ein mit 40 Tonnen Steinen beladener LKW einfach in der Mitte fährt, um nicht umzukippen. Wer sich dann darüber aufregt, hat einfach nicht begriffen, wo er sich befindet!

Oftmals gibt es auch landesspezifische Eigenheiten, die recht gefährlich sein können. In Lateinamerika neigen die Ordnungshüter – und zum Teil auch die Bevölkerung –- zu Straßensperren, um irgend etwas abzukassieren oder Verkehrskontrollen durchzuführen. Prinzipiell nichts Ungewöhnliches, aber da hierfür Stahlseile oder Ketten über die Straße gespannt werden, auf die keinerlei Warnschilder hinweisen, können diese vor allem in der Dämmerung leicht übersehen werden. Mit den schlimmsten Folgen für den Motorradfahrer.

Einen ähnlichen Fall erlebte ich im Atlasgebirge, als ich einen Telefondraht übersah, der quer über die Piste gespannt war. Ich hatte Glück im Unglück: Da er schräg in das unten liegende Tal führte, hakte er sich unter meinem Lenker ein und bremste mich stetig ab. Dabei zerschnitt er mir sämtliche Verbindungskabel zu meinen linken Lenkerarmaturen. Leicht vorzustellen, was passiert wäre, wenn ich den Draht um den Hals gehabt hätte …

Brücken können ebenfalls eine Gefahrenquelle sein. Oft sind die darauf liegenden Bretter morsch oder fehlen vereinzelt. In Peru lernte ich ein Paar kennen, das seit Monaten mit einem Geländewagen auf Hochzeitsreise war. Wenig später hörte ich, dass die Frau beim Einweisen ihres Mannes über eine Brücke in Nordperu tödlich verunglückt war. Sie war so auf das Auto konzentriert gewesen, dass sie nicht gemerkt hatte, dass hinter ihr zwei Bretter fehlten. Sie stürzte 10 Meter tief in das ausgetrocknete Flussbett und starb wenig später an Lungenblutungen, hervorgerufen durch eine gebrochene Rippe.

Das andere Geschlecht

Da kann es, je nach Reiseland, erst richtig abenteuerlich werden. Aber prinzipiell lauern die gleichen Gefahren wie zu Hause. »Mann« sollte sich genau überlegen, auf was er sich einlässt. Die möglichen Konsequenzen reichen von Aids bis zur unfreiwilligen Familiengründung. Also den Verstand nicht in die Hose rutschen lassen und einen klaren Kopf zum Abwägen behalten. Zusammenkünfte mit unbekannten Partnern bergen auch das Risiko, vollkommen ausgenommen zu werden. Also nicht in fremde Hotels mitgehen.

In moslemischen Ländern steht die Frau unter dem Schutz ihrer Familie, und letztere wird man sehr schnell kennen lernen, wenn man ersterer zu nahe kommt.

Für Frauen, die alleine reisen, stellt sich die Situation noch etwas massiver dar. Oft werden sie ziemlich unfein angemacht und können sich nur dank eines großen Selbstbewusstseins aus solchen Situationen befreien.

Vor allem in den südlichen Ländern, in denen die Männlichkeit stetig neu bewiesen werden muss und die einheimischen Frauen unter dem Schutz der Familie stehen, sind die weiblichen Touristen eine gesuchte Abwechslung. Leider lassen sich auch einige der Touristinnen darauf ein, suchen sogar das sexuelle Abenteuer. Dies führt dann dazu, dass alle anderen Touristinnen ebenfalls in diesen Topf geworfen werden. Ein paar Verhaltensregeln können allerdings dabei helfen, möglichst unbelästigt zu bleiben:

Nicht aufreizend kleiden. Was bei uns keinen mehr hinterm Ofen vorlockt, wirkt in anderen Ländern fast schon wie ein Strip. Die Haut sollte großflächig bedeckt sein (also am besten die Motorradklamotten anbehalten). Weite, nicht körperbetonende Kleidung tragen. Keine knalligen Farben verwenden. Das Haar ist in vielen Ländern auch ein sexuelles Symbol. Wer langes Haar hat, sollte es deshalb nicht offen tragen. Augenkontakt zu Männern sollte tunlichst vermieden werden, da er als Aufforderung verstanden werden kann.

Für die Bewohner arabischer Länder ist es auch völlig unverständlich, dass eine Frau alleine unterwegs ist: Wie kann ihr Mann bzw. ihre Familie sie allein auf Reisen gehen lassen? Hier hilft es, sich ein paar erklärende Worte zurechtzulegen, wie z. B. dass man geschäftlich unterwegs ist oder jemanden besuchen möchte.

Wer diese Dinge berücksichtigt, kann als Frau auch recht sicher durch die Welt kommen. Ich kenne einige, die problemlos durch die Welt kamen und dabei nicht das Aussehen einer russischen Kugelstoßerin hatten.

Erfahrung, Umsicht und Wissen sind die besten Voraussetzungen, um mögliche Risiken zu minimieren. Die Gefahren sind unterwegs nicht unbedingt größer als zu Hause, sondern anders. Je deutlicher man sie wahrnimmt, desto eher und desto besser kann man sich gegen sie schützen.

Navigation: Wo bin ich und wie komme ich an mein Ziel?

Da dieses Gebiet sehr umfassend ist, möchte ich es auf einige für eine Reise grundlegende Dinge reduzieren. Für jeden Bereich gibt es empfehlenswerte zusätzliche Fachlektüre bis zum Abwinken.

Landkarten …

Die wichtigste Orientierungshilfe ist – trotz aller elektronischen Navigationssysteme – immer noch eine Landkarte. Mit der sollte man unbedingt umgehen können. Sonst muss es geübt werden. Wer gute Landkarten hat und diese lesen kann, weiß mehr, als ihm mancher Reiseführer verrät. Deshalb beim Kauf von Landkarten auf folgende Dinge achten:

Die *Topografie* der Landschaft soll aus der Karte hervorgehen. Diese ist erkennbar an den unterschiedlichen Farben, die für unterschiedliche Höhen der Landschaft verwendet werden, oder an Höhenlinien, die jeden Bereich auf der Karte einer Höhe zuordnen. So ist es möglich, in der Karte Täler, Berge und die Steilheit von Pässen zu erkennen.

Da wir meistens auf *Straßen, Pisten und Wegen* unterwegs sind, sollten diese auf der Karte eingezeichnet sein. Wichtig ist, dass die unterschiedlichen Klassifikationen auch stimmen. Sonst kann es passieren, dass eine als Fernverbindungsstraße ausgewiesene Strecke sich als Piste der übelsten Sorte entpuppt. Gerade in Teilen Afrikas und Lateinamerikas beruhen die Klassifizierungen eher auf dem statistisch ermittelten Verkehrsaufkommen oder der strategischen Bedeutung als auf dem Straßenzustand.

So kam ich zu meinen ersten »wüsten« Erlebnissen, als ich im Sudan von Wadi Halfa

Wegweiser: Nur noch 3704 Kilometer bis Arica (Nord-Chile).

nach Khartum fuhr und die auf der Karte eingezeichnete Straße nirgends in der Wüste zu sehen war. Solche Überraschungen können einem, wenn auch in abgeschwächter Form, auch in Europa passieren.

Besonders wichtig ist, dass in der Karte *Kilometerangaben* zwischen den Abzweigungen und Städten eingezeichnet sind und diese auch stimmen, denn sie sind für die Orientierung genauso notwendig wie für die Kalkulation des Benzinverbrauchs. Sonst steht man irgendwann irgendwo ohne Sprit in der Pampa (und die kann bereits auf der schwäbischen Alb beginnen).

Der *Kartenmaßstab* ermöglicht es, eine grobe Entfernungsabschätzung zwischen zwei Punkten zu machen. Aber Vorsicht! Das Ausmessen unter Anwendung des Kartenmaßstabs funktioniert nur bei recht geradlinigen Strecken. In Peru habe ich für 50 Kilometer, die ich aus der Karte herauslas, 14 Stunden benötigt. Aus 50 Kilometer Luftlinie wurden 350 Kilometer Piste. Es waren ein paar Berge dazwischen, und das Ausfahren der Täler und Serpentinen braucht Zeit und Weg. Deshalb sollte man sich nicht nur auf den Kartenmaßstab verlassen, sondern die Einzelkilometer zusammenzählen. Wer mit Kompass und GPS unterwegs ist, benötigt auf seiner Landkarte auch ein *Gitternetz*. Dieses zeigt die Längen- und Breitengrade an. Allerdings gibt es die verschiedensten Maßeinheiten, um dies zu bestimmen, *Kartendatum* und *Grid* genannt. Sie müssen auf der Karte angegeben sein, um sicher navigieren zu können.

Wer sich dann doch einmal verfahren hat oder nicht gleich weiter weiß: Bitte in abgelegenen Gegenden nicht sofort mit der Landkarte bewaffnet auf wehrlose einheimische Passanten losstürmen! In diesem Zusammenhang erinnere ich mich an einen Freund, mit dem ich durch Peru und Bolivien fuhr. Von seinen guten Spanischkenntnissen beflügelt, suchte er stets das Gespräch mit der Bevölkerung und scheute sich auch nicht, mit der Landkarte in der Hand nach dem Weg zu fragen. Nicht, dass die Leute sich dort nichts aus Landkarten machen. Ganz im Gegenteil, es kommen immer mehr, um das interessante Stück Papier zu begutachten. Darauf zeigen sie einem irgendwelche Städte, die allerdings nicht unbedingt an der richtigen Position zu finden sein müssen. Nur mit sehr viel Freundlichkeit und Diplomatie kann man sich dann noch vor Sonnenuntergang aus solchen Situationen befreien, ohne dabei die Leute, die es schließlich gut mit einem meinen, zu verärgern.

Da kann es besser sein, sich den Weg auf einem Stück Papier aufzeichnen zu lassen. So kommen Karten zu Stande, die an Genauigkeit den »richtigen« Landkarten sogar überlegen sein können. Ich bin schon einmal mit so einer Skizze auf einer Serviette quer durch den Atlas gefahren, ohne einmal vom Weg abzukommen.

Wer in der Art nach dem Weg fragt wie »Geht die Straße da drüben weiter?«, der wird mit großer Wahrscheinlichkeit ein »Ja«, zur Antwort bekommen. Hier sind intelligente Fragetechniken angesagt! Mit Gegenfragen kann dann der Wahrheitsgehalt noch einmal geprüft werden. Hier bietet sich zum Beispiel an, nach einem Ort zu fragen, aus dem man kommt und von dem man weiß, in welcher Richtung er liegt.

Gute Karten haben noch eine Vielzahl weiterer Informationen, die zur Orientierung verwendet werden können. So finden sich Angaben zu Tankstellen, Brunnen (z.T. auch Angaben zu Wasserqualität und -tiefe), Minen, Eisenbahnen, Höhlen, Ruinen, Sehenswürdigkeiten, Baumbestand, Flüssen, Seen (Salz- und Süßwasser-Kennzeichnung), Wasserfällen, Sanddünen usw. Dadurch hat man die Möglichkeit, Landschaftsmerkmale mit denen in der Karte zu vergleichen, und sich auch danach zu orientieren. Deshalb in Ruhe die Kartenlegende studieren.

… und der Umgang mit ihnen

Wer eine Landkarte zur Orientierung einsetzen will, muss erst einmal seinen momentanen Standpunkt auf die Karte übertragen oder dort bestimmen können. Das setzt voraus, dass der Standpunkt auf der gewählten Karte auch eingezeichnet ist. Falls man ihn nicht findet, kann es daran liegen, dass man ein »falsches« Kartenblatt dabei hat, das für eine andere Gegend gilt. Oder dass der Ort so klein ist, dass er beim gewählten Kartenmaßstab nicht eingezeichnet ist.

Unübersehbar: gemauerter Wegweiser in Tunesien.

So ist es gut, die Strecke von Anfang an gedanklich »mit dem Finger auf der Landkarte« zu begleiten, damit man immer weiß, wo man sich gerade befindet. Sollte man dies versäumt haben, ist es das Einfachste, bei der nächsten Ausschilderung zu halten und die dort ausgewiesenen Orte auf der Karte zu suchen.

Um sicher ermitteln zu können, ob der angegebene Ort auch in der Zielrichtung liegt, ist es notwendig, eine zweite Richtungsreferenz zu haben (z. B. letzter durchfahrener Ort). Nun kann die Kreuzung, auf der man sich befindet, mit den zwei oder mehr bekannten Punkten und dem Wissen, wie weit sie entfernt sind, auf der Karte gesucht werden.

Um nun herauszufinden, wie es weitergeht, muss man einfach seinen Standpunkt auf die Landkarte übertragen und schauen, wo sich der Zielpunkt auf der Karte befindet. Für Ungeübte ist es dabei einfacher, wenn sie die Karte so hinlegen, dass sie mit der tatsächlichen Richtung übereinstimmt (einnorden). Man dreht die Karte so, dass die bekannten Punkte der Umgebung mit der Richtungsangabe auf der Karte übereinstimmen. Wenn man nun einen Punkt bzw. Ort auf der Karte anfahren will, entspricht die Richtung auf der Karte auch der Richtung, in die man zu fahren gedenkt.

Mit einem Kompass kann man es natürlich viel perfekter machen (siehe unten Abschnitt »Kompass«). Der Einwand, den jetzt vielleicht einige haben, nämlich: »Was mache ich, wenn keine Wegweiser oder Städte kommen?«, ist berechtigt, denn dann ist eine Karte zur Orientierung nicht mehr ausreichend. Die einzige Möglichkeit, die man dann noch hat, ist weiterzufahren, um einen Orientierungspunkt zu suchen.

Also nie blind losfahren und später versuchen, anhand der Karte zu ermitteln, wo man sich jetzt befindet. Dies kann in einer flachen Landschaft ohne Orientierungspunkte (und womöglich auch noch nachts) schlicht unmöglich sein.

Manchmal ist man einfach neugierig und fährt drauflos, ohne in der Karte nachzuschauen, wo der Weg hingeht. Mir ging es so, als ich von Machu Picchu zurückfuhr. Etwa hundert Kilometer vor Cusco entdeckte ich einen schönen Weg, der in Richtung Berge ging. Mein Tank war voll, also mal sehen! So fuhr ich und fuhr. Irgendwann war ich auf 4500 m und hatte einen tollen Ausblick, allerdings fand ich

So schöne Landschaften kann man sehen, wenn man wie hier in der algerischen Sahara vom Weg abkommt.

diese Piste nicht in meiner Karte. »Irgendwo werde ich schon herauskommen«, sagte ich mir und fuhr weiter. Als dann die Hälfte meines Tanks leer war und die Gegend sich schon von Hochgebirge in Urwald verwandelt hatte, meldete sich mein Verstand recht heftig. Ein Lkw-Fahrer konnte mir zum Glück sagen, wo ich gerade war. Als ich dann auf meiner Karte feststellte, dass ich noch einen Bogen von 400 Kilometern durch den Urwald fahren müsste, um wieder auf die eigentliche Straße zu kommen, blieb mir nichts anderes übrig, als zurückzufahren.

Mittlerweile musste ich gegen die Zeit fahren, da ich sonst nicht vor Einbruch der Dunkelheit wieder unten gewesen wäre. Das höhere Tempo hat aber meinem Vorderradschlauch gar nicht gefallen. Ein Stein hatte ihn zwischen Reifen und Felge eingeklemmt und zum schlagartigen Luftablassen bewegt. Gott sei Dank war ich an dem 500 m tiefen Abgrund schon vorbei und konnte meinen Elefanten noch auf der Piste halten. Jetzt hieß es: Schlauch flicken. Die Aktion verkürzte die Zeit bis Einbruch der Dunkelheit natürlich nochmals erheblich. Dass es in solchen Situationen immer noch anfängt zu regnen, muss nicht extra erwähnt werden. Wer Abenteuer dieser Art mag, kann auf Karten selbstverständlich verzichten.

Der Kompass

Der Kompass ist eigentlich ein recht simples Gerät, das es aber in sich hat. Die meisten wissen, dass er eine magnetische Nadel hat, die sich am Erdmagnetfeld ausrichtet. Da dieses von Nord nach Süd verläuft, richtet sich die Kompassnadel auch entsprechend aus. Wenn man nun das richtige Ende der Nadel findet (dieses ist markiert), kann man feststellen, wo Norden ist. Soweit zur Theorie.

Die Praxis ist leider etwas verzwickter. Denn der magnetische Nordpol ist nicht der geographische, und die magnetischen Feldlinien laufen alles andere als schön geradlinig um den Globus. Deshalb sollte unterschieden werden, was man mit dem Kompass vorhat. Wer zur groben Orientierung wissen will, wo in etwa Norden ist, der braucht sich in unseren Breiten keine Gedanken über Missweisung und sonstige Dinge machen. Wer allerdings über lange Distanzen nur mit dem Kompass die Richtung halten will, der muss sich schon sehr genau mit seinen Tücken auseinandersetzen.

Was ein Kompass alles kann …

Wie oben beschrieben, zeigt mir der Kompass nur an, in welcher Richtung sich der magnetische Nordpol befindet. Die Missweisung, wie man die Abweichung zum geographischen Nordpol nennt, macht in Deutschland ungefähr zwei bis drei Grad aus, was für eine normale Richtungsbestimmung noch keine große Rolle spielt.

Wie die Landkarte kann auch der Kompass mir **nicht** sagen, wo ich mich befinde! Mit ihm habe ich aber die Möglichkeit herauszufinden, in welche Richtung ich fahre. Wenn ich hingegen nicht weiß, wo ich bin, kann ich mit einem Kompass auch **nicht** herausfinden, in welcher Richtung mein Ziel ist! Um die Richtung zum Ziel mit einem Kompass zu bestimmen, benötige ich meine genaue Position und eine gute Landkarte, auf der die Nordrichtung eingezeichnet ist. Nur so ist eine Navigation möglich.

… und wie ich ihn verwende

Als Erstes nehme ich die Landkarte und lege sie waagrecht aus. Im Umkreis von zwanzig Metern sollten sich keine Magnete, Fahrzeuge, Hochspannungs- oder Sendeanlagen befinden. Dann nehme ich den Kompass und drehe die Gradskala genau auf Null Grad = Norden. Den Kompass lege ich dann so auf die Landkarte, dass die Längskante des Kompassgehäuses genau mit einem Längengrad (die Linien, die auf der Karte von Süden nach Norden verlaufen) parallel verläuft und die Nordrichtung der Gradskala des Kompasses zur Kartenoberseite zeigt (Norden). Nun drehe ich die Karte solange mit dem daraufliegenden Kompass, bis die Nordmarkierung der Kompassnadel exakt auf die Null-Grad-Markierung der Gradskala zeigt und somit die Nadel parallel zum Längengrad liegt. Diesen Vorgang nennt man Einnorden. Die Karte ist nun zu fixieren oder gut zu beschweren, damit sie nicht verrutscht. Eine andere Möglichkeit ist die, den Kompass nach Norden auszurichten und dann die Karte an das Kompassgehäuse anzulegen. Den Kompass zum Messen immer waagerecht halten!

Nun habe ich die Ausgangsposition, um aus der Karte die Richtung zum Ziel ausmes-

Marschrichtung mit dem Kompass ermitteln.

Karte einnorden.

sen zu können. Und dies funktioniert dann so: Den Standpunkt mit dem Zielpunkt auf der Landkarte unter Zuhilfenahme eines Lineals verbinden. Mit einem Bleistift eine dünne Linie einzeichnen und den Kompass an der Linie in Fahrtrichtung anlegen. Die Kompassnadel zeigt nun weiterhin parallel zu den Längengradlinien der Landkarte nach Norden, das Gehäuse des Kompasses dagegen in Fahrtrichtung. Nun wird die Nordmarkierung der Gradskala (Kompass dabei nicht verdrehen) wieder auf die Nordmarkierung der Kompassnadel gedreht.

Danach kann der Kompass von der Karte genommen werden. Die Gradzahl für die Richtung, in die wir fahren müssen, kann am Zeiger des Kompassgehäuses abgelesen werden.

Wer einen Peilkompass hat, kann nun den Spiegel ausklappen und sich mit dem Kompass zusammen soweit drehen, bis er im Spiegel die Kompassnadel mit der Markierung der Gradskala in Deckung gebracht hat. Über die Peileinrichtung (ähnlich Kimme und Korn eines Gewehrs) kann man nun vertikal in Zielrichtung einen markanten Punk im Gelände suchen, auf den man zufahren kann. Haben wir diesen Punkt erreicht, suchen wir nach dem gleichen Schema einen neuen Punkt.

Diese Möglichkeit besteht jedoch nur im offenen Gelände. Hat man keine freie Sicht (Berge, Nebel, Dunkelheit, Sandsturm), muss bei jeder Abweichung ein neuer Kurs berechnet werden. Dazu ist es notwendig, genau über die zurückgelegte Strecke Buch zu führen. Es wird eine Liste erstellt, aus der ersichtlich wird, wie viele Kilometer mit welcher Gradzahl gefahren worden sind. Das Ganze wird parallel auf der Karte eingezeichnet. Spätestens hier merkt man, dass dieses System nicht unbedingt für den Straßenverkehr geeignet ist. Allerdings: Wer's richtig drauf hat und noch Karten verwendet, in denen die realen Magnetlinien eingezeichnet sind, kann auf einhundert Meter genau navigieren (wer's nicht glaubt, sollte das Buch »Schwimmer in der Wüste« von Ladislaus E. Almàsy lesen, im Haymon Verlag erschienen).

Falls kontrolliert werden soll, ob zum Beispiel der Weg in die richtige Richtung geht, ist in umgekehrter Reihenfolge zu verfahren. Mit dem Peilkompass wird die Richtung ermittelt, in die der Weg verläuft, bei der Peilung wird die Nordmarkierung auf die Kompassnadel gestellt, und anschließend wird der Kompass auf eine eingenordete Karte gelegt. Am Standpunkt in der Karte wird wieder das Lineal angelegt und unter Zuhilfenahme des Kompasses, auf die vorher ermittelte Richtung in Grad ausgerichtet. Nun kann mit einem Bleistift wieder eine Linie eingezeichnet werden, die dann die Richtung des Weges wiedergibt. Liegt das Ziel nicht in dieser Richtung, so handelt es sich nicht um den richtigen Weg. Alles klar? Falls nicht, empfehle ich, sich im gut sortierten Buchhandel nach entsprechender Literatur umzuschauen.

Robuste GPS-Geräte von Garmin.

Global Positioning System (GPS) …

Dieses System ist das einzige, das in der Lage ist, ohne aufwändige Vorarbeit die genaue Position (auf ungefähr 20 m) in Längen- und Breitengraden anzuzeigen. Dies ist möglich durch den Empfang von Zeitdaten, die von 21 speziellen Satelliten (3 Ersatz) ausgesendet werden. Diese kreisen auf verschiedenen Umlaufbahnen in 20 200 Kilometer Höhe ständig um unseren Globus. Dazu braucht man natürlich einen entsprechenden Empfänger, GPS-Gerät genannt. Das Prinzip ist eigentlich recht simpel. Jeder Satellit sendet die genaue Uhrzeit und seine Position aus. Der GPS- Empfänger wertet diese aus, in dem er die empfangene Uhrzeit mit der eigenen Systemzeit vergleicht (diese wird von einem Satelliten mit Atomuhr empfangen und synchronisiert). Durch die Laufzeitunterschiede kann dann die Entfernung zu den Satelliten berechnet werden, und da die Satellitenpositionen genau bekannt sind, kann die Position des Empfängers ermittelt werden. Soweit die stark vereinfachte Theorie, in der Praxis sind jedoch noch viele andere Effekte zu berücksichtigen, die an dieser Stelle eher zu Verwirrung führen würden. Wer es genauer wissen will kann zum Beispiel unter *http://www2.fht-esslingen.de/~abel/gps/Abel-GPS.htm* mehr darüber erfahren. Das System wurde für das amerikanische Militär entwickelt, und das Verteidigungsministerium hat die Möglichkeit, die Satelliten jederzeit abzuschalten oder die Daten zu verfälschen!

Deshalb ist es nicht nur im kommerziellen Bereich verboten, sich einzig und alleine auf dieses System zu verlassen (wenn es auch mehr und mehr tun). Für den Reisenden ist es ratsam, dies zu berücksichtigen. Der Empfänger kann ja auch einmal kaputt gehen! Hier möchte ich noch ein wenig vor Lösungen mit PDAs, Handys mit GPS-Maus und Ähnlichem warnen. Diese Geräte können zwar sehr viel und sind zum Teil nicht teurer als ein reines GPS-Gerät. Sie haben jedoch den großen Nachteil, dass sie lange nicht so robust sind, da die reinen GPS-Geräte ausschließlich für den Verwendungszweck der Navigation entwickelt wurden. Außerdem werden die internen Programme zum Teil mit PC-ähnlichen Betriebssystemen (z. B. Windows CE) abgearbeitet. Diese können sich dann durchaus einmal aufhängen, ja selbst vor Viren ist man nicht gefeit. Wer also diese Geräte zum Navigieren innerhalb bewohnter Gegenden einsetzt, kann viel Freude damit haben. Für harte Anwendungen, also überall dort wo es wirklich darauf ankommt, sollte man auf bewährte, robuste Technik setzen.

All diejenigen, die sich nicht auf das amerikanische Militär verlassen wollen, müssen auf Galileo warten. Dieses europäische, noch genauer arbeitende Global Positioning System wird uns dann etwas mehr Unabhängigkeit von dem amerikanischen Militär-GPS bringen. Doch vor dem Jahr 2008 ist mit einer weltweiten Abdeckung nicht zu rechnen.

… und wie man damit umgeht

Als Basis wird eine Landkarte mit einem genauen Gitternetz der Längen- und Breitengrade benötigt. Die vom GPS angezeigten Positionsdaten werden dann mit Hilfe eines Maßstabs auf die Landkarte übertragen. Ein kleiner Taschenrechner ist hierbei recht hilfreich.

Nach getaner Arbeit kann sehr genau (falls fehlerfrei gearbeitet wurde) auf der Landkarte der Standpunkt begutachtet werden.

Diese Anwendungsart, für die das GPS eigentlich entwickelt wurde, wird heute allerdings immer weniger benutzt. Statt dessen werden die Koordinaten des Zielpunktes im Gerät eingegeben. Falls sie noch nicht bekannt sind, können sie aus einer guten Landkarte, die über ein genaues Gitternetz verfügt, herausgemessen werden. Wenn der Zielpunkt

Ausmessen des Abstands vom Längengrad.

Ausmessen des Abstands Ziel–Längengrad.

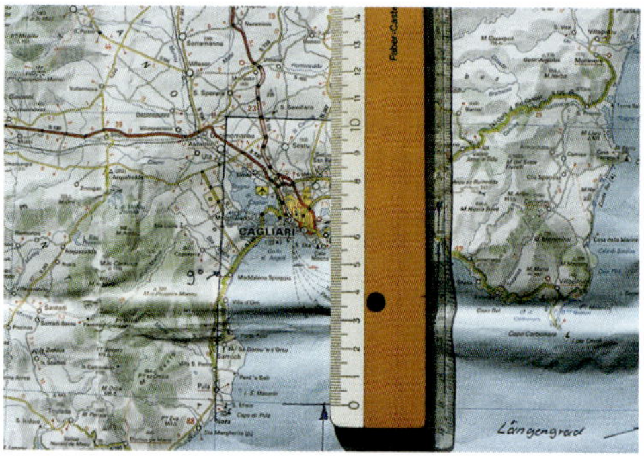

Ausmessen des Abstands vom Breitengrad und des Abstands Ziel–Breitengrad.

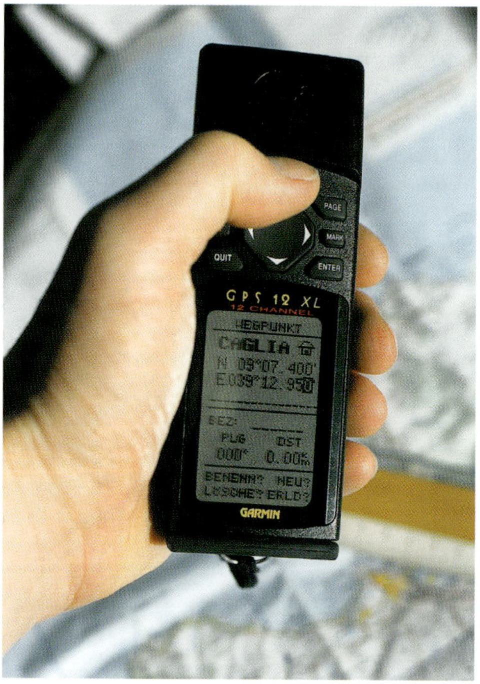

Eingabe der Koordinaten in das GPS-Gerät.

nicht direkt auf einer Längen- und Breitengradlinie liegt, ist etwas Rechnen angesagt. Aber mit einem einfachen Dreisatz sind die Winkelgrade leicht auszurechen.

Nehmen wir als Beispiel Cagliari auf Sardinien. Das Gitternetz auf unserer Italienkarte hat eine Teilung von 20 Minuten. Wenn wir uns nun die Position von Cagliari ansehen, können wir westlich, also links der Stadt, den 9. Längengrad entdecken. Nördlich, also oberhalb, können wir den Breitengrad von 39° und 20' sehen. Da aber direkt durch Cagliari selbst keine Linien laufen, müssen wir die Position dieses Ortes jetzt berechnen.

Beginnen wir mit dem Längengrad. Der Abstand der eingezeichneten Gitternetzlinien beträgt an der Messstelle 81 mm. Dies entspricht dann 20'. Da Cagliari 30 mm Abstand zur 9°-Gitternetzlinie hat, können wir ableiten: 20'/81 mm = 0,2469'/mm. Multiplizieren wir nun dies mit dem gemessenen Abstand von 30 mm: 0,2469'/mm x 30 mm = 7,4'. Jetzt nicht vergessen, das Ergebnis zu den 9° des Längengrades hinzuzuzählen. Ergibt also: 9°7,4'. Daran denken, dass 60 Sekunden eine Minute und 60 Minuten ein Grad sind. Also nicht alles Dezimal umrechnen!

Nun die Berechnung für den Breitengrad. Hier liegt die Linie vom Gitternetz 68 mm von der Stadt entfernt (Achtung: Immer vom Ausgang her messen, also vom Äquator). Der Abstand der Breitengradgitternetzlinien beträgt 105 mm (anders als bei den Längengraden). Wir rechnen wieder: 20'/105 mm = 0,19'/mm. Dann wieder mit dem Abstand multiplizieren: 0,19'/mm x 68 mm = 12,95'. Nun zum Breitengrad hinzuzählen ergibt: 39° + 12,95' = 39°12,95'. Die Koordinaten für Cagliari sind also Nord 9°7,4' und Ost 39°12,95'.

Beim Ermitteln des Abstandes darauf achten, dass immer der Breiten- bzw. Längengrad mit der kleineren Zahl als Bezug dient. Also zum Beispiel 9° und nicht der 9°20'.

Die so ermittelten Koordinaten werden nun ins GPS eingegeben. Zusätzlich kann ein Symbol und ein Name vergeben werden. Diese Daten werden Wegpunkt (engl. Waypoint) genannt. Wenn ich nun diesen Punkt anfahren will, drücke ich die GOTO-Taste des GPS-Geräts und wähle den Namen des betreffenden Wegpunkts von der Wegpunktliste

Die errechneten Koordinaten sind ins GPS-Gerät eingegeben.

aus. Das Gerät denkt nun kurz nach und zeigt dann auf einem meist graphischen Display mit Symbolen (meist Pfeil) in die Richtung dieses Ziels. Darüber hinaus werden Informationen über Annäherungsgeschwindigkeit, Entfernung (Luftlinie) zum Ziel, Höhe, momentane Geschwindigkeit und zurückgelegte Wegstrecke ermittelt.

ACHTUNG! Die Richtungsgrade zum Zielpunkt und die Himmelsrichtung zeigen die meisten Geräte erst dann korrekt an, wenn die Fahrt aufgenommen wird, bzw. beim Gehen ab 3 km/h, da das Gerät die Richtung aus den verschiedenen, aufeinander folgenden Messungen bestimmt (Gebrauchsanweisung genau lesen!).

Je nach Preisklasse und Hersteller gibt es alle möglichen Zusatzfunktionen bei den GPS-Geräten. So sind heute Geräte mit Höhen- sowie Geschwindigkeits- und Wegstreckenmessung Standard und schon ab 150 € zu haben.

Die teureren Geräte verfügen über Datenspeicher, in denen bereits Städte, Seen usw. einprogrammiert sind, die dann auf dem Display angezeigt werden. Hier erspart man sich viel Eingabearbeit. Die Mittelklasse hat zum Preis von ca. 500 € auch große und mittlere Straßen einprogrammiert, die aber trotzdem keine Straßenkarte voll ersetzen können! Für Europa ganz vorteilhaft, weltweit aber eher schwierig zu beurteilen, da man nie sicher weiß, welche Pisten und Straßen sich im Gerät befinden. Auf eine Karte sollte man deshalb nie verzichten.

Die Nobelgeräte zum Preis von 700 Euro und mehr bieten noch einen Routenplaner mit Verkehrsführung an. Wenn man damit tatsächlich sein Hotel in Bangkok findet, ist es ja wirklicht toll, allerdings sehen meine Erfahrungen mit den Geräten im Auto zum Teil erheblich anders aus.

Der Trend geht allerdings klar zu Geräten, die eine komplette Datenbank mit Straßen und Orten integriert haben. Das erleichtert natürlich die Navigation enorm.

Da die Geräte auf dem Motorrad sehr stark mechanisch belastet werden (Vibrationen, Hitze, Kälte, Regen), empfehle ich möglichst kompakte Geräte. Sie haben kleinere Displays, die wegen ihrer geringeren Masse stärker belastbar sind.

Die aktuellen Geräte haben fast alle eine serielle Schnittstelle für den PC (RS232). Hier kann mit entsprechenden Programmen ein Datentransfer vorgenommen werden. Dieser ist übrigens auch direkt von einem GPS-Gerät zum anderen möglich, wenn beide eine entsprechende Schnittstelle haben und das richtige Kabel zur Verfügung steht. Damit lassen sich Wegpunkte und ganze Routen übertragen (die Masse muss direkt verbunden werden, und die TxD-Leitung muss mit der RxD-Leitung gekreuzt werden). Die Eingabe über einen PC ermöglicht es auch, Routen mittels eingescannter Karten am PC zu planen, um dann die Wegpunkte recht komfortabel in das GPS-Gerät zu übertragen. Es werden hierfür zahlreiche Programme angeboten. Verbreitet sind hier QV von Touratech und FUGAWI von Garmin. Es gibt auch zahlreiche gute Shareware. Hier einfach einmal im Internet suchen (z. B. unter *http://www.poly-electronic.ch/gps-tools.htm).*

Wer unterwegs seinen GPS-Empfänger mit neuen Daten füttern oder die Routendaten (Trackpoints) abspeichern will, hat die Wahl zwischen:

- PC im Internetshop. Vorteil: Man muss kein teures Gerät mit sich herumschleppen. Nachteil: Die GPS-Software zur Übertragung muss jedes Mal installiert werden.
- Notebook. Vorteil: Man kann komplette Routenplanungen mit eingescannten Karten machen und hat auch sonst noch ein nettes »Spielzeug« dabei. Nachteil: groß, schwer und teuer, dabei auch recht anfällig.
- Subnotebook. Vorteil: Nur etwa halb so groß wie ein Notebook, aber fast so leistungsfähig und durch fehlende Laufwerke robuster. Nachteil: Es ist meist noch teurer als ein Notebook und immer noch recht groß.
- Organizer wie PALM etc. Vorteil: sehr kompakt und finanziell noch erreichbar. Genug Speicher, um alle Daten für eine Tour zu speichern. Zusätzlich farbige Anzeige von Karten möglich. Es gibt für diese Geräte auch aktive GPS-Antennen, die einen GPS-Empfänger ersetzen können. Hier ist aber genau zu prüfen, ob die auf dem Organizer verwendete Software alle benötigten Funktionen unterstützt (Wegpunkte, Routen, Trackpoints usw.). Nachteil: Display meist nicht tageslichttauglich (zu dunkel), mechanisch nicht sehr robust, (meinen Freund ging so ein Teil auf seiner Algerientour kaputt). Display und Speicher bei detailreichen Karten an der Grenze. Software anfällig.
- Speichererweiterungen (z. B. von Touratech). Vorteil: Robust und kompakt. Nachteil: Relativ hoher Preis und nur zum Datentransfer geeignet.

Bei allem, was man mitnimmt, sollte man nicht vergessen, dass die Funktionsweise und Handhabung aller Geräte bereits vor der Reise gut geübt werden sollte. Die Handbücher sollten vor der Reise gut durchgearbeitet werden. Zu Hause ausgiebig testen und üben, dass man mit den Geräten vertraut wird und Routine hat, wenn's unterwegs wirklich einmal darauf ankommt. Falsche Einstellungen am PC oder sonstigem Gerät können einen sonst in die »Wüste« schicken. Alle Angaben sollten deshalb immer nochmals auf Plausibilität geprüft werden.

Wer nun meint, mit so toller Technik könne er sich dann ja nicht mehr verfahren, wird un-

Solche Wegweiser würde man sich öfter wünschen.

ter Umständen schnell eines Besseren belehrt. So bin ich einmal trotz (oder gerade wegen) GPS mit Freunden in Algerien in eine schwierige Situation geraten. Da wir beim Fahren nur auf die Richtung achteten und da es eine Piste gab, der wir folgen konnten, sind wir einfach vor uns hingefahren. Erst als wir merkten, dass wir immer mehr abdrifteten, machten wir eine Standortbestimmung mit unserem GPS-Gerät und stellten erstaunt fest, dass wir bereits 80 Kilometer von der Hauptpiste entfernt waren. Irgendeine Abzweigung mussten wir übersehen haben. Ein Zurückfahren war wegen unseres knappen Benzinvorrats nicht empfehlenswert.

So beschlossen wir, auf möglichst direktem Weg zur Hauptpiste zu fahren. Allerdings kann es auch in Wüsten, die eben und gut befahrbar aussehen, so manche Überraschungen geben. So stellten sich unserer »Luftlinie« kleine Gräben, Wadis und Dünen in den Weg. Das ging am Anfang noch ganz gut, doch kurz vor Sonnenuntergang standen wir fassungslos vor einem riesigen Wadi, dessen grüne Vegetation wie eine Fata Morgana auf uns wirkte. Die höher gelegene Abbruchkante dahinter verschlug uns noch mehr die Sprache. Wir kämpften uns durch den weichen Sand im Wadi, bis wir wenigstens an das andere »Ufer« kamen. Dort suchten wir uns einen etwas höher gelegenen Übernachtungsplatz und begannen zu überlegen, wie wir auf das gegenüberliegende Plateau kommen könnten. Trotz der absoluten Stille in der Nacht schliefen wir alle nicht sehr gut. Zu sehr war jeder mit der Problemlösung beschäftigt.

Am nächsten Morgen ließen wir die Motoren warmlaufen, um den einzigen Ausweg, den wir sahen, in Angriff zu nehmen. In jahrelanger Arbeit hatte der Wind eine Rampe aus Sand an den Abbruch des Plateaus geweht, und nun galt es, diese 30 Meter hohe Rampe hinaufzukommen. Wir schafften es sogar besser als erwartet, aber ohne diese Rampe wäre es ganz schön eng geworden.

Beim Umgang mit dem GPS-Gerät sollten wir deshalb immer daran denken: **Ein GPS-Gerät zeigt die Richtung zum Ziel an, aber nicht den Weg dorthin!** Ein Abbruch von nur vier Metern Tiefe kann schon unüberwindlich sein. Wer dann kein Benzin mehr zum Umkehren hat, wird sein GPS-Gerät verfluchen und an den Spruch denken: »Mit dem GPS-Gerät kannst Du genau feststellen, wo Du verdurstet bist ...«

Trotzdem sind meine Erfahrungen, die ich mit GPS auf meinen letzten Reisen gesammelt habe, durchaus positiv. Ich möchte es nicht mehr missen. Einmal konnte ich sogar meine Fototasche mitten in der Wüste wiederfinden. Und das ging so:

Ich war unterwegs in die Oase Siwa in Ägypten. Kurz nachdem die Sonne untergegangen war, wurde mir kalt, und ich hielt an, um mir noch etwas anzuziehen. Dabei legte ich meine Fototasche auf die Sitzbank, von der sie dann herunterfiel. Da es mittlerweile dunkel war, bemerkte ich das nicht, und auch auf der Weiterfahrt dachte ich nicht mehr daran. In Siwa angekommen, stellte ich fest, dass sie fehlte. Was nun?

Ich ging erst einmal zum Abendessen. Dort rechnete ich mir aus, wie viele Kilometer ich seit Sonnenuntergang gefahren war. Da mein GPS-Gerät den genauen Zeitpunkt des Sonnenuntergangs sowie die Durchschnittsgeschwindigkeit anzeigt, war es mir möglich, in etwa die Stelle einzugrenzen, an der meine Fototasche liegen könnte. Mit Hilfe der Plotfunktion, die in bestimmten (einstellbaren) Zeitabschnitten die Position durch Punkte am Display darstellt, konnte ich genau die Koordinaten der Stelle ermitteln. Was mir die Sache außerdem sehr erleichterte, war die Tatsache, dass ich ein paar Meter abseits der Straße gehalten hatte. Nach 150 Kilometern stand ich dann genau vor meiner Fototasche.

Wer nicht blind auf GPS vertraut, hat eine sehr nützliche unterstützende Navigationshilfe, die vieles vereinfacht und sicherer machen kann. Die Preise sind mittlerweile in den Bereichen eines guten Höhenmessers angekommen, sodass der Kauf nicht mehr am Preis scheitern muss. Man sollte aber darauf achten, dass die Stromversorgung des GPS vom Motorrad aus möglich ist, da die internen Batterien meist nur einen Dauerbetrieb von 6 bis 24 Stunden ermöglichen.

Nur, wer sich mit dem Gerät richtig auseinandersetzt, wird in den Genuss seiner Vorzüge kommen. Die aber eröffnen ihm dann auch ganz neue Orientierungsmöglichkeiten. In Städten wie Kairo kam es mir recht gelegen, denn ich konnte nun auch noch unbekannte Straßen benutzen, da ich keine Orientierungspunkte brauchte, um meinen Campingplatz wiederzufinden.

Im Mai 2000 gab das amerikanischen Verteidigungsministerium die gute Nachricht bekannt, dass die aufgeschaltete Ungenauigkeit jetzt abgeschaltet sei. Von nun an können die Geräte bis auf 10 m genau navigieren. Damit kann man sogar die richtige Straßenseite finden.

Der Orientierungssinn

Landkarten, Kompass und GPS sind Orientierungshilfen, und dies drückt schon aus, dass sich keiner nur auf diese »Hilfen« alleine verlassen sollte. Wie schnell ist Elektronik defekt, ein Kompass verloren, die Landkarte weggeweht!

Deshalb möchte ich jedem empfehlen, sich mit der Gegend vertraut zu machen, indem er sich markante Punkte in der Landschaft einprägt oder sie im Tagebuch aufschreibt, und damit seinen Orientierungssinn zu trainieren.

Routenplaner

Egal ob sie in Handy, GPS oder PDA eingebaut sind oder ob man das Ergebnis in ausgedruckter Form mitnimmt, sie führen einen auf dem errechneten Weg ans Ziel. Wer schnell mit geringem Planungsaufwand an sein Ziel kommen möchte, für den sind sie eine gute Sache. Das Ergebnis hängt aber von vielen Faktoren ab. So ist die Aktualität und Genauigkeit der hinterlegten Karten genauso entscheidend wie die Einstellungen im Setup des Programms. Dort können meistens Wertungen eingestellt werden: Wollen wir die kürzeste oder die schnellste Strecke, Autobahn oder Landstraße fahren? Viele dieser Planer versorgen den Benutzer auch noch mit Hotelstandorten und Sehenswürdigkeiten unterwegs. Wer sich nur auf seinen Routenplaner verlässt, sollte ihn gut prüfen, denn nicht immer hat der Planer den gleichen Geschmack wie sein Benutzer, wenn es zum Beispiel darum geht, die Schönheit einer Straße zu beurteilen.

Wenn er einen dann doch einmal in die Großstadtwüste schickt und überfordert nur noch »bitte wenden« meldet, hilft wieder die gute alte Karte weiter, die auch in diesem Fall noch in der Tasche stecken sollte.

Verständigung: Fremdsprachen sind nicht alles

Das Reisen in anderen Kulturen verlangt viel Fingerspitzengefühl. Wer den Anspruch hat, nicht den Elefanten im Porzellanladen zu spielen, wird sich bereits im Vorfeld über die Sitten und Gebräuche des Reiselandes informieren müssen.

So ist es zum Beispiel mehr als unhöflich, Hindus die Fußsohlen entgegenzustrecken (was beim Sitzen auf dem Boden leicht passieren kann) oder in islamischen Ländern die linke Hand zum Essen oder gar zur Begrüßung zu benutzen. Visitenkarten von Chinesen sind dagegen immer mit beiden Händen anzunehmen usw. Beim Essen kann es auch schnell Missverständnisse geben. Bei einigen Leuten (bzw. bei meiner Mutter) wird es als Beleidigung angesehen, wenn nicht alles aufgegessen oder etwas zurückgewiesen wird, in anderen Ländern dagegen wird es als Zeichen gewertet, dass man noch nicht satt ist, und der Gastgeber wird alles Erdenkliche versuchen, noch nachzureichen. In vielen arabischen Ländern ist es auch Sitte, dass erst die Männer und die Gäste essen. Erst dann bekommen die Frauen und Kinder das, was übrig bleibt. Ich erinnere mich mit Scham daran zurück, wie ich bei einer jemenitischen Familie zu Gast war. Im Glauben, ich müsse alles aufessen, aß ich und aß, bis wir ins Raucherzimmer geführt wurden, obwohl ich noch gar nicht aufgegessen hatte …

Auch bei der Kommunikation ist Fingerspitzengefühl angebracht – Verständigung ist *mehr* als gesprochene Sprache. Sprache ist nur *ein* Mittel der Kommunikation zwischen Menschen. Bei uns hat die Sprache eine sehr hohe Priorität, in anderen Kulturen dagegen spielen Gestik und Gefühle eine weitaus größere Rolle. So kann es trotz ausreichender oder guter Sprachkenntnisse vorkommen, dass sich

Menschenauflauf in Pakistan.

Traditioneller Tee in Marokko.

große Missverständnisse ergeben, die einen durchaus in peinliche Situationen bringen können. Hier kann ein Reisender ohne große Sprachkenntnisse, aber mit Gefühl für die Situation, mehr Erfolg haben. Beides zusammen ist natürlich das Optimum.

Um sein »Benehmen« gastlandkonform zu gestalten, reicht es in der Regel bereits, einen guten Reisenführer über das Land aufmerksam zu lesen. Dort sollte auf besondere Verhaltensregeln und Umstände hingewiesen werden, wie zum Beispiel darauf, dass »ne« in Griechenland »ja« bedeutet und noch dazu mit einem Kopfschütteln bekräftigt wird, das wir klar als »nein« interpretieren würden. Mit dem Winken ist das auch so eine Sache. In vielen Ländern ist unser Wegwinken ein Zeichen zum Näherkommen.

Wer sich dann noch tiefer auf das Land einstimmen will, der kann günstige Sprachkurse an Volkshochschulen belegen. Eine andere oder zusätzliche Möglichkeit für den, der länger in einem Land bleiben möchte, ist der Besuch eines Sprachkurses vor Ort. Infos kann man im Reiseführer, von Reisenden oder bei der Touristeninformation bekommen.

Peinliche Begegnungen können vermieden werden, indem man daran denkt, dass Menschen, die es gewohnt sind, auf Gestik und Gefühle zu achten, sehr schnell merken, wenn ihnen abweisend oder gar feindlich bzw. mit großem Misstrauen begegnet wird. Überraschungen bleiben nicht aus, wenn Reisende untereinander in der Muttersprache über ihr Gegenüber lästern, weil sie meinen, sie würden ja sowieso nicht verstanden. Hier kann ich nur zur Vorsicht mahnen. Niemand kann wissen, welche Fremdsprachen verstanden werden. Und selbst wenn wir nicht verstanden werden, wird er das bei ihm ausgelöste Gefühl in dieser Situation sehr wohl zu interpretieren wissen. Dass so ein Verhalten mehr als unhöflich ist, brauche ich sicher nicht extra erwähnen.

So ist es für jeden gut, möglichst offen auf Unbekannte zuzugehen. Derjenige, der jedem Fremden mit Misstrauen entgegentritt, wird meist auch Misstrauen ernten. Wer einen anderen als Dieb abstempelt, macht es demjenigen erheblich leichter, sich auch wie einer zu verhalten. Reisende, die total verängstigt des Weges ziehen, werden als potenzielles Opfer eher in Frage kommen. Jeder sendet Signale aus, die in vielen Ländern schnell registriert und ausgenutzt werden. Für manchen, der das erste Mal auf einem arabischen Basar ist, ist es überaus verwunderlich, wie viele Verkäufer gleich auf ihn einstürmen. Nach dem zehnten Besuch kann er dann in Ruhe durchlaufen, ohne dass jemand etwas von ihm will. Warum?

Die Verkäufer können der Gestik und dem Verhalten des Reisenden sofort entnehmen, dass er unsicher ist. Daraus schließen sie, dass er neu im Land sein muss. Er hat mit Sicherheit noch zu wenig Teppiche zu Hause, also: Auf ihn! So landet er dann in einigen Teppichhäusern, und nur die ganz Cleveren schaffen es, beim ersten Mal ohne Teppich herauszukommen. Also nicht ärgern, ich habe auch schon ein paar zu Hause …

Mittlerweile habe ich es mir angewöhnt, selbst dann zielstrebig in eine Richtung zu gehen, wenn ich gar kein Ziel habe. So entsteht für die Beobachter der Eindruck: Der kennt sich aus, ist also nicht neu hier. Daraus entsteht eine gewisse Sicherheit, die wiederum für Respekt sorgt – man wird nicht so oft dumm an-

Moschee in Isfahan. Fremde Kultur – fremde Sprache.

gesprochen. Motorradklamotten und Crossstiefel verstärken dies noch ungemein, und so kann ich recht ungestört über die Märkte schlendern.

Es ist durchaus möglich, ohne Fremdsprachenkenntnisse um die Welt zu fahren. Aber Fremdsprachen sind einfach hilfreich, wenn es darum geht, mehr von den Leuten zu erfahren. Selbst Grundkenntnisse können schon einen enormen Gewinn bedeuten. Damit kann die Reise einfacher und erlebnisreicher werden.

Englisch ist mittlerweile die Standard-Sprache unter Reisenden geworden. Spanischkenntnisse sind für Mittel- und Südamerika sehr zu empfehlen. In Nord- und Westafrika ist französisch Standard, durch Ost- und Südafrika sowie Indien, Pakistan und Teilen von Asien (Malaysia) kann man sich mit Englisch ganz gut durchschlagen, wenn man zu den dortigen Landessprachen keinen Zugang findet.

Zumindest ein paar Höflichkeitsfloskeln in der jeweiligen Landessprache zu beherrschen, wie zum Beispiel »Bitte«, »Danke«, »Guten Tag« und »Auf Wiedersehen«, schadet nie. Im Gegenteil, auch wenn die Betonung oder Aussprache nicht ganz korrekt ist, erntet man bei den Einheimischen meist Respekt oder ein herzhaftes Lachen, weil sie merken, dass man sich bemüht. Es schadet auch nie, einen Sprachführer dabeizuhaben, so kann man im Notfall auch Worte zeigen. Ganz gut sind die Sprachführer aus der Kauderwelsch-Reihe, die es in fast allen Sprachen gibt.

Fröhliche Begegnung mit Kindern in Marokko. Stolz zeigt der Junge uns sein Haus.

Typische Reisetage: Von der Illusion, jede Menge Zeit zu haben

Allen, die meinen, sie könnten sich unterwegs zu Tode langweilen, oder denken, sie hätten ja »so viel Zeit«, soll hier ein typischer Tagesablauf zeigen, dass dem nicht so sein muss:

Ein typischer Reisetag	
8:00 h	Die Sonne scheint aufs Zelt. Es wird endlich warm.
8:30 h	Es ist nicht mehr auszuhalten im Zelt – viel zu heiß! Schnell raus! Mit den letzten zwei Litern Wasser Morgentoilette und Teekochen. Im Koffer finden sich noch zwei Brötchen und Marmelade. So, das Frühstück wäre gesichert.
9:30 h	Zelt abbauen, aufpacken. Sich wundern, warum das Gepäck scheinbar immer größer wird.
10:00 h	Jetzt kann es endlich wieder losgehen. Kurze Geländeeinlage, bis die Straße wieder erreicht ist. Dann gutes Wetter bei schöner Landschaft genießen.
11:30 h	Bibber! Wann kommt endlich die nächste Tankstelle? Nur noch für zwanzig Kilometer Benzin im Tank. Dafür zwei leere Reservekanister dabei. Geschwindigkeit reduzieren, Sparrekord brechen!
12:00 h	Endlich eine Tankstelle! Rechnerisch hätte es eigentlich nicht reichen dürfen, aber es sind sogar noch 0,2 Liter im Tank. Aufatmen. Entspanntes Weiterfahren.
12:30 h	Nettes Dorf in Sicht. Kneipe lädt zum Mittagessen ein, die kleinen Gassen zum Bummeln.

Überall laden ruhige Kneipen zum Verweilen ein.

Ein typischer Reisetag	
15:00 h	Weiterfahrt.
16:00 h	Sonne steht genial. Ein super Licht zum Fotografieren.
17:00 h	Einkaufen sollte ich auch noch, damit das Frühstück morgen etwas reichhaltiger ausfällt.
17:30 h	Dorf in Sicht. Es gibt einen schönen Markt. Einfach gefährlich, wenn man mit Hunger einkaufen geht. Nur mit großer Mühe bekomme ich meinen Einkauf verstaut.
18:00 h	Wird bald dunkel. Mal nach einem Übernachtungsplatz umsehen.
19:00 h	Nach drei Offroad-Einlagen finde ich einen schönen Platz am Fluss.
19:30 h	Zelt aufbauen. Kartoffeln schälen und Möhren schrabben.
20:30 h	Gemüseeintopf ist fertig. Der Knoblauch riecht schon hervorragend.
21:00 h	Fressnarkose – hätte auch gut wieder für drei gereicht.
21:30 h	Eigentlich sollte ich noch abspülen, meine Kette schmieren, nach dem Öl schauen, ein paar Koordinaten für das GPS aus der Karte messen, genau überlegen, wie ich morgen weiterfahre, im Reiseführer nachlesen, wo ich heute wieder überall vorbeigefahren bin.
22:00 h	Verschiebe alles auf morgen, schreibe mein Tagebuch und krieche in den Schlafsack.

Es kann natürlich auch alles ganz anders kommen (manchmal tagelang). Hier ein paar kleine Auszüge aus dem Tagebuch einer meiner Touren:

Sonntag, 17.01.1999, Libyen

Die Sonne scheint wieder glasklar, trotzdem hat es erst fünf Grad draußen. Ich fahre nochmals die 30 Kilometer zurück, um ein paar Bilder von der tollen Schlucht zu machen. So viel Grün habe ich in ganz Libyen noch nicht gesehen. Nach 50 Kilometern liegen die Berge dann wieder hinter mir und ich durchfahre eine steppenartige Landschaft, die sich bis zum Golf von Sirte hinzieht. Vereinzelt sehe ich wilde Kamele, die auf der Suche nach etwas Fressbarem sind. Sie strahlen für mich die totale Freiheit aus, erhaben über allem. Da noch einige Wasserlachen zu sehen sind, dürften sie sich bald über frische Gräser freuen.

Bis auf Darnah (das größer ist, als die Karte vermuten lässt) kommt bis Tobruq keine größere Stadt mehr. In Tobruq angekommen, schaue ich mich ein wenig um und werde von einem Jungen angesprochen, der einen riesigen Sack mit frischem Brot auf seinem Fahrrad balanciert. Er schenkt mir drei ofenwarme Laibe und zeigt mir das Hotel. Die Zimmer sehen ganz passabel aus, allerdings sind sie mit zwölf D-Mark für libysche Verhältnisse recht teuer (zumal auch noch Dusche und WC fehlen). Da ich aber keine Lust mehr zum Fahren habe, beschließe ich, doch zu bleiben. Außerdem gibt es einen schönen Hof zum Schrauben.

Seit 200 Kilometern wird dieses Klappern immer stärker, und ich komme nicht dahinter, was es sein könnte. Ich überlege gerade, ob ich meinen Elefanten nochmals zerlegen soll, als mich der Herr von der Rezeption nach dem Ausweis fragt. Oh Graus! Wo ist mein Ausweis? Ich habe keinen mehr! Nachdem ich den ersten Schock überwunden habe, fällt mir ein, dass ich ihn im letzten Hotel beim Bezahlen nicht wiederbekommen habe. Da es sich um meinen Pass handelt, sind alle Überlegungen, wie sie bei anderen vergessenen Dingen aufkommen (brauche ich sie wirklich?), überflüssig. Ich muss zurück, und zwar am besten gleich.

Zum Glück bin ich heute nur 300 Kilometer gefahren. So hat mein Motorklappern nun nur noch Priorität 2. Da ich starken Gegenwind habe, höre ich es auch fast nicht mehr. Allerdings habe ich bald fast soviel Klamotten an wie im Dezember, als ich über die Alpen gefahren bin. Nach drei Stunden stehe ich ziemlich verfroren wieder an dem Hotel, das ich heute morgen verlassen habe. Der Typ von der Rezeption will 35 Dinar für die Übernachtung und entschuldigt sich nicht einmal, dass er mir meinen Pass nicht zurückgegeben hat. Ein libyscher Gast, der mit seiner deutschen Frau auch im Hotel wohnt, hilft mir, den Preis auf 20 Dinar zu drücken. Dann nehme ich erst einmal eine heiße Dusche und genieße mein beheiztes Zimmer.

Nun rückt mein Motorrad wieder auf Prioritätsstufe 1, und ich strapaziere meine Gehirnzellen den gesamten Abend, was meinem Elefanten fehlen könnte. Alle plausiblen Ursachen, die ich mir vorstellen kann (defekte Ölpumpe oder eingelaufene Nockenwellen), wären äußerst beunruhigend. Diese Defekte würden in der letzten Konsequenz den Heimflug bedeuten. Mal sehen, wie ich heute Nacht schlafe.

Montag, 18.01.1999, Libyen

Wider Erwarten habe ich ganz gut geschlafen und gehe erst einmal zum Frühstück – das erste Mal nach vier Wochen Ramadan, der heute vorbei ist. Allerdings ist heute Feiertag, und alle Läden außerhalb des Hotels haben geschlossen. Ich treffe das libysch-deutsche Ehepaar wieder und komme mit den beiden ins Gespräch. Er macht als Arzt auf einer Erdölförderstation an der Küste, in Bruygah, auf der 50 000 Männer arbeiten, eine Art Zivildienst (dies ist die trostlose Gegend, in der ich vor zwei Tagen vergeblich ein Hotel gesucht hatte). Seine Frau tut mir leid, für sie ist es der erste Aufenthalt in einem arabischen Land – und dann gleich in so einem Ghetto. Sie trägt es mit Fassung, aber ich bin mir sicher, wenn ich etwas tiefer graben würde, kämen ihr bestimmt die Tränen.

So eine eigene Ölquelle wäre schon was Feines.

Die zwei sind sehr nett und bieten mir gleich ihre Hilfe an, als ich ihnen von meinem Motorradproblem erzähle. Frisch gestärkt, mache ich mich dann vor dem Hotel ans Werk, um mir die Nockenwelle des stehenden Zylinders anzusehen. Ich prüfe die Stehbolzen: sind okay. Ventile haben etwas Luft, ist aber noch nicht beängstigend (DESMO für Kenner). Öl ist auch zu sehen, und die Nockenwelle sieht ganz manierlich aus. Ich schraube alles wieder zusammen und bilde mir ein, dass sich alles ganz ordentlich anhört. Ich fahre dann noch einmal meine schon bekannte Strecke bis Tobruq, als das Geräusch wieder mit aller Heftigkeit losgeht. Ich halte bei einer Kneipe, die mich an den Film »Bagdad-Café« erinnert. Nach ein paar Nudeln und Suppe mache ich mich erneut ans Werk und baue die Ölpumpe aus. Es sieht aber alles ganz normal aus, und so baue ich sie wieder ein.

Da es schon Abend ist, und die Sonne gerade blutrot in der unendlichen Weite der Prärie untergeht, beschließe ich, gleich hier zu übernachten. Irgendwie hat das Ganze eine irre Ausstrahlung. Das absolute Nichts. Nur eine Straße, die zur ägyptischen Grenze führt. Leider kommen um 19 Uhr zwei Polizisten vorbei und machen mir klar, dass es mit dem Übernachten hier nichts wird. Sie hätten einen Platz für mich. Ich könne bei ihnen in der Wache schlafen. Also packe ich meine Sachen zusammen und folge meinem »Freund und Helfer«. Auf dem Weg zur Wache wird mir klar, dass ich keinerlei Lust habe, in einer Polizeiwache zu übernachten. Deshalb mache ich meinen beiden Polizisten klar, dass ich noch bis Amsaad zur Grenze fahre und mir dort ein Hotel nehme. Das akzeptieren sie, und ich mache mich aus dem Staub. Zum Glück gibt es dort wirklich ein Hotel, recht einfach, aber es gibt ein Bett und etwas zu essen. Ich studiere noch meinen Reiseführer, in dem die komplizierten ägyptischen Einreiseformalitäten ausführlich beschrieben sind, programmiere das GPS-Gerät und überlege, was sonst noch so furchterregend an meinem Motor klappern könnte – und ob es kleinlich ist, sich um 24 Uhr zu beschweren, dass der Fernseher mit voller Lautstärke läuft.

Dienstag, 19.01.1999, Ägypten

Eigentlich dachte ich, der Ramadan sei nun endgültig vorbei, aber heute ist nochmals ein Feiertag, und alle Bediensteten an der Grenze kommen recht verschlafen aus ihren Büros. Aus dem Ölwechsel wird leider nichts, da alle Läden geschlossen haben. An der libyschen Grenze werde ich trotzdem recht freundlich und schnell bedient und kann mich meines libyschen Nummernschilds auch gleich entledigen. Auf der ägyptischen Seite sieht es schon wesentlich bürokratischer aus. Die im Reiseführer beschriebenen Büros gibt es schon gar nicht mehr (hab ich mir gestern wieder vergeblich den Kopf zerbrochen). Es wurden neue, große Gebäude gebaut, und ich muss jetzt erst nachfragen, wo ich hin muss. Als erstes muss ich das Visum bestätigen lassen. Das heißt: Pass abgeben und warten. Nach 20 Minuten kommt jemand und liest Namen vor. Ganz interessant, mal lauschen zu können, wie kreativ Eltern hierzulande bei der Namensgebung sind. Irgendwann höre ich meinen und stürme los.

So, jetzt kann die Arbeit beginnen! Versicherung abschließen, Carnet de Passage abstempeln lassen, Kasse suchen, Gebühr bezahlen, Bank suchen, Geld wechseln und eine Bestätigung ausstellen lassen, dass das Gepäck in Ordnung ist. Zum Glück konnte ich den Diensthabenden überzeugen, dass es so gut wie unmöglich ist, mein ganzes Gepäck abzupacken und durch die im Zollgebäude installierte Röntgenanlage zu schieben. Mit dem Stapel Papier gehe ich jetzt zu dem Büro, das die Nummernschilder vergibt, um dann wiederum in einem anderen Büro die ägyptische Übersetzung des Führerscheins in Empfang nehmen zu können. Zum Glück stehen heute keine langen Schlangen vor den Schaltern, sonst wäre ich bestimmt nicht in 4 Stunden fertig gewesen, sondern wahrscheinlich in 14 Stunden.

So, nun weiter nach Siwa. Unterwegs sehe ich noch eine Tankstelle und mache kurz einen Ölwechsel, um zu sehen, ob schon Metallstücke aus dem Motor kommen. Sieht alles ganz gut aus, und es ist ein ganz neues Erlebnis, mit den Ägyptern zusammen zu schrauben. Sie sind sehr nett und helfen mir dabei, mein Öl zu entsorgen. Einer schenkt mir sogar noch sein kleines Taschenmesser, zum Dank überlasse ich ihm mein Feuerzeug.

Die Straße ist gut ausgebaut, und es stehen riesige Warntafeln herum, was so alles gefährlich ist beim Auto fahren ... Ein paar Kilometer weiter kommt sogar ein Rasthaus. Da kein Ramadan mehr ist, muss ich mit dem Essen nicht mehr bis Sonnenuntergang warten und kehre dort ein. Das Essen beschäftigt leider danach meinen Körper noch eine gewisse Zeit ...

Es ist schon 16 Uhr, als ich die Abbiegung nach Siwa erreiche. Da die Oase noch ca. 300 km entfernt ist, frage ich besser den Polizeiposten, wie lange ich für die Strecke benötige, da es schon bald dunkel wird. Er meint, dass es kein Problem sei, in drei Stunden dort zu sein, und so fahre ich Richtung Süden, in die Wüste.

Der Motor klappert zwar immer noch, aber dort kann ich in Ruhe nachschauen. Eine Stunde nach Sonnenuntergang erreiche ich dann Siwa, um festzustellen, dass ich in der Wüste meinen kleinen Rucksack habe liegen lassen. Da meine Travellerschecks auch im Rucksack sind, habe ich keine Wahl und muss zurück. Aber die Tankstelle hat schon zu! Was nun?

Nach meiner Berechnung reicht der Sprit nur noch so weit, um zu dem Punkt zurückzufahren, an dem ich meinen Rucksack liegen ließ (ermittelt dank GPS und eingeschalteter Plotfunktion). Dies bedeutet, eine Stunde länger durch die kalte Dunkelheit der Wüste zu fahren.

Zum Glück liegt er genau da, wo der Pfeil meines GPS hinzeigt, sonst hätte ich keine Chance gehabt, ihn nachts in dieser Landschaft, ohne Orientierungspunkte, zu finden. Nun wieder umdrehen und nochmals Richtung Siwa fahren. Doch schon bald muss ich auf Reserve schalten. Nun ist es an der Zeit, einen Übernachtungsplatz zu suchen, das Zelt

Kleine Oasen sind die Perlen der Wüsten.

aufzubauen und sich auf den warmen Schlafsack zu freuen.

Mittwoch, 20.01.1999, Ägypten

Schon ein seltsames Gefühl, ohne Benzin mitten in der Wüste zu hocken. Nach einer Stunde halte ich das vierte Auto an und frage wieder nach Benzin. Diesmal habe ich Glück und der Taxifahrer hat einen Schlauch dabei, mit dem wir ein paar Liter des kostbaren Nasses aus seinem Tank abzapfen können. Jetzt bin ich wieder froh über meine Reservekanister, denn die erleichtern die Umfüllaktion ungemein. Wäre durchaus hilfreich, selbst so ein Stück Schlauch dabeizuhaben.

Nun kann ich endlich nach Siwa fahren und dort auch bleiben. Das Hotel, das ich finde, liegt wunderbar in den Palmengärten, und vom Dach habe ich einen tollen Blick über einen großen Teil der Oase. Die anderen Gäste sind aus den verschiedensten Ländern, und ich bekomme langsam das Gefühl, richtig auf einer Reise zu sein. Den Abend beschließe ich mit zwei Engländern bei Didgeridoo und Maultrommel am Lagerfeuer unter Palmen mit frischen Datteln. Was will ich mehr?

Donnerstag, 21.01.1999, Ägypten

Ach ja, nach meinem Motorrad sollte ich auch noch schauen. Erst einmal gut frühstücken. Die Leute hier in Siwa haben sich zwar an den Tourismus angepasst, aber dennoch ihre alte Lebensart weitgehend beibehalten. So fahren sie heute noch mit ihren Eselskarren, die auch als Taxis genutzt werden, durch die Straßen. Für die Touristen wurde aber etwas Infrastruktur geschaffen. Einige Restaurants wetteifern so um die Gunst der Kunden. Ich suche mir ein schönes Restaurant mit Blick auf den Marktplatz und genieße mein Omelett mit frischem Tee.

Dann treibt mich die Neugier zum Motorrad. Der Innenhof des Hotels ist wie geschaffen zum Schrauben. Schatten, ein Stück sauberer Betonboden – einfach perfekt. So, dann kann es losgehen. Da ich während der Fahrt schon in Gedanken das halbe Motorrad zerlegt habe, finde ich nun den Fehler sehr schnell. Die Mutter, mit der das Antriebsrad der Nockenwelle befestigt ist, hat sich gelockert. Da ich den Fehler so spät fand, ist das Antriebsrad leider jetzt schon ziemlich ausgeschlagen. Was nun?

Ich schaue bei meinem Nachbarn vorbei, der Fahrräder repariert und verleiht. Zum Glück verstehen sich Mechaniker untereinander auch ohne Sprache, und so kann ich ihm recht gut vermitteln, was ich benötige.

Wenn der Muezzin ruft, wird gebetet.

Mit einer Fahrradachse mache ich mich auf den Weg zu einem Schlosser, der einen Winkelschleifer besitzen soll. Und was er für einen hat! Einen größeren habe ich selten gesehen.

Mit der Maschine mache ich mich dann ans Werk und flexe mir eine neue Passfeder für die Welle. Mit etwas Tüftelei und der Hilfe von ein paar Fühlerlehren bekomme ich die Passung wieder bombenfest hin, sogar der Rundlauf stimmt. Jetzt wird es spannend. Aber auf der Probefahrt ist kein Klappern mehr zu hören.

So, nach dem Erfolgserlebnis gönne ich mir ein gutes Abendessen. Danach begebe ich mich auf das Hausdach, von dem aus ich die Sonne hinter den endlos erscheinenden Dattelpalmen untergehen sehe. Bei diesem Anblick bekomme ich eine Gänsehaut und begreife, warum es mich immer wieder in den Orient zieht. Diese Stimmung, gemischt mit den typischen Gerüchen und dem einsetzenden Ruf des Muezzins zum Gebet, das gibt es einfach nur hier.

Oftmals ist das Angenehme und Unangenehme auch ganz nah beieinander. Vor allem, wenn noch unbekannte Kontinente betreten werden, wie folgender Tagebuchauszug von einer anderen Tour belegt:

Montag, 20.8.1999, Buenos Aires

Es ist soweit, unter mir liegt Südamerika. Ich sehe Patagonien – mit einer feinen Neuschneedecke überzogen. Die Sicht ist so klar, dass selbst der Pilot vor Begeisterung uns auffordert, aus den Fenstern auf die Vulkane zu schauen. Ich habe das Gefühl, den richtigen Kontinent für meine Weiterreise gewählt zu haben. Eine Stunde später der Schock – der Flugkapitän meldet sich erneut zu Wort und verkündet, dass wir in 10 Minuten in Buenos Aires landen werden und es dort leicht regnet, bei einer Temperatur von 3 °C. Sydney war fast auf dem gleichen Breitengrad, und dort hatte ich wenigstens 15 °C, das kann »heiter« werden.

Als ich aus dem Flughafen komme, merke ich, dass es wirklich saukalt ist. Alle sind dick in Mäntel eingehüllt.

Hilft alles nichts. Auf, an die Arbeit! Mein Elefant will aus dem Zoll befreit werden. Da wir zusammen im gleichen Flugzeug waren, muss auch er mittlerweile ausgeladen sein. Dass mir hier alles etwas spanisch vorkommt, kann schon an der Landessprache liegen, die mir bestimmt für immer ein Rätsel bleiben wird. Nach ein wenig herumfragen nimmt sich ein Mitarbeiter vom Schweizer Aircargo-Service meiner an und fährt mich zur Zollabfertigung. Soviel Korrektheit wie hier habe ich an keinem Flughafen der Welt bisher erlebt. Ohne Zollbegleitung ist jeglicher Zutritt zu den Lagerhäusern unmöglich. Dass dies alles seine Zeit braucht, ist dann abzusehen. Zum Glück ist der Warteraum vom Zoll gut geheizt. Neben mir sitzt eine Argentinierin, die nur ihren Tennisschläger abholen will, aber sie wartet genauso lange wie ich und hat am Ende der Abfertigung auch fast genauso viele Stempel wie ich für mein Motorrad. Die Gebühren, die sie mir hier abgenommen haben, versuche ich vorerst einmal zu verdrängen. Die Leute sind aber alle recht freundlich und helfen mir, soweit sie können. Ich schaffe es dann tatsächlich noch kurz vor Schließung des Zolls, mein Motorrad zu bekommen. Es ist sogar gleich eine Tankstelle am Flughafen. Oje, beim Verlassen des Zollhofes stehe ich auch schon auf der Autobahn Richtung Buenos Aires – aber ich muss erst zur Tankstelle. Als ich dann endlich eine Möglichkeit zum Umdrehen finde, geht mir auch schon das Benzin aus. Und das alles bei der Saukälte. Das fängt ja schon mal gut an!

Ich versuche, Autos anzuhalten. Das Erste ist ein Diesel, das Zweite ist ein Diesel, das Dritte ist ein Diesel, aber ein Kleinbus. Der Fahrer meint, ich solle einfach mein Motorrad einladen, und er fahre mich dann zur Tankstelle. Mann, ist ja echt ein klasse Service! Fange an, neue Hoffnung zu schöpfen.

An der Zapfsäule kommt dann der zweite Schock: Was kostet hier ein Liter von dem Saft des Lebens? Einen Dollar?

Eine halbe Stunde später bin ich dann im Herzen der Hauptstadt. Mir verschlägt es förmlich die Sprache. Breitere Straßen habe ich bisher noch nirgends gesehen. Zwölfspurige Highways und ein pulsierendes Leben. Genial! Im Kino kommt »Lola rennt«! Scheinen hier Geschmack zu haben. Hier ein Hotel zu finden, wird wohl nicht ganz so einfach werden. Ich schaue mich erst einmal etwas um. Als ich wieder zu meinem Motorrad komme, sehe ich jemand, der sich sehr für meinen Elefanten interessiert. Eine Konversation ist nicht gerade einfach, da ich noch weniger Spanisch spreche als er Englisch. Dennoch gehen wir zusammen essen, und ich erfahre so einiges über Land und Leute. Da ich mittlerweile über 36 Stunden auf den Beinen bin, zieht es mich in ein Bett. Er hilft mir, ein Hotel zu finden, und leiht mir sogar noch sein Motorradschloss, mit dem ich meinen Elefanten im Parkhaus (das soviel kostet, wie ich normal für die Übernachtung ausgebe) sichern kann. Die menschliche Nähe finde ich hier trotz der scheinbar hohen Kriminalität (jeder warnt mich vor Diebstahl) einfach umwerfend. Wir verabreden uns zum Frühstück, und ich falle ins Bett!

Alternative: Motorradkauf und -verkauf im Ausland

Um sich hohe Transportkosten oder Leihgebühren für Motorräder im Ausland zu ersparen, überlegen sich viele, dort ein Motorrad zu kaufen. Prinzipiell ist das auch in einigen Länder wie den USA, Australien, Neuseeland und so weiter möglich. Dabei empfehle ich aber, mit etwas Umsicht vorzugehen. Denn wer sich überlegt, wie schwierig es zum Teil schon zu Hause ist, ein gutes Angebot aus zweiter Hand zu bekommen, der kann sich vorstellen, mit welchen Tücken er zu kämpfen hat, wenn er weder der Landessprache mächtig ist noch die Formalitäten kennt, die für eine Registrierung notwendig sind.

So darf man sich nicht wundern, wenn unter Umständen mehrere Wochen für den Kauf eines Motorrads benötigt werden. Wer diese Zeit nicht investieren will oder kann, hat dann ein Problem bzw. kein Motorrad.

Beispiel Australien

Australien hat eine große Motorradfahrer-Szene. Es gibt in den großen Städten auch eine gute Auswahl an gebrauchten Motorrädern. Nur große Enduros sind rar. Entweder wird gecrosst oder Streetbike gefahren. Dann kommt hinzu, dass viele Gebrauchte wirklich gebraucht sind und sich in einem Zustand befinden, in dem sie kein deutscher Händler in seinen Verkaufsraum stellen würde. Die Händler wiederum haben enorme Margen, das heißt, dass sie mindestens 2000, eher 3000 AUD an einem Bike verdienen wollen.

So bekommt der Vorbesitzer 2000 AUD für sein Motorrad, für das der nächste Käufer dann 5000 AUD bezahlen darf. So ist ein Verkauf an einen Motorradhändler schon einmal ein finanzielles Debakel. Um privat über eine Zeitungsannonce verkaufen zu können, benö-

Motorradkauf im Ausland, hier in Sri Lanka.

tigt man allerdings wieder Zeit und die richtige Jahreszeit. Wer im australischen Winter in Sydney landet, hat dann ein ernsthaftes Problem am Hals. Dann gibt es noch die Besonderheit in Australien, dass die unterschiedlichen Bundesstaaten unterschiedliche Zulassungsbedingungen haben. Ein Fahrzeug in Sydney zu verkaufen, das in Darwin gekauft wurde, macht dann noch zusätzlich Ärger.

Wer nun mit einem ausgelutschten Einzylinder, den er supergünstig erstanden hat, im Outback liegen bleibt, der kann für die nachfolgende Bergung nochmals tief in die Tasche greifen. Da kann es unter Umständen günstiger sein, sich gleich ein Neufahrzeug zu kaufen. Vor allem für den, der länger bleiben will. Er hat dann die Sicherheit, dass seine Maschine in Ordnung ist, und falls doch einmal ein Defekt auftritt, hat er Garantie. Der Wertverlust muss auch nicht größer sein als bei einer Gebrauchten (wenn man ohne Unfall über die Pisten kommt).

In anderen Ländern liegen die Probleme ähnlich. Dies beginnt meist bei der Zulassung, da für diese eine permanente Adresse notwendig ist, die man aber nicht hat. In den USA sind die Versicherungen zum Beispiel recht teuer, und es macht zusätzlich Arbeit, eine zu finden. Das Ganze wird wesentlich günstiger, wenn rechtzeitig ein Käufer für das Motorrad gefunden wird, mit dem dann die Kosten geteilt werden können. Am Ende, wenn alle Kosten addiert werden, kommt als Gesamtsumme oftmals wieder der Preis eines Motorradtransports inklusive Wertminderung heraus. Bei kurzen Aufenthalten mit Verkauf über einen Händler sogar der Preis einer Leihmaschine. In ein Land zu fliegen und vor Ort schnell ein Motorrad zu kaufen, kann deshalb recht teuer werden! Wer Freunde im Land hat, die sich in Ruhe umsehen oder die Maschine verkaufen können, der hat hingegen schon eine wesentlich bessere Ausgangsposition.

Man sollte auch daran denken, dass viele Gebrauchtmotorräder keine Gepäcksysteme besitzen und womöglich kleine Tanks haben. Diese Zubehörteile müssen dann auch noch gekauft und entsprechend umgebaut werden. Und das verschlingt zusätzlich Zeit und Geld.

Eine andere Möglichkeit wäre, sich in Reise-Foren umzusehen. Vielleicht verkauft gerade jemand sein Motorrad in dem Land, in das man reisen möchte. Dabei bekommt man dann ein gut ausgerüstetes Reisemotorrad übergeben. Der technische Zustand sollte natürlich genau geprüft werden. Nicht, dass der Vorbesitzer bereits zweimal die Erde damit umrundet hat.

Abschließend kann man sagen, dass es diverse Möglichkeiten gibt, mit einem Motorrad einen schönen Auslandsurlaub zu erfahren. Man muss eben Vergleichskalkulationen anstellen. Will man länger als acht Wochen unterwegs sein, wird das geringste Risiko sein, das eigene Motorrad mitzunehmen oder ein Neues vor Ort zu kaufen. Da weiß man, was man hat, und kann seine Reise meist direkt nach der Ankunft beginnen.

Bei kurzen Reisen von weniger als vier Wochen Dauer ist es meist günstiger, ein Motorrad vor Ort zu mieten, sofern dies im Reiseland möglich ist. Hierfür können per Internet bereits von zu Hause aus Händler gesucht werden.

Wo alle Straßen aufhören: Motorrad- und Personentransport

Der Wunsch, auf dem Landweg sein Ziel zu erreichen, wird ab und zu durch die Hindernisse der Natur gebremst. So stellt sich dann zum Beispiel die Frage: Wie komme ich übers Meer? Dazu liegt seit alters her die Benutzung eines Schiffes recht nah. Im Mittelmeer bringen hunderte von Fähren die Leute auf Inseln sowie hinüber nach Afrika. Dabei werden auch unliebsame Grenzen umfahren. Auf den meisten Fähren ist die Besatzung mit dem Verladen von Motorrädern vertraut. Wer sich dann an Bord noch selbst um einen sicheren Stand der Maschine kümmert, für den geht in der Regel alles glatt.

Manchmal gibt es auch Passagierschiffe, bei denen – mit etwas Nachhaken – die Mitnahme von großem Gepäck in Form eines Motorrades möglich ist. Ich bin zum Beispiel mit Postschiffen nach Zypern oder in Thailand auf so manch kleine Insel gekommen. Das Einladen ist zwar oftmals eine Nervenprobe, denn zuzuschauen, wie das Motorrad über eine sich durchbiegende Holzdiele an Deck geschoben wird, kostet schon Überwindung. Aber zum Glück verstehen die Seemänner ihr Handwerk ganz gut und es passiert meistens nichts.

Wer allerdings über den Ozean will, hat es mit dem Schiff schon schwerer. Es gibt auch hier Linien, die Fracht und Passagiere befördern, jedoch liegen die Preise auf dem Niveau von Flügen und darüber. Da so eine Fahrt viele Tage bis Wochen dauern kann, ist es eine Überlegung wert, ob eine gewisse »Seefestigkeit« vorhanden ist, denn unterwegs auszusteigen, ist nicht drin. Einige Tage Seekrankheit müssen erst durchlebt werden, bevor sie als Erlebnis erzählt werden können.

An den Fähren nach Afrika ist immer etwas los.

Eine Möglichkeit, die früher einen festen Platz bei Reisenden einnahm, nämlich seine Überfahrt durch Arbeit auf einem Schiff zu finanzieren, wird zunehmend seltener. Wer keinen Kapitän kennt oder keine Beziehungen zu einer Reederei hat, für den ist die Kontaktaufnahme sehr schwierig. Die Containerschiffe liegen nur für Stunden im Hafen, und in der Zeit muss alles abklärt werden. Wem es nichts ausmacht, einige Wochen in einer Hafenstadt auf so eine Gelegenheit zu warten, der kann auch heute noch Glück haben und umsonst auf den nächsten Kontinent kommen.

Allen, die auf solche Erlebnisse verzichten können oder wollen, bietet ein Flug für sich selbst und das Motorrad die beste Möglichkeit, schnell und unkompliziert ans Ziel zu kommen. Außerdem gibt es eine größere Auswahl, was den Ankunftsort angeht. Denn manche Länder haben nun einmal keine Häfen.

Fliegen ist zwar nicht die billigste Lösung, aber bei weitem die bequemste. Das Motorrad steht bis kurz vor der Abreise zur Nutzung zur Verfügung, und ein paar Stunden nach der Ankunft kann es, wenn man Glück hat, gleich weitergehen.

In diesem Tempo schafft man es normalerweise nicht, wenn das Motorrad mit dem Schiff ankommt und man sich in großen Hafenanlagen durchfragen muss. Oft erfordern die Entfernungen innerhalb der Hafenanlagen ein Taxi. Außerdem ist die Zollabwicklung per Luftfracht einfacher. Die Sicherheit des Transports ist meist besser und Beschädigungen kommen seltener vor als beim Schiffstransport. Mittlerweile gibt es auch Firmen, die sich auf den weltweiten Transport von Motorrädern spezialisiert haben.

Ja, den Zug gibt es auch noch, innerhalb von Europa kommt hier vor allem der Autoreisezug als Transportmittel infrage. Man kann so bequem im Schlafwagen seinem Ziel entgegenfahren. Das Motorrad findet auf den Autotransportwaggons einen Platz. Für alle, die in den Süden wollen, wenn es zu Hause noch kalt ist, eine gute Alternative zu 1000 km Autobahn. Es gibt diese Züge übrigens nicht nur bei uns. In vielen europäischen Ländern sind sie sogar weit populärer und um einiges grünster als in Deutschland.

Außerhalb Europas wird die Beförderung per Bahn mitunter schon abenteuerlicher. Die Variante Gepäckwagen ist hierbei noch eine der besten Möglichkeiten, sein Motorrad im Zug unterzubringen. Je nach Sicherheitslage kann es dann auch ratsam sein, mit an der Seite seines Motorrads zu reisen. Falls kein Gepäckwagen vorhanden ist, kann es auch notwendig werden, sein Motorrad auf einen Güterwagen zu verladen. Hier ist auf eine gute Verzurrung des Motorrads zu achten, denn wenn es runterfällt oder umkippt, wird der Zug deswegen bestimmt nicht anhalten.

Ich kann mich noch allzu gut daran erinnern, wie ich in Bolivien kein Benzin mehr bekommen habe und der Zug die einzige Möglichkeit war, um von Roberé weiter nach Santa

Transport per Bahn in Bolivien.

Cruz zu kommen. Auf einem Güterwaggon, quer vor einen Radlader gebunden, fanden wir dann auch einen Platz fürs Motorrad. Mir wurde dann zu verstehen gegeben, dass es besser sei, direkt beim Motorrad zu bleiben. So machte ich es mir auf dem nächsten Güterwaggon so bequem, wie es eben ging. Auf was ich mich da eingelassen hatte, wurde mir erst bewusst, als sich der Zug in Bewegung setzte. Leicht schlingernd nahm er Fahrt auf, und der Viadukt kam immer näher, auf dem die Bahn das Tal in 100 Meter Höhe überquerte. Ein äußerst unangenehmes Gefühl auf einem Güterwaggon, der keinerlei Geländer hat oder eine andere Möglichkeit zum Festhalten bietet. Zwischen den Waggons sieht man die Kupplung arbeiten, unter dieser sind die Schwellen zu sehen, und darunter wiederum hat man freie Sicht in den Abgrund.

Versand per Schiff

Ohne Spedition geht hier normalerweise nichts, also sollte man erst einmal von verschiedenen Speditionen Angebote einholen. Dabei muss geklärt werden, wie das Motorrad angeliefert werden muss: Ob die Spedition die Verpackung übernimmt oder ob man sich selbst darum kümmern muss. Außerdem ist noch zu überlegen, wie das Ganze nun zum Hafen kommt. Ein Lkw-Transport von München nach Hamburg kann teurer sein als die eigentliche Seefracht. Ganz wichtig ist, dass es im Ankunftsland einen Vertreter der Spedition gibt, der die Kiste am Hafen auch findet und durch den Zoll bringt. Die Spedition muss Erfahrung mit der Einfuhr von Fahrzeugen haben und einem sagen können, welche Papiere sie benötigt.

Ein Freund hat zwei Wochen benötigt, um sein Motorrad aus einem Hafen in Ecuador zu bekommen. So etwas kann schon nerven. Deshalb ist es wichtig, dass alle Papiere vorhanden und in Ordnung sind. Namen und Fahrgestellnummern penibel kontrollieren. Das Bill of Loading, ausgestellt von der Rederei, muss stimmen.

Die Transportkosten können gesenkt werden, wenn man sich mit anderen Reisenden einen Container teilt. Das macht alles viel einfacher und günstiger, da die Nebenkosten, die den eigentlichen Frachtpreis auch locker übersteigen können, unter mehreren Personen aufgeteilt werden und ein Container sicherer und besser aufzufinden ist. Außerdem wird keinerlei Verpackung benötigt. Bewährt hat sich die Methode, die Motorräder quer in den Container zu stellen. Zum Befestigen haben die meisten Container Ösen am Boden, durch die man Spanngurte ziehen kann. Auch hier empfiehlt es sich, nicht unnötig viel Benzin im Tank zu lassen und die Batterie abzuklemmen.

Versand per Flugzeug

In einem ersten Schritt sollte man sich erkundigen, welche Gesellschaften die gewünschte

Motorrad, luxuriös im Postschiff geparkt.

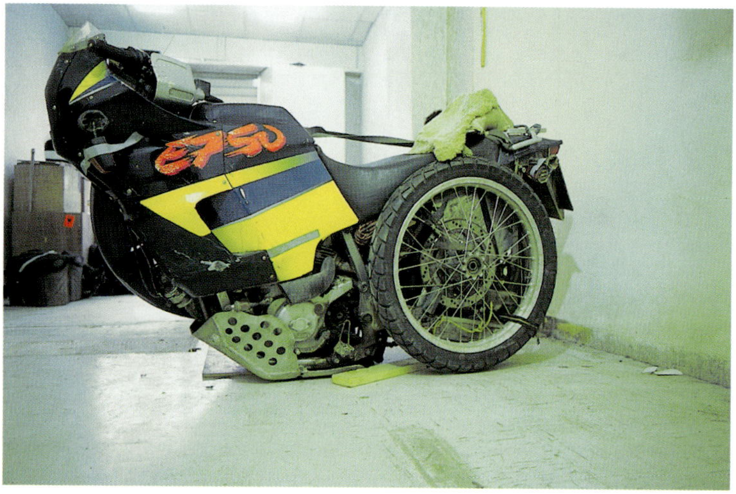

Kompakt gepackt für den Transport per Flugzeug.

Route bedienen. Dann bei diesen Airlines nach dem Luftfrachtpreis per Kilogramm fragen. Hier aufpassen: Es gibt eine Formel, nach der ein Kubikmeter maximal 166 Kilogramm wiegen darf. Hat das Motorrad 250 kg und zwei Kubikmeter (über Maximalmaße der Länge, Breite und Höhe gemessen), so berechnet sich der Preis nach Adam Riese für 2 x 166 kg = 332 kg. Dann ist der Preis für 332 kg zu bezahlen. Das Gewicht spielt in diesem Fall keine Rolle, da es geringer ist als das Volumen. Wird das Motorrad aber zerlegt und beansprucht danach nur noch einen Kubikmeter Raum, dann ist das Gewicht entscheidend und es werden die 250 kg zur Berechnung des Frachtpreises genommen. Alles klar?

Bei der Frage nach dem Preis pro Kilogramm sollte nicht vergessen werden, nach Staffelpreisen zu fragen. Mehr Gewicht = günstigerer Kilogramm-Preis! So kann es sich rechnen, für mehr Kilogramm zu bezahlen, als die Fracht tatsächlich wiegt.

Dieser Kilogrammpreis kann durchaus von Airline zu Airline differieren. Außerdem muss man sich auch noch erkundigen, ob es für Motorräder Sondertarife gibt (Auftraggeber fliegt mit der gleichen Airline) bzw. ob das Motorrad in eine Kiste verpackt werden muss. Vielleicht ist es auch möglich, das Ganze direkt auf eine Cargo-Alupalette zu schnallen. Denn so eine Kiste (meist alte Originalverpackung des Motorrads – bei Händlern nachfragen!) wiegt auch ein paar Kilogramm, die schließlich zu bezahlen sind!

Da das Motorrad eine Batterie, Öl sowie Benzinreste enthält, gilt es als Gefahrengut, für das eine besondere Deklaration notwendig ist. Diese wird »Dangerous Good Certification« genannt und kostet normalerweise 20 bis 50 US-Dollar, die dann auch noch zum Frachtpreis hinzukommen. Jeder haftet persönlich dafür, dass die in der Bescheinigung genannten Sicherheitsvorkehrungen auch eingehalten werden. So ist es Pflicht, die Batterie abzuklemmen (Anschlüsse am besten zusätzlich isolieren), das Benzin bis auf eine kleine Restmenge von maximal ein bis zwei Liter abzulassen und auch die Benzinreste im Vergaser abzulassen.

Als nächstes kommen die Kosten für die Ausstellung der Papiere bzw. den Spediteur, der die Abwicklung übernimmt. Dies kann sich schnell auf 200 US-Dollar summieren. Wer hier noch etwas sparen will, kann versuchen, die notwendigen Papiere selbst zu erstellen und die Zollvorführung zu übernehmen. Dies ist zwar nicht die Regel, aber durchaus möglich.

Die Art der Verpackung des Motorrads hängt sehr stark vom Verhandlungsgeschick und der Einsichtigkeit des Personals ab. Ich habe bei fast jedem Transport unterschiedliche Verpackungsmethoden gehabt.

Die gängigste und teuerste Möglichkeit einer Verpackung ist die Transportbox. Diese wird weltweit akzeptiert, ist allerdings unterwegs schlecht zu realisieren. Schreiner wollen für so ein Ding bis zu 400 US-Dollar. Mit et-

Optimale Verpackung für den Transport per Luftfracht.

was Phantasie und mit Hilfe einer Europalette, die meist irgendwo herumliegt, kann man sich einen Untersatz basteln, auf dem sich das Motorrad festgurten lässt. Vorder- und Hinterrad werden dabei durch zwei parallel verlaufende Holzlatten links und rechts von den Rädern stabilisiert. Komplett mit Plastikfolie umwickelt und dem Lademeister die Vorzüge schmackhaft gemacht, kommt man dann mit zehn Kilogramm Verpackung hin. Das so verpackte Motorrad kann dann auch mit einem Hubstapler transportiert werden.

Oder man liefert das Motorrad auf den Rädern rollend verpackt an. Möglich ist alles, wenn es akzeptiert wird. Von Australien nach Südamerika (Sydney–Buenos Aires) habe ich mein Motorrad inklusive Gepäck in eine Alu Unit (das sind die Boxen, die wie überdimensionale Alumotorradkoffer aussehen) gestellt. Ich musste das Ganze zwar mit dem Stapler einfädeln, aber ich ersparte mir so die Verpackung.

Auch bei der Luftfracht lassen sich einige Mark sparen, wenn mehrere Motorräder zusammen versendet werden, da für alle Motorräder nur ein Airwaybill erstellt wird. Durch das höhere Gesamtgewicht der Fracht kann sich auch ein günstigerer Kilogrammpreis ergeben.

Wie für sich selbst, so muss auch für das Motorrad ein Flug gebucht und bestätigt werden! Also sollte man genau nachfragen, an welchem Tag noch ein Platz für das Motorrad frei ist, und ob die Buchung bestätigt ist. Man will ja schließlich nicht am Ziel zwei Wochen auf das Bike warten! Mit etwas Übung ist es möglich, die ganze Abwicklung an einem Tag zu erledigen. Länger als eine Woche sollte es aber auf keinen Fall dauern.

Am Zielort wird zuerst bei der entsprechenden Airline angerufen, ob die begehrte Kiste schon da ist (Airwaybillnummer angeben). Dann gehen wir zum Cargo Terminal und suchen die entsprechende Airline. Bei kleinen Flughäfen ist das kein Problem, in Singapur benötigte ich dagegen ein Taxi. In der zuständigen Agentur der Luftfrachtbeförderung wird uns dann mitgeteilt, wie es mit dem Zoll und den weiteren Formalitäten zugeht. Dies ist von Flughafen zu Flughafen und von Land zu Land sehr unterschiedlich. Meist ist ein Zoll am Flughafen, in Perth (Australien) ist er außerhalb und ohne Fahrzeug nur schwer zu erreichen. Gerade in Ländern, in denen Taxifahren teuer ist und die Entfernungen zwischen den unterschiedlichen Stellen recht groß sind, kann sich das Mieten eines Autos lohnen. Wenn das Motorrad dann erst am folgenden Tag zu bekommen ist, macht ein Leihwagen mobil und gibt vielleicht noch einen guten Schlafplatz ab. Hat man dann den Zoll passiert und einige Gebühren (die sich meist mit unter 50 US-Dollar in Grenzen halten) bezahlt, kann es losgehen.

Oftmals ist es möglich, die verwendeten Transportkisten kostenfrei bei der Aircargoline zu deponieren. Notfalls versichern, dass

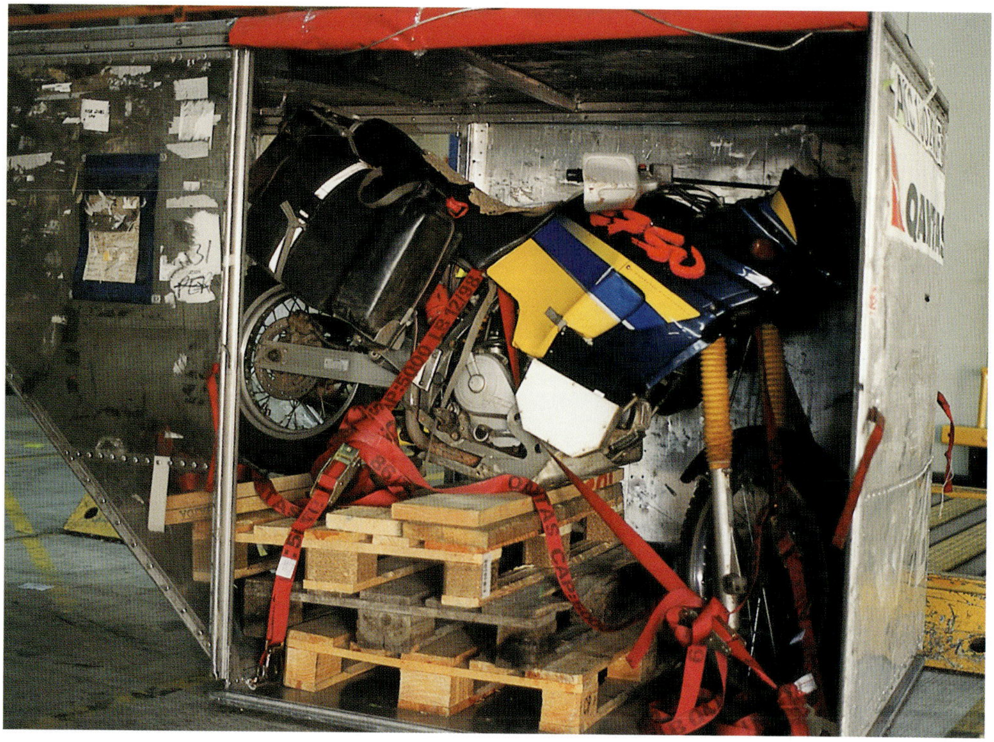

Luftfracht per Alu-Unit.

man vorhat, das Motorrad wieder mit der gleichen Aircargoline zurückzufliegen. Die Kisten müssen allerdings meist platzsparend zerlegt werden.

Transport per Lastwagen

Der Lkw benötig zwar auch Straßen, kann aber manchmal trotzdem die letzte Möglichkeit der Beförderung darstellen. Die Gründe hierfür können vielfältig sein: Überflutung, Benzinmangel, Schnee und Eis oder ein Defekt am Motorrad. Da kann ein Lkw, der gerade des Weges kommt, schon ein Geschenk des Himmels sein. In fernen Ländern sollte sich keiner scheuen, auch Lkws anzuhalten, die für das eigene Verständnis schon hoffnungslos überladen sind. Ich habe schon mitgeholfen, ein vollbepacktes Motorrad auf eine Ladung Kokosnüsse zu hieven. Wo ein Wille, da ist auch ein Platz.

Mit 3 bis 4 Personen bekommt man auch eine ausgewachsene Großenduro irgendwie auf die Ladepritsche. Mit einer Rampe geht es natürlich besser. Wer keine hat, dem geht es vielleicht wie meinem Freund und mir, als er mich mit einem Pritschenwagen abholte. Wir standen da und schauten auf die 1,2 m hohe Ladekante. Kein Brett weit und breit und nur zu zweit. Das Motorrad 210 kg schwer. Irgendwann kam ein Lkw des Weges, mit Ladebordwand. Den Fahrer gefragt, und in 2 Minuten war das Motorrad mittels Hebebühne aufgeladen. Es kann schon sinnvoll sein, sich vorher etwas länger Gedanken zu machen, um nachher keine Kreuzschmerzen zu haben.

Transport per Zug

Innerhalb von Europa kommt hier vor allem der Autoreisezug als Transportmittel infrage. Buchungen sind möglichst früh zu tätigen, da die Plätze meist schnell vergeben sind. Außerdem kommt man so in den Genuss des Frühbucherrabatts. Besonders günstig wird es, wenn man sich mit 4 bis 5 Leuten zusammentut und ein komplettes Abteil bucht. Mehr Informationen auch im Internet unter *www.autoreisezug.de.*

Die Rückkehr: Fremde Heimat?

Wer schon einmal die Erfahrung machen konnte, wie es ist, wenn man nach den intensiven Erlebnissen einer Reise wieder nach Hause kommt, wird wissen, dass es mitunter gar nicht so einfach ist, sich im täglichen Einerlei wieder zurechtzufinden. Dem Einen gelingt es leichter, der Andere hat extreme Schwierigkeiten damit. So kann selbst das Zurückkommen in die alte Welt zum richtigen Abenteuer werden. »Ich fühlte mich auf einmal nicht mehr zu Hause, Südamerika war mir vertrauter als meine alte Heimat«, hörte ich mich sagen.

Wer als Motorradfahrer mit entsprechendem Outfit in den abgelegenen Dörfer der Welt unterwegs ist, dem ist die Aufmerksamkeit der Bewohner stets sicher. Wieder unter seinesgleichen, steht er plötzlich nicht mehr im Mittelpunkt des allgemeinen Interesses. Es reicht dann nicht mehr, in eine Kneipe zu gehen, um dort mit dem halben Dorf ins Gespräch zu kommen, sondern es wird wieder notwendig, Gespräche erst mühsam aufzubauen. Das war für mich schon eine totale Umstellung.

Wer sich hier nur auf seine alten Freunde verlässt, kann auch einige Überraschungen erleben. Zum einen haben die Freunde keinerlei Vorstellung von den Erlebnissen des Reisenden, und dem Heimkehrer fällt es wiederum unheimlich schwer, diese zu vermitteln. Man könnte so viele Geschichten erzählen, aber die für mich wichtigen Erlebnisse interessieren meine Zuhörer oftmals kaum. Zum anderen haben die Freunde zu Hause in der Abwesenheit Dinge unternommen, von denen man selbst ausgeschlossen war, und dadurch kann es zu einer großen Entfremdung untereinander kommen. So sind oftmals weniger enge Freundschaften nach einer Reise auf einmal die unproblematischeren.

Bei einigen spielt vielleicht auch unterbewusst ein gewisser Neid eine Rolle, der die betreffenden Personen dann veranlasst, dem Heimkehrer zu zeigen, was scheinbar Tolles er in seiner Abwesenheit zu Hause versäumt hat. Oder die Erlebnisse, die man erzählt, werden auf eine gewisse Art und Weise abgeschmälert. Dies kann ein Selbstschutz dieser Personen sein, da sie sich vielleicht durch das Gelingen der Reise eines anderen eingestehen müssen, es selbst einfach nicht auf die Reihe bekommen zu haben.

Bei längeren Reisen kommt noch hinzu, dass man durch den gewonnenen Abstand Freunde und Bekannte wieder neu kennen lernt (kennen lernen muss) und deren Eigenheiten, die man früher gar nicht mehr wahrnahm, wieder viel stärker empfindet. Was sowohl positiv als auch negativ sein kann. Überhaupt sieht man seine Umwelt wieder viel realistischer. Deshalb sind diejenigen besser dran, die mit einem Partner unterwegs waren. Zusammen ist es viel leichter möglich, die Erlebnisse und die anschließende Umstellung auf den alten Lebensbereich zu verarbeiten beziehungsweise zu bewältigen.

Vielfach sind die Erfahrungen und die eigene Weiterentwicklung bei einer Reise auch so intensiv und groß, dass man sich komplett neu orientieren will und keinerlei Interesse verspürt, sein altes Leben so fortzusetzen, wie es vor der Reise war. Eine Reise ist eine gute Gelegenheit, nicht nur fremde Länder und Menschen kennen zu lernen, sondern auch sich selbst. So ist es eher als ein Erfolg zu werten, wenn zu Hause gewisse »Probleme« auf einen zukommen. Daran ist zu erkennen, dass Veränderungen in einem vorgehen und die Reise Früchte trägt. Wer dagegen einfach so weitermacht wie vorher, verschenkt vielleicht ein großes Potenzial, das sich während der Reise gebildet hat.

Ich finde ich es wichtig, zu versuchen, die Energie, die ich von der Reise mitgebracht habe, für die Dinge des Alltags zu nutzen, um nicht in ein tiefes, depressives Loch zu fallen. Wem das gelingt, der wird sich wundern, welche Möglichkeiten sich auf einmal für ihn ergeben.

All die Dinge, die mich so lange zögern ließen, meine Reisen zu beginnen, und über die ich mir viele Gedanken gemacht hatte, ergaben sich nach meiner Rückkehr »scheinbar« von selbst. So fand ich einmal eine prima Wohnung, ein andermal einen wesentlich besseren Job, ohne lange danach zu suchen. Ich möchte damit nicht den Eindruck erwecken, dass alles von selbst geht, sondern nur zum Ausdruck bringen, dass sich Möglichkeiten ergeben können, an die man vorher gar nicht gedacht hat, oder dass zumindest man Möglichkeiten, die sich einem bieten, besser und deutlicher wahrnimmt.

Die Wiedereingliederung ist stark von den persönlichen Ansprüchen abhängig und von der Bereitschaft, die neue Lebenserfahrung für sein weiteres Leben zu nutzen. Das Virus des Reisefiebers lebt aber in den meisten weiter und bricht irgendwann von Neuem aus. Manchmal erst nach Jahren, manchmal schon nach Monaten. Welche persönlichen Beweggründe auch immer dahinter stehen mögen, jeder wird mit ein paar Erfahrungen mehr nach Hause kommen. Ich bin Tausende von Kilometern gefahren, um Abstand von allem zu bekommen, und später die gleiche Entfernung, um den gewonnenen Abstand wieder zu überwinden.

Alle 14 Tage in MOTORRAD:
viele Themen mit vielen Kurven.

▶ **Die schönsten Seiten des Motorradfahrens.**
Atemberaubende Ausblicke, die neuesten Maschinen, mitreißende Tests und Fahrberichte, Reportagen vom Sport auf und abseits der Piste, Touren und Reisen über die schönsten Straßen weltweit – alles drin, alle 14 Tage, aber nur in MOTORRAD.

MOTORRAD. Europas größte Motorrad-Zeitschrift.